로마가 말한다

로마가 말한다

1판 인쇄일 2020년 4월 2일
1쇄 발행일 2020년 4월 9일

지은이 _ 전용복
펴낸이 _ 한치호
펴낸곳 _ 종려가지
등 록 _ 제311-2014-000013호.(2014. 3. 20)
주 소 _ 서울특별시 은평구 은평로 14길. 9-5
      전화 02. 359. 9657
디자인 _ 표지 이순옥 / 본문 구본일
제작대행 세줄기획(이명수) 전화 02. 2265. 3749
영업(총판) 일오삼(민태근)
      전화 02. 964. 6993. 팩스 02. 2208. 0153

값 14,000 원

ISBN 979-11-87200-87-1   03230

ⓒ 2020, 전용복

잘못 만들어진 책은 구입하신 서점에서 바꾸어 드립니다.
책의 주문 및 영업에 대한 문의는 영업대행으로 해주십시오.
문서사역에 대한 질문은 010. 3738. 5307로 해주십시오.

* 전용복 목사 010-4767-1956

이 도서의 국립중앙도서관 출판예정도서목록(CIP)은 서지정보유통지원시스템 홈페이지(http://seoji.nl.go.kr)와
국가자료종합목록 구축시스템(http://kolis-net.nl.go.kr)에서 이용하실 수 있습니다. (CIP제어번호 : CIP2020012879)

로마가 말한다

전용복 목사 지음

문서사역
|종|려|가|지|

머리말

로마는 작은 촌락에서 시작해 왕국을 이루고, 공화국을 거쳐 대제국을 이루었다. 그 대제국은 역사상 가장 강력하고 큰 제국이었으며, 가장 모범적이었고, 인류 역사에 선한 영향력을 가장 많이 미쳤다. 미국은 가장 모범적인 민주국가로서 로마의 수제자다. 1,200년의 로마 역사는 인류 역사의 황금기다.

영국의 시인 셸리는 "우리는 모두 그리스인의 후예다."라고 하였다. 서구인들은 그리스로부터 많은 것을 배웠다. 혹자는 "우리는 모두 히브리인(유대인)의 후예다."라고 한다. 히브리인이 전해준 유대교, 기독교는 서구인들의 정신세계에 가장 큰 영향을 주었다.

그런데 서구인들을 그리스인과 히브리인의 후예로 만들어 준 것은 고대 로마인들이다. 로마는 그리스와 히브리의 모든 것을 이어받아 발전시켜 전하여주었다. 서구인들은 로마를 통하여 그것을 받았다. 그러니 로마인의 후예다.

근세에 와서 서구인들은 동구인들을 지배하게 되었다. 서구인의 모든 학문과 문화가 동구인들을 장악하므로 동구인들은 순식간에 서구화되었다. 그러니 온 세계인이 로마인의 후예다. 우리의 모든 것은 알게 모르게 로마의 영향을 받았다.

로마의 역사는 성경과 기독교에 지대한 영향을 미쳤다. 아울러 기독교도 로마에 큰 영향을 미쳤다. 우리는 로마의 역사를 알므로 성경과 기독교를 보다 더 잘 이해할 수 있다. 그런 차원에서 우리 기독교인들은 더욱 더 로마인의 후예다.

　그러니 우리는 우리의 정신적 조상인 로마인의 모든 것, 로마 역사의 중요사들, 그 학문, 예술, 종교 등을 잘 알아야 한다. 그렇게 하므로 그 영향을 받은 오늘의 우리 삶을 보다 더 잘 이해하고 값진 삶을 살 수 있다. 그것을 보다 더 발전시켜 나갈 수 있다.

　나는 이 책에서 방대한 로마 역사의 흥미진진한 중요한 이야기들을 모아보았다. 그것은 우리에게 큰 깨달음을 준다. 여기서는 로마의 시작, 한니발과의 전쟁, 위대한 카이사르, 팍스 로마나, 성경과 관련된 로마 제국의 이야기들이 나온다. 그 이후의 이야기들은 다음 책에 나오게 될 것이다.

・・・

차 례

머리말 · 4

I. 로마의 시작

1. 로마의 건국자 로물루스 · 14
2. 로마의 왕정시대의 정치 체제 · 16
3. 로물루스와 그 부하들의 사비니족 여인 강탈 · 17
4. 로마의 종교 · 18
5. 왕이 되기 위해 최초로 선거운동을 한 타르퀴니우스 프리스쿠스 · 21
6. 로마 공화국의 시작 · 22
7. 로마 공화국 창시자 브루투스 · 24
8. 왼손잡이 무티우스 · 26
9. 아테네의 민주주의 · 28
10. 스파르타식 · 30
11. 살라미스 해전 · 32
12. 플라타이아이 전투 · 33
13. 두 영웅의 그날 밤 · 35
14. 켈트족의 로마 침입 · 38
15. 모든 길은 로마로 통한다 · 39
16. 로마 시민권 · 41
17. 산족 삼니움족과의 전투 · 43
18. 로마 융성의 요인 · 45

Ⅱ. 한니발과의 전쟁

1. 까마귀 작전 /50
2. "바다를 모르니" /51
3. 로마군의 숙영지 /53
4. 로마의 코르넬리우스와 카르타고의 한니발의 일전 연설 /55
5. 패장을 처벌하지 않는다 /58
6. 로마군의 상벌의 엄격 /60
7. 코끼리 부대를 이기다 /62
8. 알프스를 넘는 한니발 군대 /64
9. 로마군이 수염을 깎은 이유 /66
10. 한니발의 횃불작전 /67
11. 술 취해 망한 사라쿠사 /70
12. 카르타헤나를 점령한 스키피오의 온정주의 /71
13. 로마 장군 마르켈루스의 방심 /73
14. 한니발의 몰락: 포에니 전쟁의 종결 /75
15. 스키피오에 대한 탄핵, 그의 죽음 /77
16. 고대 최고의 전술가 한니발의 최후 /79
17. 마케도니아의 멸망 /81
18. 카르타고의 멸망 /82

Ⅲ. 정신 못 차리는 승자

1. 코르넬리아의 자녀 양육(사랑) / 86
2. 개혁자 그라쿠스 형제의 최후 / 88
3. 탁월하지 못한 자의 자화자찬 / 90
4. 신의 소리 해석 / 91
5. 아내를 버리지 않은 가이우스 율리우스 카이사르 / 93
6. 로마의 노예 제도 / 95
7. 노예 검투사들의 반란―스파르타쿠스 반란 / 97
8. 잘 놀고, 잘 먹고 간 루쿨루스 / 99

Ⅳ. 탁월한 율리우스 카이사르

1. 해적에게 붙잡혀 스스로 몸값을 올린 카이사르 / 104
2. 폼페이우스와 크라쿠스의 야합 / 105
3. 빚꾸러기 카이사르 / 107
4. 카이사르와 돈 / 109
5. 카이사르와 여자 / 111
6. 신문(언론)의 시초를 연 카이사르 / 113
7. 삼두정치(트리움 비라투스) / 115
8. 카이사르의 갈리아 전쟁기 / 118
9. 로마의 제일 부호 크라수스의 패망 / 120
10. 카이사르와 베르킨게토릭스의 알레시아 공방전 / 122
11. 카이사르, 루비콘 강을 건너다 / 124
12. 부장 라비에누스, 카이사르를 떠나다 / 126

Ⅴ. 위대한 율리우스 카이사르

1. 카이사르 혁명군 로마 점령 /130
2. 카이사르의 로마 국고 강탈 /132
3. 카이사르의 에스파냐 폼페이우스 군대 해체 /134
4. 큐리오의 완전 패배, 그러나 카이사르의 칭찬 /136
5. 일당백의 카이사르 /138
6. 카이사르 군대의 참패 /140
7. "카이사르의 파르살루스 회전의 승리" /142
8. 폼페이우스의 비참한 최후 /144
9. 원조교제의 원조, 클레오파트라 /147
10. "왔노라, 보았노라, 이겼노라." /149
11. 카이사르의 포용 /151
12. 카이사르의 10군단 파견 해결 /153
13. 카이사르의 개선식 /155
14. 달력의 역사 /158
15. 카이사르의 종교 정책 /160
16. 카이사르의 특권-사실상의 황제가 되다 /161
17. 카이사르, 암살되다 /163
18. "브루투스 너마저!" /166
19. 위대한 키케로 /168
20. 키케로의 처형 /170
21. 옥타비아누스, 양자의 권리를 쟁취하다 /172
22. 카이사르, 로마의 신이 되다 /175

VI. 로마에 의한 평화

1. 로마에 의한 평화: 팍스 로마나, 진정한 평화: 팍스 크리스뚜스나 / 180
2. 로마의 초대 황제 아우구스투스의 등극 / 183
3. 옥타비아누스의 공화정 복귀 선언 / 185
4. 옥타비아누스, 아우구스투스 황제가 되다 / 187
5. 사실상의 황제 옥타비아누스의 권력 / 190
6. 아우구스투스의 선거제도 개혁 / 192
7. 로마의 '노멘클라투라' / 195
8. 황제 아우구스투스의 관용, 인내 / 197
9. 아우구스투스의 출산장려정책 / 199
10. 아우구스투스의 오른팔 아그리파 / 201
11. 아우구스투스의 왼팔 마이케나스 / 204
12. 아우구스투스의 건강 유지법 / 206
13. 로마인의 생사관 / 208
14. 로마를 따르는 미국 / 210
15. 아우구스투스의 소년단 창설 / 213
16. 아우구스투스의 딸 율리아 유배 / 215
17. 복귀한 티베리우스 장군 환영 / 217
18. 티베리우스의 부하 사랑 / 219
19. 아우구스투스의 시인 오비디우스 추방 / 222
20. 로마의 게르마니아 정복 실패 / 224

Ⅶ. 성경과 로마제국

1. 신약 전체가 로마제국과 연관되어 있다 /228
2. 로마 황제 가이사 /230
3. 헤롯가와 로마 제국 /232
4. 가이사 아구스도(아우구스투스)의 호적 명령 /234
5. 가이사 디베료와 총독 본디오 빌라도 /237
6. 로마의 유대 유월절 특별사면 /239
7. 예수님 십자가 처형 /241
8. 예수님은 로마 군대보다 더 많은 군대의 사령관이시다 /244
9. 디아스포라 유대인 /246
10. 가이사 글라우디오에 의해 추방된 브리스길라와 아굴라 /248
11. 가이사를 위한 도시 가이사랴 /250
12. 로마 총독 벨릭스와 바울 사도 /253
13. 로마 총독 행정과 유대 산헤드린 행정 /255
14. 유대인의 바울 방해와 로마 천부장, 총독의 보호 /258
15. 바울의 로마 황제 재판 청구 /260
16. 로마 제국의 노예제도와 노예에 대한 바울의 태도 /262
17. 로마 제국의 노예제도와 성경, 초대교회 /265
18. 로마에서 황제 재판을 기다리는 사도 바울 /267
19. 도미티안 황제에 의해 밧모 섬에 유배 간 사도 요한 /269

I. 로마의 시작

로마는 하루아침에 이루어지지 않았다. 주전 753년에 로물루스가 로마를 건국하였다. 그때는 너무도 초라하였다. 그때부터 제1차 포에니 전쟁 직전까지의 500년간에 나중에 로마가 번성하게 되는 대부분의 요인들이 싹이 터서 자라게 되었다.

1. 로마의 건국자 로물루스

 소아시아의 도시 트로이는 아가멤논이 이끄는 그리스군의 공격을 받았다. 공방전은 10년이나 계속되었다. 해변에 서있는 거대한 목마를 보고 트로이인들은 그리스군이 공격을 포기하고 버리고 간 것으로 착각하였다. 그래서 그것을 성 안으로 끌어들였다. 트로이 병사들이 잠든 밤에, 목마 안에 숨어있던 그리스 병사들이 땅으로 내려왔다. 그날 밤에 트로이는 화염에 휩싸이면서 함락되었다. 왕족도, 시민도 무참히 살해되고, 목숨을 건진 자는 노예가 되었다. 이런 와중에서 프리아모스왕의 사위인 아이네아스 일족이 탈출에 성공하였다.

 로마인은 B.C. 753년에 로마를 건국한 자는 로물루스이고, 그 로물루스는 트로이에서 도망쳐 나온 아이네아스의 후손이라고 믿어왔다.

 알바롱가의 왕이 죽자, 동생은 왕위를 빼앗기 위해 조카인 왕녀를 무녀로 만들었다. 그런데 잠이 든 왕녀에게 군신(軍神) 마르스가 반하여 사랑을 나누었다. 왕녀는 쌍둥이 로물루스와 레무스를 낳았다.

 숙부는 격분하여 왕녀는 감옥에 가두고, 쌍둥이는 바구니에 넣어 테베레강에 띄웠다. 그 바구니는 떠내려가다가 갈대숲에 걸려 멈추게 되었다. 마침 지나던 늑대가 울고 있는 아이들에게 젖을 먹였다. 그 후에는 양치기가 쌍둥이를 발견하여 집으로 데려가 키웠다.

 로물루스와 레무스는 자라서 양치기들의 우두머리가 되었다. 두 형제는 자신들의 출생의 비밀을 알게 되었다. 그들은 알바롱가로 쳐들어가 왕을 죽였다. 그들은 알바롱가에 있지 않고, 테베레강 하류로 돌아와 도시를 세웠다. 로물루스는 팔라티누스 언덕에, 레무스는 아벤티누스 언덕에 각각 세력 기반을 두었다.

그런데 공동의 적을 무찌른 뒤에 두 형제는 서로 다투게 되었다. 쌍둥이였기 때문에 누가 왕이 될 것인가를 결정하기도 어려웠다. 세력권의 경계를 나타내기 위해 로물루스가 판 도랑을 레무스가 없앴다. 그것을 이유로 로물루스는 레무스를 죽였다.

이 때가 B.C. 753년 4월이다. 로물루스는 이 때에 로마를 건국하였다. 로마는 로물루스의 이름을 따서 지어졌다. 이때부터 유구하고 장대한 로마의 역사가 시작되었다.

어느 민족이든 전승이나 전설을 가지고 있다. 자신의 뿌리를 확실히 하고 미화시키고 싶어 하는 것은 인간의 자연스러운 소망이다. 과학적인 해명은 별로 중요치 않다. 자신들을 납득시킬 수 있는 논리성이 있고 자신들의 정신을 고양시킬 수 있는 이야기면 충분하다. 로마인은 로물루스를 트로이 왕족으로, 군신 마르스의 자손(신족)으로 높임으로 자신들의 위신을 세웠다.

모든 선한 시작은 의미가 있고 중요하다. 우리는 좋은 일을 시작하는 선구자가 되어 역사에 이름을 남기자.

버려진 쌍둥이 로물루스와 레무스에게 젖을 물려 키우는 늑대

Ⅰ. 로마의 시작

2. 로마의 왕정시대의 정치 체제

　로마의 건국자, 로마 왕인 로물루스는 혼자서 일을 처리하는 왕이 되지는 않았다. 그는 국정을 3개의 기관에 나누어주었다. 그 3개의 기관은 왕, 원로원, 민회이다.
　왕은 민회에서 투표로 선출하였다. 민회에서 왕을 선출하는 것은 왕정답지 않다. 이것은 주권재민의 민주국가 정신이다. 이것이 로마가 공화정으로 가는 정신적 뿌리라고 생각된다. 왕은 정치, 군사, 종교제의의 최고 책임자였다.
　원로원은 로물루스가 모은 100명의 장로들로 구성되었다. 장로는 각 가문의 어른이다. 원로원 의원은 정부의 관직이 아니다. 왕에게 조언을 하는 것이 그들의 역할이다. 그들은 민회의 선거를 거치지 않았다. 그래도 그들은 원로원이라는 공적 기관에 속하였다. 원로원 의원은 "파테르"라고 불렸다. 건국의 아버지라는 뜻이다. 이 말에서 귀족을 뜻하는 "파트리키" 라는 말이 나왔다.
　민회는 로마 시민 전원으로 구성되었다. 민회는 왕, 정부 관리를 선출하였다. 정책입안의 권리는 없었으나, 왕이 원로원의 조언을 받아 입안한 정책을 승인할 것인가, 부인할 것인가를 결정하였다. 전쟁과 외국과의 강화 등에 민회의 승인이 있어야 효력이 발생하였다. 이러한 민회의 역할은 왕정국가에서는 찾아보기 힘든 직접민주주의의 모습이다.
　왕정시대 로마는 근대 민주주의 국가처럼 입법, 사법, 행정의 3권이 분리되지는 않았다. 그러나 왕이 민회에서 선출되었다. 공화정시대는 왕이 임기 1년의 집정관으로 바뀐다. 원로원은 자문기관으로, 공화정시대에 그 역할이 강화되었으며, 오늘날의 의회와 비슷하다.

민회는 오늘날의 시민사회와 비슷하다. 직접 국정에 참여하는 막강한 권한을 가졌다. 이러한 로마의 정치체제는 미국의 정치제제의 결정에 많은 영향을 미쳤다.

3. 로물루스와 그 부하들의 사비니족 여인 강탈

　로물루스와 함께 로마 건국에 참여한 자들은 라틴족이었다. 라틴족은 라틴어를 사용한 사람들이다. 로마가 탄생한 직후, 로마인의 대부분은 독신 남자였다. 그들은 각자의 부족에서 밀려난 자들인 것 같다. 그래서 독신인 것 같다.
　로물루스가 정치제제를 확립한 후, 두 번째 한 사업은 이민족 여인들을 강탈하여 독신인 남자들이 가정을 이루게 하는 일이었다.
　로물루스는 사비니족을 축제에 초대하였다. 신에게 바쳐진 축제일에는 전투가 중지된다. 사비니족은 초대에 응하여 온 가족이 로마에 왔다.
　축제가 한창일 때, 로마의 젊은이들은 사비니족 아가씨들에게 덤벼들었다. 사비니족 남자들은 황급히 자기네 부락으로 달아났다. 그들은 강탈당한 여인들을 돌려달라고 요구했다. 그러나 로물루스는 정식으로 결혼하여 아내를 삼겠다고 하였다.
　이렇게 되자, 로마인과 사비니족 사이에 전쟁이 일어났다. 네 번의 전투가 있었다. 네 번째 전투가 한창일 때, 강탈당한 사비니족 여인들이 싸움판에 끼어들었다. 그들은 남편과 오라버니가 서로 죽고 죽는 것을 차마 볼 수 없다고 하였다.
　로마의 로물루스 왕도 사비니의 타티우스 왕도 그녀들의 호소를 받아들였다. 두 부족 사이에 평화가 이루어졌다. 그 후 사비니족은 로마의 제안을 받아들여 로마로 이주하였다.

사비니족 여인 강탈은 푸생이나 루벤스 같은 후세 화가들에게 좋은 소재가 되었다. 서양에는 지금도 신랑이 신부를 안고 신방 문턱을 넘는 풍습이 있다. 이 사건 이후 시작된 로마인의 풍습이 지금까지 이어져 내려온 것이다. 그것은 완전히 내 것으로 만든다는 의미다.

사비니족은 로마의 일곱 언덕 가운데 하나인 퀼리날리스 언덕에 거주하였다. 로마와 대등한 입장에서 하나가 되었다. 사비니족의 왕 타티우스는 로물루스와 공동으로 다스리는 왕이 되었다. 사비니족의 자유인에게는 로마인과 똑같이 시민권이 주어졌다. 그들은 재산권과 민회에서의 투표권도 가지게 되었다. 사비니족 장로들에게는 원로원 의석이 제공되었다.

야곱의 아들들은 자기들 동생 디나를 강간하였으나 아내로 맞이하고 같이 살자는 세겜과 그 일족에게 속여 할례를 행하게 한 후 다 죽였다. 그래서 주위 부족들에게 잔인한 족속이라는 냄새를 풍겼다. 그러나 로마는 이민족을 자신들과 같이 대우하고 존중하는 동화책을 사용하였다. 플루타르코스는 '영웅전'에서 이 점을 극찬하였다.

"패자조차도 자기들에게 동화시키는 이 방식만큼 로마의 강 대화에 이바지한 것은 없다."

4. 로마의 종교

로마의 2대 왕 누마는 신관이 입는 하얀 토가를 걸치고, 혼자서 자주 숲속에 들어갔다. 사람들은 누마가 숲속에서 님프를 통해 계시를 받는다고 믿었다. 누마는 숲에서 나올 때마다 새 개혁안을 민회에 제출했다. 민회는 그 개혁안을 모두 승인했다.

그런데 누마의 가장 큰 업적은 종교의 개혁이다. 누마 전에도 로마인은 많은 신을 섬겼다. 그런데 누마가 그런 신들을 정리하였다.

「신들의 왕인 유피테르 신(그리스에서는 제우스, 영어로는 주피터), 그의 아내인 유노 여신(그리스에서는 헤라, 영어로는 주노), 미와 사랑을 관장하는 베누스 여신(그리스에서는 아프로디테, 영어로는 비너스), 수렵의 여신 디아나(그리스에서는 아르테미스, 영어로는 다이애나), 그리고 학문과 예술의 신 아폴로와 지혜의 여신 아테네, 전쟁의 신 마르스도 그리스와 마찬가지로 로마에서도 중요한 신이었다. 그밖에 야누스 신을 비롯하여 예로부터 내려온 라틴족의 고유한 신들도 있다. 선왕 로물루스도 죽은 뒤에 신격화되어 신이 되었다.」(시오노 나나미 저, 김석희 역, 로마인이야기 1, p. 52)

누마는 이런 신들을 정리하여 계급을 부여했다. 그리고 신들을 공경하는 일의 중요함을 가르쳤다.

다신교에서는 인간의 행위, 윤리도덕을 바로잡는 역할을 신에게 요구하지 않는다. 그러나 일신교에서는 그것이 신의 가장 큰 일이다.

로마인은 신에게 윤리도덕을 바로잡는 역할을 요구하지 않는 대신에 수호의 역할을 요구하였다.

「수도 로마를 지키는 것은 최고신 유피테르를 비롯한 신들이고, 싸움터에서는 군신 마르스나 야누스 신이 그들을 지켜주고, 농업은 케레스 여신이, 포도주 제조는 바쿠스 신이, 경제력 향상은 메르쿠리우스 신이, 병이 나면 아이스쿨라피우스 신이 지켜주고, 행복한 결혼과 여자를 지켜주는 것은 유노 여신이었다.」(앞의 책, p.54)

로마인은 타민족의 신들도 배척하지 않았다. 오히려 적극적으로 받아들였다. 신은 다 수호신이니까 많으면 많을수록 좋다는 식이다.
광신적이지도 않고 배타적이지도 않으며 폐쇄적이지도 않은 로마인의 종교는 이교도나 이단이라는 개념이 없었으며, 다른 민족의 종교를 받아들였다. 로마인은 자기와 종교가 다른 사람들을 인정하였다. 그들은 종교전쟁은 하지 않았다.
누마는 신들에게 봉사하는 신관 조직을 정비하였다. 신관의 우두머리는 최고 신관(폰타펙스 막시무스)이다. 그 밑에 5-10명의 대신관이 있다. 그밖에 성화를 지키는 무녀(베스타)들이 있다. 그 외에 길흉을 점치는 16명 정도의 사제가 있다.
그런데 로마에는 신과 인간 사이에서 중개역할을 하는 전임신관이 존재하지 않았다. 최고 신관부터 사제까지 모든 성직자는 민회에서 선거로 뽑았다. 집정관을 비롯한 관리와 차이가 없다.
그런데 윤리도덕을 바로잡는 역할을 신에게 요구하지 않은 로마인은 그 역할을 법률에 요구하였다. 그들은 법의 필요성에 눈을 뜨고 법률을 발전시켰다. 그리스인들은 그 역할을 철학에 요구하였다. 철학은 그리스에서 나고 자랐다.

5. 왕이 되기 위해 최초로 선거운동을 한 타르퀴니우스 프리스쿠스

로마의 4대 왕 안쿠스가 재위 시절, 어떤 에트루리아인이 우마차를 몇 대나 거느리고 화려한 차림새로 로마에 들어왔다.

그는 타르퀴니우스 프리스쿠스라는 사람이었다. 그는 순수한 에트루니크가 아닌 혼혈족이었다. 그의 아버지는 그리스 코린트에서 에트루리아로 망명한 자였고, 그의 어머니는 순수한 에트루니크였다. 에트루리아 사회는 폐쇄적이어서 자기들 사회에 다른 피가 섞이는 것을 싫어하였다.

타르퀴니우스는 그런 에트루리아에서는 희망이 없다고 생각하고 로마로 찾아왔다. 로마에서는 누구나 정착할 마음만 있으면 시민권을 받을 수 있다. 누마와 안쿠스가 보여주듯이, 건국 당사자인 라틴족이 아니더라도 왕도 될 수 있다. 이런 기회가 많고 매력적인 땅인 로마로 그는 일족과 가신들을 거느리고 찾아왔다.

이 이방인은 당시 로마에 있었던 에트루리아인 공동체에 의존하기보다 라틴계와 사비니계의 구별도 없어져가던 로마인 사회에 침투하였다. 그는 재력과 재능을 겸비한 자였다. 그런 그는 10년도 되기 전에 안쿠스 왕의 유언 집행자로 지명되었다.

그러나 타르퀴니우스는 유언 집행자로 만족하지 않았다. 그는 왕이 죽은 뒤 스스로 왕에 입후보하였다. 그는 입후보만 하고 가만히 있은 것이 아니다. 그는 적극적으로 선거운동을 하였다. 그는 왕정 시대에 세계 최초로 왕이 되기 위해 선거운동을 하였으며, 왕이 되기 위해 선거운동을 한 유일한 사람이 되었다.

리비우스는 타르퀴니우스가 왕으로 선출되기 위해 연설을 하고 자기에게 표를 던져달라고 시민들을 설득하였다고 한다.

타르퀴니우스는 "나는 이주한 자이나, 타국인이 로마 왕이 된 선례가 있다. 나는 가족과 함께 전(全)재산을 가지고 로마에 왔다. 나는 여기에 뼈를 묻겠다. 나이도 적당하고, 선왕의 신뢰도 받았다. 로마의 신들도 공경하고 로마의 법을 존중한다. 나를 왕으로 뽑아주면 로마를 위해서 헌신하겠다."는 요지로 연설하였다.

이렇게 적극적인 타르퀴니우스는 민회에서 다수의 지지를 받아 왕으로 선출되었다. 원로원도 승인했다. 로마 5대 왕이 된 타르퀴니우스는 유능한 지도자였다. 37년의 그의 치세는 대단했다. 로마의 세력권은 확장되었다. 로마도 부끄럽지 않은 도시로 변모했다. 시민들의 생활수준도 비약적으로 향상되었다.

누구나 성공하려면 재력, 재능, 여러 가지 능력을 가져야 한다. 무엇을 꼭 하겠다는 목표를 가져야 한다. 적극적인 노력과 홍보를 해야 한다. 민주사회에서 지도자가 되려면 선거운동을 잘 해야 한다.

6. 로마 공화국의 시작

거만한 독재자인 7대 왕 타르퀴니우스는 백성들의 원성을 샀다. 그의 아들 중에 섹스투스라는 자가 있었다.

이 섹스투스가 친척인 콜라티누스의 아내 루크레티아를 짝사랑하였다. 어느 날, 섹스투스는 단검을 품고 루크레티아의 침실로 들어갔다. 그리고 단검으로 위협하여 루크레티아를 겁탈했다. 루크레티아는 아버지와 남편에게 이 사실을 알리고 은장도를 가슴에 찔러 자결하였다.

　루크레티아의 유해는 로마로 운반되어, '포로 로마노'의 연설대 위에 놓여졌다. 시민들은 그 처참한 모습을 보고, 왕과 그 가족의 야만성과 오만을 비난했다.

　그때에 브루투스는 시민들 앞에 서서 연설을 하였다. 그는 정숙하고 행실이 바른 여인들이 이런 만행을 당해서는 안 된다고 말한 후, 타르퀴니우스 왕이 선왕 세르비우스를 죽이고 왕위를 찬탈한 일을 말하였다. 그러면서 왕과 그의 가족들을 로마에서 추방하자고 제안하였다.

　시민들은 브루투스의 제안에 큰 함성으로 찬성하였다. 브루투스는 민병대를 조직하였다.

　이때쯤 전쟁터에 나가있던 타르퀴니우스가 변고를 알고 달려왔다. 그러나 로마의 성문은 열리지 않았다. 그는 추방의 통고만 받았다. 그는 에트루리아의 도시 카이레로 망명하였다. 그의 아들 섹스투스는 다른 도시로 도망쳤으나, 전에 그에게 모욕당한 자의 손에 목숨을 잃었다.

　거만한 타르퀴니우스의 치세는 25년 만에 끝났다. 제7대 왕이었던 그와 함께 로마의 왕정도 끝이 났다. 로물루스가 건국한 B.C. 753년부터 244년째인 B.C. 509년의 일이다. 그 후 로마는 공화정 시대가 된다. 마침내 로마 공화국이 시작된다. 민회에서 선출되는 것은 같지만, 종신제인 왕의 시대가 끝나고, 임기 1년인 2명의 집정관이 다스리는 시대가 시작되었다.

　왕정시대를 나쁘게만 보아서는 안 된다. 국가도 초기에는 한 사람의 강력한 지도자가 결정하고 앞장 서 실행하는 것이 효율적이다. 로마의 초기에는 훌륭한 왕들 덕분에 국가의 기틀을 튼튼히 다질 수 있었다. 그러나 이제 로마는 방대해지고 복잡해졌다. 새로운 정치체제, 공화정 시대가 필요한 때가 되었다. 타르퀴니우스 왕과 그의 아들로 말미암아 불행하게 왕정이 끝난 것은 안타까우나, 아주 적절한 시기에 공화정이 시작된 것은 로마의 행운이다. 이러한 공화정이 2,526년 전에 시작되었다니, 우리나라의 삼국시대보다도 훨씬 전이 아닌가? 이것은 참으로 놀라운 일이다.

교만하고 포악한 자는 패망한다. 교만하고 포악한 자가 패망하면 다른 사람에게 행운이 된다. 새로운 시대가 열린다.

7. 로마 공화국 창시자 브루투스

로마는 왕이 추방되고, 해마다 선거를 통해 뽑히는 자들에 의해 다스려지고, 개인보다는 법이 지배하는 나라가 되었다. 이러한 공화국을 창시한 자는 브루투스였다.

브루투스는 왕을 추방한 후 시민들을 모아놓고, 로마는 앞으로 어떤 인물도 왕이 되는 것을 허용하지 않고, 어떤 인물도 로마 시민의 자유를 침해하는 것을 허용하지 않겠다고 하였다. 민회에서 해마다 집정관 2명을 뽑는 제도를 창설했다. 초대 집정관으로 브루투스와 콜라티누스가 선출 되었다.

추방당한 왕은 브루투스의 외삼촌이다. 그는 공화국을 창시하기 위하여 외삼촌을 추방하였다. 브루투스는 바보를 뜻하는 말에서 생겨난 별명이다. 그 별명이 성이 되었다. 그러나 그는 바보가 아니라 선견지명과 실행력을 겸비한 탁월한 정치가였다.

임기 1년인 집정관이 제대로 하려면 강화된 원로원의 뒷받침이 필요하다. 처음에 원로원 의원은 100명이었다. 그러다가 200명으로 늘어났고, 브루투스는 이것을 300명으로 늘렸다. 원로원 의원의 임기는 종신이다. 원로원은 집정관을 배출하였다.

그리고 모든 시민이 참가하는 민회가 있었다. 공화정 시대에 민회는 왕 대신에 집정관을 뽑았다.

공화정 시대에 원로원이 강화되자 젊은이의 진출이 어렵게 되었다. 그러자 불만을 품은 젊은이들이 왕정복고를 꾀하였다. 그러나 그것은 집정관에게 밀고되었다.

그런데 그 왕정복고를 모의한 자들 중에는 브루투스의 두 아들도 있었다. 형 집행이 시작되었다. 주모자라는 이유로 브루투스의 두 아들이 채찍질을 당하였다. 아무도 그 끔찍한 광경을 바로 보지 못했다. 오직 브루투스만이 그것을 응시하였다. 쓰러질 때까지 채찍질을 당한 두 청년은 한 사람씩 끌려 나가 도끼로 목이 잘렸다. 그것까지 입회한 뒤에야 브루투스는 자리를 떠났다.

추방당한 타르퀴니우스는 왕위 복귀를 꾀하였다. 그는 망명지에서 세력을 모았다. 그는 군대를 이끌고 쳐들어왔다. 로마군은 집정관 2명이 맡았다. 브루투스는 기병대를 이끌고 발레리우스는 보병군단을 지휘하였다.

타르퀴니우스의 장자 기병대장 아룬테스는 지휘관끼리 일대 일로 겨루자고 제안했다. 그 제안에 응하여 브루투스가 앞으로 나아갔다. 둘은 실력이 막상막하였다. 두 사람의 창이 거의 동시에 상대의 가슴을 찔렀다. 둘은 다 같이 땅에 떨어졌다.

양군은 그들의 대장의 죽음을 보자 적군을 향해 돌진하였다. 전투는 해가 지도록 계속되었다. 그날 밤에 기묘한 소문이 퍼졌다. 싸움은 로마군의 승리로 끝난다는 것이다. 병사들은 그것을 신의 소리로 믿었다. 이튿날 타르퀴니우스의 군대는 보이지 않았다. 발레리우스는 브루투스의 유해를 가지고 로마로 개선하였다.

 브루투스의 장례식은 국장으로 치러졌다. 로마의 여인들은 1년 동안 상복을 입었다.

황정을 타도하고 500년동안 이어진 공화국을 창시한 브루투스

 모택동은 자기를 알아달라고 미이라가 되어 천안문 광장에 누워있다. 김일성, 김정일은 자기를 알아달라고 북한 곳곳에 동상이 되어 서있다. 그러나 그들을 누가 진정으로 알아주는가? 브루투스처럼 그 업적을 모두가 기려주는 삶이 참 부럽다.

8. 왼손잡이 무티우스

 왕위 복귀를 위한 전쟁에 패한 타르퀴니우스는 다시 클루시움의 왕 포르센나의 도움을 받아 로마에 쳐들어왔다. 포르센나는 직접 참전하였다.

 포르센나는 로마에서도 명장으로 알려져 있었다. 포르센나의 군대는 테베르강 서안에 본부를 두었다. 그리고 로마를 포위하였다. 로마는 비축되어 있는 식량도 다 떨어져갔다.

이러한 로마에 무티우스라는 청년이 있었다. 그는 로마를 구하기 위하여 포르센나를 죽여야겠다고 생각하였다. 그는 원로원의 허가를 받고, 단검 하나만 지니고 헤엄쳐서 테베르강 서안에 도착하였다.

그는 적진으로 잠입하는데 성공하였다. 왕에게 접근하는데도 성공하였다. 포르센나는 병사들에게 급료를 주고 있었다. 그러나 왕을 한 번도 본 적이 없는 무티우스는 급료를 주고 있는 자 중에 누가 왕인지 알 수가 없었다. 무티우스는 돈을 직접 주고 있는 사람이 왕일 거라고 믿고, 그를 찔렀다. 그러나 그는 왕이 아닌 왕의 비서였다.

붙잡혀 심문을 받는 무티우스는 가슴을 펴고 말하였다.

"나는 로마 시민이다. 이름은 무티우스다. 죽을 각오는 되어 있다. 로마의 청년들은 당신에 대한 투쟁을 선언한다. 내가 죽으면 또 다른 젊은이가 온다. 그가 성공하지 못하면 또 다른 젊은이가 온다. 우리의 투쟁은 계속될 것이다. 당신은 각오하라."

무티우스는 이렇게 큰소리치면서 불타고 있는 횃불을 왼손으로 잡고 그것을 자기 오른손에 눌렀다. 살이 타는 냄새가 주위에 가득하였다.

포르센나는 무티우스에게 말하였다.

"이제 되었다. 너는 큰 고통을 너 자신에게 주었다. 너의 담대함을 칭찬한다. 내 백성 중에도 너 같은 젊은이가 있으면 좋겠다. 너를 아무 조건 없이 풀어준다. 자, 어서 가거라."

무티우스는 그 후 '왼손잡이 무티우스'라 불리게 되었다. 불에 타서 문드러진 오른손을 쓸 수 없게 되었기 때문이다.

사드락, 메삭, 아벳느고는 금(金)신상에게 절하지 않다가 왕 앞에 불려갔다. 그들은 자기를 회유하는 왕에게 담대히 말하였다.
"우리가 섬기는 하나님이 우리를 맹렬히 타는 풀무불 가운데서 건져내시겠고, 왕의 손에서도 건져내십니다. 그리 아니하실지라도 우리는 금신상에게 절하지 않을 것입니다."
그들은 맹렬히 타오르는 풀무불 가운데 던져졌다. 그러나 그들은 상하지 않았다. 밖으로 나왔다. 그 광경을 본 왕과 모든 사람들은 하나님을 높였다.

9. 아테네의 민주주의

아테네는 민주주의의 고향이며 상징이다. 아테네의 민주주의는 클레이스테네스의 개혁으로 본격화되었다.
클레이스테네스의 정치개혁은 행정개혁으로 시작되었다. 그는 영토를 세 지역으로 나누었다. 제1지역은 수도 아테네와 항구 피레우스, 제2지역은 해안지대, 제3지역은 내륙이다. 이 세 지역은 각각 10개의 소구역으로 나뉘었다. 그 소구역은 인구밀도에 따른 '데모'로 다시 나뉘었다. 전체 데모 수는 150개 내지 170개가 되었다.
이 개혁 이후에는 아테네 시민의 정식 이름에 소속된 데모의 이름을 붙였다. 소속된 가문이나 씨족을 나타내는 명칭은 사라졌다. 이것은 지역성을 띤 사람을 강조함으로 '민주적'이다.
그리고 행정구 분할의 결과 귀족들의 소유지가 쪼개졌다. 그 결과 귀족계급의 권력기반이 무너졌다. 그렇게 되자 상대적으로 보통 사람들의 권리가 강화되어 민주적이 되었다.
클레이스테네스는 정치체제도 개혁했다. 이 개혁으로 생겨난 정치체제는 '데모스'(민중)에 의한 정치체제란 의미에서 '데모크라티아'라 한다. 아테네가 민주정치 체제를 확립한 때는 B.C. 6세기 말이다.

우선 민회의 권한이 강화되었다. 20세 이상의 시민은 누구나 다 회원이 된다. 한 사람이 한 표를 행사한다. 국가 최고기관이 된 민회는 해마다 몇 차례 소집되었다. 전쟁, 강화, 동맹, 정부관리 선출이 민회에서 결정되었다.

클레이스테네스는 수입의 다소에 따라 계급을 구분하였다. 그 결과 상공업에 종사하는 계층의 정치적 발언권이 더욱 강화되었다.

클레이스테네스는 후세의 정부 부처와 비슷한 조직을 창설하였다. 각 데모에서 뽑은 30세 이상의 시민으로 구성되는데, 제비뽑기로 500명을 뽑았다. 이 기관이 정무를 담당하였다. 의장은 회의 때마다 추첨으로 선출하였다.

클레이스테네스는 정부관리 10명을 해마다 민회에서 뽑도록 하여 그들을 '스트라테고'라고 하였다. 이 말은 '국가전략담당관'이란 의미다. 이것이 아테네의 내각이 되었다.

클레이스테네스의 마지막 개혁은 '도편(陶片)추방제'다. 아테네에서 추방하고 싶은 사람의 이름을 도자기 파편에 써서 투표했기 때문에 생긴 이름이다. 민회는 해마다 투표를 해서 과반수의 찬성을 얻으면 그 권위와 권력이 아테네에 위험하다고 간주되는 시민을 10년 동안 국외로 추방할 수 있었다. 이것은 독재정치를 피하고 막기 위해서 생긴 제도다. 독재가 예상되는 인물을 사전에 미리 탄핵하는 제도다.

후세 사람들은 이것을 '직접민주주의'라고 부른다. 이런 형태의 민주주의를 시행한 것은 아테네가 처음이자 마지막이었다.

10. 스파르타식

스파르타는 아테네와 같이 그리스의 150개의 폴리스 중에서 가장 두각을 드러낸 특별한 고대국가다. 그러나 스파르타는 전사 외에 아무 것도 낳지 못했다. 철학, 과학, 문학, 역사, 건축, 조각에서 아무 것도 없다. 단지 '스파르타식'이란 말만 남겼다.

스파르타는 펠로폰네소스 반도(半島) 중앙 내륙지방이다. B.C. 1,200년경에 도리아족이 선주민을 정복하였다. 이 도리아족은 스파르타의 지배계급으로 1만 명 정도였다. 그들은 자기들보다 2,3배나 많은 타민족들을 강압적으로 다스렸다.

스파르타는 군사대국이었다. 스파르타는 외적 못지않게 자국민을 억압해야 할 필요성 때문에 강한 군대가 필요했다. 성인 남자로 군무에 종사할 수 있는 스파르타인은 수천 명에 불과했다. 이런 결과 소수정예주의가 나왔다.

그리스 전역의 폴리스들이 아테네의 민주정치를 의식하던 시기에도 스파르타만은 두 명의 왕이 다스렸다. B.C. 7세기 후반에 있은 리쿠르고스의 개혁으로 이 정치체계는 더욱 더 확고해졌다.

아기는 태어나자마자 장로들의 시험을 받는다. 약한 아기는 버림받는다. 전사로 자랄 것 같다고 판단된 아이는 6살까지 부모 밑에서 자란다. 7세가 되면 기숙사에서 공동생활을 한다. 그때부터 계획에 따라 교육을 받는다. 신체단련이 주과목이다.

올림피아 경기에서는 월계관을 많이 썼다.

20세가 되면 병역이 시작된다. 60세까지 전사로 종사한다. 30세가 되어야 어른으로 인정받는다. 스파르타에서는 국정 참여와 병역을 제외하면 남녀가 완전히 평등했다. 스파르타 여인들은 건강한 자식들을 많이 낳는 것이 의무였다. 스파르타인의 매력은 용맹과 복종과 애국심이었다. 독서, 숙고, 토론 등은 칭찬받지 못했다.

스파르타는 철화(鐵貨)만 사용하였다. 검소하고 성실하며 건강한 생활을 좌우명으로 삼았다. 똑같이 생활수준이 낮으니까 질투심도 생기지 않는다. 가진 자와 못 가진 자 사이의 갈등도 없다. 스파르타에는 도둑이 없었다. 아테네에서는 권력투쟁이 일어났지만, 스파르타에는 그것도 없었다.

스파르타의 군사력은 막강하고 가공할 만한 것이었다. 비록 수는 적으나 그 명성은 사방에 퍼졌다. 그리스에서 정예부대는 스파르타의 보병군단을 의미하였다.

이러한 스파르타는 B.C. 6세기 말에는 펠로폰네소스 반도의 대부분을 지배했다. 스파르타는 '펠로폰네소스 동맹'을 결성했다. 이 군사동맹에 참가하는 조건은 스파르타가 전쟁을 수행할 때 병력을 제공하고, 민주정치가 아닌 귀족정치를 채택하는 것이었다. 스파르타는 자기들과 다른 민주정치체제를 가진 폴리스를 적으로 간주하였다.

아테네는 경제력으로, 스파르타는 군사력으로 막강하였고, 서로 정치는 물론 생활방식까지 상반되었다. 그러나 서로 충돌을 회피하였다. 그리스 외부에서 강적 페르시아가 침략해왔기 때문이다.

모든 제도는 다 장점과 단점이 있다. 아테네가 좋은가? 스파르타가 좋은가? 지혜로운 자는 그것을 결정하기보다 어느 쪽에서나 장점을 취하려고 노력한다.

11. 살라미스 해전

페르시아는 그리스를 침공하였다. 이 페르시아와 그리스간의 전쟁을 페르시아전쟁이라 한다.

페르시아가 그리스를 침공한 이유는 ① 경제적인 이유다. 그 시대에는 소아시아 서해안과 그리스 사이의 에게해 일대가 경제 중심지였다. 페르시아는 이 일대를 수중에 넣고 싶었다. ② 종교적인 이유다. 페르시아인은 덕의 화신인 아후라 마즈다를 최고신으로 섬기는 조로아스터교를 믿었다. 그들은 인간과 비슷한 신들을 믿는 그리스의 종교보다 자신들의 종교가 우월하다고 믿었다. 그들은 우월한 종교를 가진 민족이 열등한 종교를 가진 민족을 지배하는 것은 당연하다고 생각하였다.

그런데 이 전쟁은 서로 다른 문명의 대결이었다. 독립심은 왕성하나 협동심이 부족한 그리스에서, 도시국가 전체가 일치단결하여 외적과 맞서 싸우는 신기한 일이 일어났다. 아테네, 스파르타를 따라 모든 도시국가가 대동단결하여 싸웠다.

그러나 페르시아는 계속 남하하여 그리스 국토 3분의 2를 정복하였다. 닥치는 대로 파괴하고 약탈하고 죽이고 불태우면서 그 남하는 계속되었다.

페르시아 군은 단숨에 아테네까지 쳐들어왔다. 그러나 그들은 텅 빈 아테네에 입성하였다. 이것은 테미스토클레스의 작전이었다. 그는 그리스 국토의 3분의 2를 잃었으나 중무장 보병과 함대는 남겨두었다. 그는 육전에 강한 페르시아 군을 이기려면 해전으로 승부를 걸어야 된다고 생각했다. 그래서 그는 아테네 주민 모두를 살라미스 섬으로 대피시켰다. 병사를 가득 실은 함대를 살라미스 앞바다에 대기시켰다.

　아무 저항도 받지 않고 아테네에 입성한 페르시아 병사들은 온 시가지를 다 파괴하고 불태웠다. 파괴된 아크로폴리스 신전에서 흙먼지가 피어올라 텅 빈 아테네 상공을 뒤덮었다.

　살라미스 앞바다의 배 위에서 불타는 아테네 시가지를 바라보는 아테네 병사들의 가슴은 터질 것 같았다. 그들은 죽기를 각오하고 싸울 용기가 생기고 사기가 충천했다.

　너무나 쉽게 아테네를 점령한 페르시아 군대는 왕명에 따라 바다 위의 아테네군에게 도전하였다. 그들은 아테네 함대를 향해 진격해 왔다. 그들을 맞아 싸우는 아테네군 중무장 보병과 해군들의 기세는 너무도 대단하였다. 페르시아의 크세르크세스 왕은 곶 위에서 죽어가는 페르시아 병사들을 바라볼 뿐이었다. 전투는 불과 하루 만에 끝이 났다. 크세르크세스 왕은 도망쳤고, 페르시아 함대는 에게해에서 모습을 감추었다.

　이 해전을 역사에서 '살라미스 해전' 이라 한다.

　사람은 누구나 자기가 잘 하는 것을 살려나가야 이길 수 있다. 쉽게 성공하면 실패하기 쉽다. 쉽게 성공하면 더욱 긴장하여 얻은 것을 지키고 다음 도전에 응해야 한다.

12. 플라타이아이 전투

　제2차 페르시아 전쟁 2년째인 기원전 479년, 그리스 도시국가 연합군은 플라타이아이 평원에서 페르시아 제국이 자랑하던 주요 전력인 육군을 완벽하게 무너뜨렸다.

그 전투의 지휘관은 스파르타의 파우사니아스다. 그는 왕이 아닌 왕의 후견인이었다. 그는 그 당시 34세로, 군대를 거느리고 싸운 전투 경험이 전혀 없었다. 그러나 스파르타나 그리스 연합군은 모험적으로 그를 지휘관으로 삼았다.

페르시아 군대의 지휘관은 전사 마르도니우스였다. 페르시아 군대는 주요 전력만 해도 10만이 넘었다. 그리스 연합군은 4만 밖에 안 되었다.

그런데 파우사니아스는 탁월하였다. 그는 '스파르타 전사는 적을 앞에 두고 등을 돌리는 것은 절대로 안 된다.'고 배우고 실천하는 스파르타 병사들을 설득하여 '작전상 후퇴' 하는 작전을 구사하였다.

파우사니아스는 1급 중무장 보병을 먼저 싸우게 하였다. 그들은 긴 창으로 페르시아 기병의 말을 쓰러뜨렸다. 페르시아 병사들은 양으로 압도하려 하다가 뜻대로 안 되고 혼란상태가 되었다.

페르시아의 마르도니우스는 '불사무패' 100명의 호위를 받으면서 군대를 지휘하였다. 전투는 아주 격렬하였다. 그런데 그를 알아본 한 스파르타 병사가 돌을 던졌다. 그 돌은 그의 머리에 정통으로 맞았다. 그는 말에서 떨어져 죽었다.

페르시아 군대는 곧바로 도망치기 시작하였다. 그 군대는 완전히 붕괴되었다. 그날 페르시아 군대의 사망자는 7만 명이 넘었다. 나머지는 일찍이 후퇴하므로 살아 도망갔다. 그리스군 전사자는 159명에 불과하였다.

그리스 쪽의 완전한 압승이었다. 역사가들은 플라타이아이 전투를 다음과 같이 평한다.

"승리의 영예는 거의 100% 파우사니아스와 그의 중무장 보병에게 돌려야 한다."

다음 날 파우사니아스는 스파르타 병사 1만 명을 이끌고 도망친 테베 병사를 토벌하러 갔다. 공격작전은 며칠 안에 끝났다.

파우사니아스와 스파르타의 중무장 보병은 귀환하는 도중에 델포이에 있는 아폴론 신전에 들렀다. 그곳은 스파르타인이 가장 좋아하는 신전이고, 무슨 일이 생길 때마다 달려와서 신탁을 묻는 성지였다. 전쟁에서 살아남은 용사들은 승리를 내려주었다고 믿는 아폴론에게 감사기도를 올렸다. 파우사니아스는 감사의 말을 새긴 동판을 봉납했다.

그런데 그때 파우사니아스는 자기 개인 이름을 거기에 넣었다. 그를 시기하는 자들이 그것을 빌미삼아 그를 육군 사령관에서 해임하고, 해군 사령관이 되게 하였다. 그 후 그는 그것 때문에 죽음에 이른다.

보통 사람은 연습, 훈련 등의 경험을 통하여 실력을 쌓는다. 그러나 탁월한 자, 천재는 그런 것이 없어도 능력을 발휘한다. 그런데 탁월한 자, 천재는 보통 악한 자의 시기, 질투로 몰락한다. 그 몰락을 피해가는 탁월한 자, 천재는 거의 없다.

13. 두 영웅의 그날 밤

페르시아 전쟁시 그리스 연합군은 페르시아에 비해 모든 면에서 열세였다. 그러나 아테네의 테미스토클레스는 살라미스 해전에서 페르시아 군을 대파하였다. 그리고 육전에서는 스파르타의 파우사니아스가 플라타이아이 전투에서 페르시아군을 궤멸시켰다. 이 두 영웅의 공으로 그리스는 페르시아를 물리치고 평화를 누리게 되었다.

그러나 세월이 흐르자 사람들은 그 은혜를 잊었고, 정적들은 그 영웅들을 제거하려고 하였다. 그 정적들은 아테네에서는 아리스티테스 일파였고, 스파르타에서는 5명의 에포로스였다.

살라미스 해전 9년 뒤, B.C. 471년에 테미스토클레스는 도편추방에 의해 국외로 추방되었다. 그를 추방하는 데는 키몬이 앞장섰다. 그는 아테네를 떠나 아르고스로 이주했다.

얼마 후 아테네 정부는 테미스토클레스에게 재판 받기 위하여 출두하라고 하였다. 테미스토클레스는 그 명령에 응하지 않고 도피했다. 그는 코르푸 섬으로 갔다. 그는 거기서 오래 있지 못하고 에페이로스로 갔다. 그는 계속 쫓기면서 여러 곳을 방랑하였다.

테미스토클레스는 에페소스에서 4년을 머문 후 중대 결심을 하였다. 그는 적국 페르시아에 투항, 망명하였다. 그는 페르시아 왕에게 자기가 페르시아를 위해 일하겠다고 충성맹세를 하였다. 그는 페르시아에서 대접을 받고 두 지방을 다스리는 장관이 되었다.

B.C. 459년, 테미스토클레스는 마그네시아에서 파란만장한 55세의 생을 마감하였다.

한편, 스파르타의 파우사니아스는 모든 권력을 빼앗기고 이오니아로 이주하였다. 얼마 후 스파르타의 에포로스들은 그에게 귀국 명령을 내렸다. 그는 귀국하여 재판을 받았다. 죄목은 페르시아와 내통하여 그리스를 정복하려고 했다는 것이었다. 그는 국가 반역자라는 말도 안 되는 누명을 뒤집어썼다.

파우사니아스는 도주해 신전 안으로 들어가 문을 걸어 잠갔다. 에

프로스들은 문에 흙을 바르고 지붕의 기와를 벗겼다. 아무도 접근하지 못하게 하고 음식을 차단하였다. 좁은 신전 안에서 열기를 견디면서 플라타이아이의 영웅은 죽어갔다. 스파르타의 공식 발표는 파우사니아스가 스스로 굶어 죽는 길을 선택했다는 것이었다.

"이렇게 해서 스파르타인 파우사니아스도 아테네인 테미스토클레스도 각자 생애를 마감했다. 그러나 두 사람 모두 그들이 활약한 시대에서 머무르지 않고, 그 후, 그리스에 빛나는 영광을 안겨주었다."(투키디데스)

역사에서 많은 영웅들이 모함을 받고 역적으로 몰려 억울하게 죽은 경우가 많다. 우리나라의 이순신 장군도 모함을 받아 사형 직전에 풀려나와 백의종군 하였다. 다행히 이순신 장군은 새로 싸울 기회를 얻어 승리하고 명예를 회복하였다.

그렇게 억울함을 당한 영웅들은 얼마나 참담했을까? 얼마나 많은 고민과 회의가 찾아왔을까? 그 심정을 생각하면 가슴이 아프고 화가 난다.

그런데 그런 억울함을 당한 최고 선두주자는 예수님이다. 예수님은 아무 죄가 없었으나 십자가형을 받아 처형되었다. 예수님은 그런 처형을 받으면서도 의젓하고 당당하였다. 그는 오직 자기의 정한 목적을 위하여 담대하게 나아갔다. 사랑의 정신으로 원수를 용서하는 마음으로 임하였다. 자기가 당하는 핍박은 마귀의 장난으로 보았다. 그런 그는 죽는 순간에도 평강하였다. "다 이루었다!"고 외쳤다. 예수님의 정신으로 나갈 때만 바른 고난의 길을 갈 수 있고, 억울함을 당해도 당당하게 나 자신을 지킬 수 있다.

14. 켈트족의 로마 침입

켈트족은 북유럽의 숲의 주민이다. 켈트족은 그리스 말이고, 로마인은 그들을 갈리아인이라고 하였다. 오늘날에는 아일랜드에만 남아있다.

B.C. 6세기기 될 무렵부터 켈트족의 이동이 시작되었다. 처음 이탈리아에 정착한 켈트족은 로마에 위협이 되지 않았다.

로마는 에트루리아의 세력권을 하나씩 무너뜨렸다. 에트루리아의 유력한 도시 베이도 공략하는데 성공하였다. 이것은 켈트족의 남하를 막는 방파제를 스스로 파괴한 결과가 되었다.

로마의 평민들은 베이를 제2수도로 삼자고 제안하였다. 귀족들은 그것에 반대하였다. 특히 베이 공략전에 공로자인 카밀루스가 앞장서 반대하였다. 그러자 평민들은 카밀루스를 고발하였고, 카밀루스는 국외로 망명하였다. 평민들은 베이로 이주하였다.

B.C. 390년 여름, 켈트족은 아펜니노 산맥을 넘어 남하하였다. 로마는 공황상태에 빠졌다. 로마군은 테베르강 상류에서 맥없이 패하였다. 무방비 상태의 로마에 켈트족이 들어왔다. 7개월 동안 계속된 야만족의 로마 점령이 시작되었다.

로마는 청장년 남자들만 카피톨리누스 언덕에 올라가 농성하였다. 벼랑으로 둘러싸인 이 언덕은 방어에 적합하고 신성한 장소였다.

켈트족은 로마에서 잔학한 행위를 자행하였다. 닥치는 대로 살해, 폭행, 약탈하였다. 신전, 원로원 의사당, 저택, 시장 등 모든 것을 파괴하고 불태웠다. 남자들은 카피톨리누스 언덕 위에서 이 참상을 바라볼 수밖에 없었다.

로마인은 건국 이후 한 번도 맛본 적 없는 굴욕을 맛보았다. 켈트족의 침입은 로마인의 명예심에 큰 상처를 주었다.

그런데 켈트족은 우수한 전사였으나, 도시의 생활에 생소하였다. 그들은 로마를 점령했으나, 도시 로마를 사용할 줄 몰랐다. 시체를 상수도관에 던져 넣었기 때문에 수돗물을 마실 수 없게 되었다. 다 불태웠기 때문에 식량도 타버렸다. 시체를 방치했기 때문에 전염병이 돌게 되었다. 그들은 도시 생활에 염증을 내게 되었다.

카피톨리누스 언덕에서 농성하던 로마인은 협상을 제안하였다. 몸값을 낼 테니 로마에서 떠나달라는 것이 협상 조건이었다. 켈트족은 300kg의 금괴를 받고 7개월 만에 로마를 떠났다.

켈트족이 떠난 후 로마인은 카밀루스를 불러들여 독재관이 되게 하였다. 카밀루스는 군단을 편성하여 켈트족을 뒤쫓아 가서 어느 정도의 원수를 갚았다.

켈트족의 침입으로 로마는 밑바닥까지 떨어졌다. 그러나 로마인답게 느리나 착실하게 다시 올라갔다. 켈트족의 침입은 로마가 진정으로 강대해지는 첫걸음이 되었다.

스스로 분쟁하는 나라는 서지 못한다. 교회가 서로 다투면 마귀의 밥이 될 수밖에 없다. 우리는 항상 일치단결하여 하나님의 나라를 지키자.

15. 모든 길은 로마로 통한다

"모든 길은 로마로 통한다."는 말은 누구나 알고 있다. 로마를 말할 때 길을 말하지 않을 수 없다.

  도로가 국토의 동맥인 사실은 오늘날에는 누구나 잘 알고 있다. 그러나 2,300년 전에 이것을 안 나라는 로마뿐이다.

  사람이 살게 되면 반드시 길이 생긴다. B.C. 8세기 로마의 건국 초기에도 길은 있었다. 소금을 운반하기 위해서 만든 '소금길'(비아 살라리아), 라티나 지방과 이어져 있는 '라티나 길'(비아 라티나)이 있었다.

  그런데 B.C. 4세기 후반이 되면 사정이 완전히 달라진다. '아피아 가도'(비아 아피아)가 개통된 B.C. 312년을 계기로 그 이후의 로마 가도는 단순한 행정도로가 아닌 정략적인 필요에서 만들어진다. 정치, 군사, 행정의 필요에 따라 길을 만들었다.

  로마인은 그 길을 만든 사람의 이름을 따서 도로의 이름을 붙였다. 아피우스가 건설한 길이면 '아피아 가도', 플라미니우스가 건설한 길이면 '플라미니아 가도'라고 하였다.

  로마의 첫 가도는 아피아 가도다. 아피아 가도를 건설한 사람은 로마의 명문 귀족 클라우디우스 가문의 아피우스다. 그는 첫 가도를 만들었고, 본격적인 상하수도 공사를 시작하였다. 아피아 가도는 처음에 로마에서 카실리눔(오늘날의 카푸아)까지 뻗어 있었다. 그후 차츰 연장되어 이탈리아 남부 끝에 있는 브룬디시움(오늘날의 브린디시)까지 이르게 되었다.

  이 아피아 가도에 이어 플라미니아 가도, 카시아 가도, 아우렐리아 가도가 건설되었다. 로마의 세력권이 점차 확대됨에 따라, 로마와 지방 요충지를 연결하는 도로망이 구축되었다. 나중에는 유럽, 아시아, 아프리카까지 나가는 국제도로가 되었다.

  가도를 건설하기 전의 길은 인마(人馬)가 다닐 수 있는 정도의 길이었다. 로마인은 그 길을 최대한 직선으로 만들고, 폭을 넓히고, 다리를 놓고, 배수가 되게 하고, 평탄하도록 돌로 포장을 했다. 그야말로 '고속도로'를 건설한 것이다. 2,300년 전에 고속도로라니, 놀라운 일이다. 이 '고속도로망'은 '로마연합'의 동맥이 되었다.

그런데 도로는 양날의 칼이다. 아군의 연락이나 이동이 빨라지면 적군의 정보 수집이나 이동도 빨라진다. 수십 년 뒤에 에페이로스와 피로스가, 100년 뒤에는 카르타고의 한니발이 이 가도를 따라 로마로 쳐들어왔다.

그러나 로마인은 가도 건설을 멈추지 않았다. 로마인은 종교, 정치체제, 도로에 이르기까지 개방적이다. 이러한 개방성은 도시국가 로마가 아테네, 스파르타와는 달리 도시국가의 범위를 넘어 제국이 된 원동력이다.

16. 로마 시민권

바울 사도는 로마 시민권을 날 때부터 가지고 있었다. 그는 유대인들이 고소할 때 그 시민권으로 로마 황제에게 호소(상소)하였고, 그 결과 로마에 가서 전도할 수 있었다.

'시민권'은 라틴어로 '키비타스'다. 이 말에서 영어 '시티즌십'(citizenship)이 나왔다. 영어사전에서 시민권은 '시민, 국민의 신분, 공민권, 시민권, 국적' 등이다.

로마 시민권을 가진 자의 권리와 의무는 다음과 같다.

◎ 권리

① 동산, 부동산을 포함한 모든 사유재산의 보장, 그 사유재산의 매매의 자유
② 선거권, 피선거권을 가지고 국정에 참여
③ 법에 따른 재판을 받을 권리, 사형선고를 받아도 민회에 항소할 권리
④ 독립적이고 자유로운 신분을 가진 어른이라는 증거

◎ **의무**

o 16-40세까지는 현역, 그 후 60세까지는 예비역으로 군무에 종사해야 한다. 병역은 납세를 대신하는 것이기도 하다.

로마는 자국의 시민권을 타국인에게 주는데 아주 개방적이었다. 그것은 로마인의 개방성에서 나온 것이지만, 한편 로마 군단이 로마 시민권 소유자로만 구성되었기 때문이기도 하다.

로마에서는 얼마 동안 로마에 거주하기만 하면 시민권을 취득할 수 있었다. 로마에서는 노예도 시민권을 취득할 수 있는 길이 있었다. 로마의 노예는 주인이 자유를 주거나, 자신이 저축한 돈으로 자유를 사 해방노예가 될 수 있었다. 그 해방노예의 자식들은 로마 시민권을 취득할 수 있었다.

로마는 이중 시민권, 곧 이중 국적까지 인정하였다. 나폴리 시민이면서 로마 시민도 될 수 있었다. 이러한 이중 시민권 제도는 그 당시 타국에서는 찾아볼 수 없다.

로마 시민권만 가지면 누구나 출세할 수 있다. 그 사람의 재능과 능력에 따라 누구나 최고 관직에까지 오를 수 있다. 로마 시민권만 가지면 누구나 지배층이 될 수 있다.

로마는 계속되는 전쟁을 통하여 많은 피를 흘렸다. 많은 지배층의 사람들이 희생되었다. 그러나 계속 인원이 보충되고 지배층이 형성된 것은 시민권 개방을 통하여 수많은 타민족 사람들을 받아들였기 때문이다. 로마인은 항상 새로운 피를 수혈 받는 것을 잊지 않았다. 그래서 로마는 계속 재기하였다.

온 우주 간에서 영원히 가장 크고 영화로운 제국은 천국이다. 그 천국 시민권은 믿는 모든 자에게 개방되어 있다. 우리는 천국의 시민권자이다. 주님께서 재림하여 우리를 자기의 영광의 몸의 형체와 같이 변하게 하여 그 천국으로 데리고 갈 것이다. 그 천국은 수많은 인재들로 가득할 것이다.

17. 산족 삼니움족과의 전투

삼니움족은 이탈리아 중부에서 남부에 걸친 산악지대에 거주하는 산족이다. 그들은 수도가 확실한 통일국가도 아니고, 독자적인 문명을 가진 민족도 아니었다. 산업은 목축이었다.
이러한 집단은 로마가 간단히 쳐부술 수 있었을 터인데, 애를 먹은 것은 그들이 게릴라 전법을 구사하였기 때문이다. 그들은 항상 소대로 출몰하여 로마군을 혼란에 빠뜨렸다. 그리고 삼니움족은 병사 개개인의 사기도 높았다.
로마군은 B.C. 321년, 삼니움군이 평원에 집결한다는 정보를 입수하였다. 그러나 그것은 거짓 정보였다. 삼니움족 군대는 평지가 되기 전의 산지에 매복해 있었다. 로마군은 그것을 모르고 평지가 있는 곳으로 나가기 위하여 그들이 매복해 있는 계곡 속으로 들어갔다. 거기는 너무도 좁은 카우디움 협곡이었다. 로마군은 거기에 갇히게 되었다. 삼니움족은 공격도 하지 않았다. 굶주림에 시달린 로마군은 싸워보지도 못한 채 항복하였다.

삼니움족은 화평의 조건으로 로마군이 나폴리 일대에서 철수하고, 식민지도 포기하고, 삼니움족의 세력권을 존중하라고 하였다. 조약이 민회에서 승인될 때까지 로마군 병사 600명을 인질로 삼는다고 하였다.

로마군은 삼니움족 앞에서 큰 모욕을 당하였다. 무장해제 된 채 속옷만 입고 나왔다. 삼니움군 병사들 사이로 지나가면서 창에 찔려 죽기도 하였다. 인질 600명은 감옥에 들어갔다. 로마군은 명예에 큰 상처를 입었다.

B.C. 316년, 로마는 다시 삼니움족과 싸울 준비가 되었다. 로마는 '로마연합'을 떠나 삼니움족에 붙은 카푸아를 공격하였다. 로마군은 간단히 카푸아를 함락시켰다. 카푸아의 유력자들은 모두 사형에 처해졌다.

로마는 카푸아를 점령한 뒤, 곧바로 삼니움족을 치지 않았다. 계속 이탈리아 중부에서 남부에 세력을 확대하였다. 삼니움족의 지배를 받고 있던 지방을 조금씩 세력권에 끌어들였다.

점점 산지로 쫓겨 들어가게 된 삼니움족은 결국 로마에 항복하였다. 로마는 무력을 앞세워 B.C. 304년에 삼니움족과 강화조약을 맺었다.

하지만 그 평화도 6년 만에 끝이 났다. 켈트족, 움브리아족, 에트루리아족이 로마에 반기를 들 때 삼니움족도 가세하였다. 전투는 격렬하였으나 결국 로마군이 승리하였다. 켈트족은 북쪽으로 밀려났다. 움브리아족, 에트루리아족은 '로마연합'에 가맹하기로 하였다. 삼니움족도 로마군의 군문으로 내려왔다.

삼니움족이 사는 지방은 '로마연합'의 한 동맹국(소키)이 되었다. 그들이 사는 산악지대 한 가운데에 로마 시민들이 사는 식민지가 건설되었다. B.C. 285년, 카푸아까지 건설된 아피아 가도는 베누시아(오늘날의 베노사)로 이름 지어진 이 식민지까지 연장되었다.

로마는 '천천히, 그러나 착실하게' 세력을 넓혀갔다. 서두르지 않고 실력을 키워 착실하게 나가면 반드시 승리한다.

18. 로마 융성의 요인

로마는 1천 년 동안 수많은 민족을 제압하고 큰 업적을 남겼다. 수많은 문화를 남기고 많은 유산을 인류에게 물려주었다.

로마인은 지성에서는 그리스인보다 못하고, 체력에서는 켈트족(갈리아인)이나 게르만족보다 못하고, 기술력에서는 에트루리아인보다 못하고, 경제력에서는 카르타고인보다 못하였다. 로마인은 다른 민족보다 뛰어난 것이 별로 없었다. 아니 오히려 다른 민족보다 부족한 것이 많았다.

그런데 그런 로마가 어떻게 그렇게 융성하게 되었을까. 도시국가로 출발한 아테네, 스파르타 등은 잠시 문화의 꽃을 피웠으나, 곧 쇠잔하였다. 그러나 로마는 도시국가를 넘어 당시의 유럽 세계를 재패한 거대한 제국을 이루고 큰 업적을 남겼는데, 그 요인이 무엇일까.

할리카르나소스의 디오니시오스는 그 요인으로 종교에 관한 로마인의 사고방식을 든다. 로마인은 광신적이지 않고 타민족의 종교를 다 인정하였다. 이것은 다른 민족을 다 인정하는 것이다. 그들은 타민족을 정복하여 노예로 삼지 않고 공존하였다.

폴리비오스는 그 요인으로 독특한 정치제제의 확립을 들었다. 로마인은 집정관 제도를 통해 왕정의 장점을 살리고, 원로원 제도를 통해 귀족정의 장점을 살리고, 민회를 통해 민주정의 장점을 살린 공화정을 확립하였다. 그 정치체제로 국내의 대립관계를 해결하고 거국일치의 길로 나아갔다.

플루타르코스는 그 요인으로 패자까지 포용하여 동화시키는 생활방식을 들었다. 그리스에서는 다른 민족을 바르바르인(야만인)이라 부르고, 같은 그리스인 간에도 스파르타 출신이 아테네 시민권을 취득할 수 없었다. 반면에 로마에서는 라틴족은 출신지가 어디든 시민권을 취득할 수 있었고, 적국 출신의 경우도 일정 기간 로마에 거주하기만 하면 시민권을 취득할 수 있었다.

이러한 로마인의 종교의 사고방식, 독특한 정치체제, 포용력은 로마인의 개방적인 성향을 드러내고 있다. 군사력이나 건설에서의 업적은 개방성을 구체적으로 드러내는 사실이다. 로마인은 민족이 다르고, 종교가 달라도 상대를 포용하여 자신에 동화시켜 제국을 건설하고 발전시키는 원동력으로 삼았다.

로마가 융성한 때로부터 2천 년이 지난 지금 세계는 닫혀 있다. 종교적으로 관용을 베풀 줄 모르고 종교전쟁까지 일어난다. 같은 종교인끼리도 반목하며 질시한다. 정치에서는 능력보다 이념이 앞선다. 타민족이나 타인종을 배척하고 적으로 간주한다. 무조건적 테러로 수많은 사람을 죽인다.

그런데 로마는 아득히 먼 고대사회에서 상대를 포용하는 개방정책으로 자신을 살리고 세계를 지배하였으니, 그것이야말로 영원히 빛날 로마의 찬란한 업적이다.

II. 한니발과의 전쟁

포에니전쟁은 "페니키아인과의 전쟁"이라는 뜻이다. 로마는 페니키아인들의 나라인 카르타고와 전쟁하였다. 2차 포에니전쟁은 카르타고의 유명한 한니발 장군과 한 전쟁이기 때문에 한니발전쟁이라고도 한다. 포에니전쟁은 1차 23년(B.C. 264-241), 2차 18년(B.C. 219-201)이나 걸린 긴 전쟁으로, 로마와 카르타고가 명운을 걸고 싸웠으며, 결국 카르타고가 패하고 멸망하였다.

1. 까마귀 작전

사람들이 까마귀는 흉조로 생각하여 싫어한다. 까마귀가 날고 울면 초상이 날 것처럼 생각하고 쫓아버린다.

시칠리아 섬은 장화처럼 생긴 이태리반도 남서쪽에 자리 잡고 있다. 그 섬의 서쪽은 카르타고가 지배하고, 동쪽은 메시나와 사라쿠사가 지배하고 있었다. 사라코사의 공격을 받은 메시나는 로마에 지원을 요청하였다. 로마는 개입하기를 꺼렸으나, 그냥 두면 메시나가 카르타고 쪽으로 갈 것을 생각하여 결국 지원하게 되었다. B.C. 264년에 로마군이 메시나에 도착하자 사라쿠사와 카르타고 연합군의 공격을 받게 되었다. 이것이 길고 긴 카르타고전쟁의 시작이다.

로마군대는 육지에서만 싸웠고 해전의 경험이 전무하였다. 그러나 시칠리아에 간 이상 해전을 하지 않을 수 없었다. 카르타고는 해운국으로 해전의 경험이 풍부하였다. 배도 우수하고 선원도 아주 우수하였다. 5단층 갤리선은 노잡이가 300명이고 전투원도 300명이었다. 그러한 갤리선이 120척이나 되었다. 로마는 5단층 갤리선을 100척이나 급조하고 노잡이 훈련도 급하게 시켰다. 로마는 해전에 전혀 경험이 없는 스키피오가 지휘관이 되어 카르타고와 바다에서 맞붙게 되었다. 그 전쟁은 완패로 끝났다. 대장 스키피오와 대부분의 병사들이 포로가 되었다.

그 뒤에 로마군대는 육군 담당 집정관 두일리우스가 해군까지 지휘하게 되었다. 두일리우스는 바다에서는 카르타고를 당할 수 없다고 생각했다. 그래서 그는 고심 끝에 "까마귀"라는 것을 설치하였다. 까마귀는 보통 때는 돛대에 로프로 고정시키나 유사시 적선에 접근하여 잔교가 되게 한다. 그것이 적선에 떨어지면 끝에 철제 갈고리가 있어 박힌다. 그러면 두 배는 하나가 된다.

　로마와 카르타고의 해군은 다시 밀라초서 맞붙게 되었다. 배에 이상한 것을 달고 오는 로마 배를 보고 카르타고 병사들은 크게 비웃고 점점 가까이 오자 배꼽을 쥐고 웃었다. 하지만 로마 함대가 계속 돌격하자 카르타고 병사들은 얼굴에서 웃음이 사라졌다. 로마 함대는 계속 돌격하여 부딪치게 되자 "까마귀"를 떨어뜨렸다. 그 까마귀가 잔교가 되자 로마 병사들은 카르타고 배로 밀고 들어갔다. 로마 병사들은 중무장 보병으로 백병전에 능하다. 두일리우스는 해전을 자기들에게 유리한 육상전으로 바꾸어버렸다. 로마군은 백병전으로 대승을 거두었다. 승전보를 받은 수도 로마는 "하늘에라도 오를 듯한 기쁨"으로 가득하였다.

　두일리우스는 기발한 아이디어로 카르타고군을 격파하였다. "까마귀"는 카르타고군을 멸망시킨 신무기였다. 마귀는 "까마귀" 같다. 우리는 마귀를 시시하게 보고 비웃기 쉽다. 그러나 마귀는 우는 사자 같이 다니며 신자를 삼키려고 돌아다닌다. 마귀는 우리가 방심하는 사이에 "까마귀" 같이 순식간에 습격한다. 우리 마음속에 쳐들어온다. 그 졸개 귀신들이 우리 심령을 분탕질한다. 그러면 우리는 패배하게 된다. 그러니 우리는 항상 경계하고 깨어 있어야 한다. 그 마귀에게 가까이 가지 말고 오히려 우리가 공격해야 한다.

2. "바다를 모르니"

　로마와 카르타고는 네 번째 해전을 하게 되었다. 그 전쟁은 카르타고 만에서 북동쪽으로 돌출해 있는 헤르마이움 곶(오늘날의 봉 곶) 앞바다에서 벌어졌다. 이 전투에서 로마군이 이겼다. 카르타고는 114척의 군선을 침몰이나 화재로 잃었다. B.C. 3세기의 카르타고는 해운국이기는 하나 해군국은 아니었다.

네 번째 해전에서 승리한 로마의 집정관은 더 이상 진격하지 않고 시칠리아로 철수하였다. 그런데 로마군이 시칠리아 남해안까지 왔을 때 엄청난 태풍을 만났다. 그 일대는 바위나 돌이 많은 해안이 줄곧 이어져 있었다. 피난할 항구가 없는 난바다에서 태풍을 만났을 때 반드시 피해야 할 일은 해안선에 접근하지 않는 것이다.

로마 함대의 키잡이들은 '로마연합'에 가맹한 항구도시에서 온 선원들이다. 그들은 태풍 피해를 줄이는 요령을 잘 알고 있었다. 그래서 해안선 접근을 반대하였다.

그러나 바다에 익숙하지 않고 잘 모르는 로마 장군들은 그들의 주장에 반대했다. 육지도 보이지 않는 바다에서 태풍에 농락당하는 공포를 견딜 수 없게 된 그들은 선원들에게 해안에 접근하라고 명령했다. 게다가 그들은 배가 흩어지지 않도록 한 무더기가 되어 접근하라고 명령했다. 선원들은 당연히 항변했다. 그러나 무식한 명령자에게는 아무 효과가 없었다. 230척의 로마 함대는 바람과 비와 거센 파도 때문에 잘 보이지 않는 해안으로 접근해갔다.

결과는 지중해 사상 최대의 해난사고였다. 암벽에 부딪치거나 배들끼리 충돌하여 대부분의 배가 파손되고 겨우 80척만 남았다. 그 해변은 표류하는 시체로 가득하였다. 이 해난사고로 로마군은 6만 명의 병사를 잃었다. 집정관 둘이 살아남은 것은 그들이 타고 있던 배가 장선이고, 숙련된 선원들이 조종하고 있었기 때문이다.

이 소식을 전해들은 로마인은 깊은 슬픔으로 죽은 병사들을 애도

하고 안타까워하였다. 반면 카르타고는 비웃고 기뻐 날뛰었다.

로마군은 해전에서는 이겼지만 태풍에는 완전히 지고 말았다. 그들은 바다에 대하여 잘 모르고 경험이 없었기 때문에 그렇게 되었다. 잘 모르고 경험이 없으면 잘 알고 경험 있는 자의 권고를 들어야 되는데 그것을 무시하였기 때문에 그렇게 되었다.

아합을 비롯한 이스라엘과 유다의 많은 왕들은 잘 알지도 못하면서 선지자들의 권고를 받아들이지 않고 우상을 섬겼다. 온 나라가 우상숭배에 빠지게 하였다. 그 결과 하나님의 진노를 사 많은 재난을 당하고, 결국 나라가 망하였다. 수많은 백성들이 죽임 당하고 포로로 잡혀갔다. 가나안 땅과 예루살렘은 황무지가 되었다. 참으로 슬픈 치욕의 역사였다.

3. 로마군의 숙영지

로마인은 매사를 교본처럼 체계화하기를 좋아한다. 로마군이 하루 행군을 마치고 숙영지를 세우는 데서 그 체계화는 극에 달한다.

그들은 고작 하룻밤 사용할 숙영지도 우직하게 교본대로 세웠다. 로마인은 그 숙영지 건설법을 신도시 건설에도 적용했다.

해가 기울기 시작하면, 당번 장교 한 사람이 1개 소대를 이끌고 그날 밤의 숙영지를 찾는다. 방어에도 문제가 없고, 물도 있고, 2만여 명을 수용할 수 있는 넓은 땅을 찾으면, 그 한복판에 깃발을 세운다. 그곳이 집정관의 천막이 쳐질 곳이다.

그 숙영지의 크기는 가로 600m, 세로 800m쯤 된다. 넓은 길은 중앙에서 교차한다. 각 막사와 중요한 시설물의 설치 장소는 걸음으로 재서 결정한다. 숙영지를 양분하는 중앙로 옆에 성화대가 설치된다. 성화대는 신에게 제물을 바치거나 '새점'을 치는 곳이다. 그 옆에는 연설대가 설치된다.

집정관의 천막은 성화대 뒤에 쳐진다. 그 바로 옆에는 회계감사관의 천막이 쳐진다. 그 주위로 근위병들의 천막이 늘어서고, 장교 12명의 천막이 그 바깥쪽을 에워싼다. 기병과 동맹국 지휘관들의 천막도 이 구역에 쳐진다. 숙영지 아래쪽에는 군단 병사들의 천막이 각 군단마다 차례로 쳐진다. 동맹국 병사들도 마찬가지다. 천막 사이의 거리는 똑 같고, 반듯하게 줄을 지어야 한다. 마구간은 숙영지 외벽을 따라 세워진다. 사방을 지키는 참호와 울타리가 완성되면 숙영지 건설도 끝난다. 비록 하룻밤 사용할 것이지만 어느 것이나 날림으로 짓지 않는다. 교본이 완벽하니까 뜻밖에도 짧은 시간에 끝낼 수 있었다.

천막 설치가 끝나면 모두 청소를 한다. 천막 사이의 길은 비로 쓸고 물을 뿌린다. 식사는 이런 일을 다 끝낸 후에 한다. 설거지와 불의 처리법도 아주 엄밀하게 규정되어 있었다. 숙영지에도 변소를 설치하여, 아무데서나 대소변을 보지 못하게 하였다.

이렇게 숙영지 건설도 체계화해야 할 이유가 있었다. 로마군은 지휘관부터 병사까지, 군대 전체가 해마다 바뀐다. 그러니 누가 해도 같은 결과를 낳고, 질서 있고 능률적이기 위해서는 자세한 부분까지 미리 정해둘 필요가 있었다.

인생은 나그네다. 전쟁터에서 하룻밤 숙영하는 것과 같다. 그러니 우리는 이 세상에 너무 집착하지 말고 천성을 바라보고 나아가야 한다. 그러나 하루도 소홀히 하지 말고 철저한 계획 속에서 성실히 모든 일을 해야 한다.

4. 로마의 코르넬리우스와 카르타고의 한니발의 임전 연설

천신만고 끝에 알프스를 넘은 카르타고의 한니발 군대와 그 군대를 맞아 전투를 준비하는 로마의 코르넬리우스 군대 사이에는 팽팽한 긴장감이 흐르고 있었다. 그때 양쪽의 장군들은 병사들의 사기를 높이기 위해 연설을 하였다.

로마의 집정관 코르넬리우스는 병사들의 사기를 높여주어야 할 필요를 강하게 느꼈다. 그래서 그는 병사들을 집합시켜놓고 연설을 시작했다.

「"전사 여러분, 만약 여러분이 마르세유까지 나와 함께 갔던 병사들이라면, 나는 아무것도 할 말이 없었을 것이다. 그들이라면 로마군과 카르타고군의 첫 대결이 로마 쪽의 대승으로 끝난 것을 알고 있기 때문이다."

실제로는 기병끼리의 작은 충돌에 불과했고, 아군 전사자는 140기인데 적의 손실은 200기니까 대승이라고는 말할 수 없는 전과였지만, 코르넬리우스의 목적은 한니발과 처음 대면하는 부하들을 고무하는 것이었다.

"하지만 여러분은 그때의 눈부신 전과를 직접 보지 못했다. 그래서 한마디 해두는 편이 좋을 것 같아서 여러분을 집합시켰다. 여러분은 새로운 적과 싸운다고 생각해서는 안 된다. 그들은 우리가 23년 전에 무찌른 패배자의 잔당이다. 우리는 그들에게 이겨서 시칠리아와 사르데냐를 얻었다. 그렇기 때문에 이것은 대등한 전사끼리의 싸움이 아니라, 승자와 패자가 다시 맞붙는 싸움이라고 생각해도 좋다. 게다가 그들은 알프스를 넘어오느라 이미 전력의 3분의 2를 잃어버렸다. 그뿐 아니라 굶주림과 추위에 시달리고, 몸은 온통 오물투성이가 되고, 암석에 다친 병사들이다. 손발은 꽁꽁 얼고, 근육도 경직되고, 모든 병사와 말이 인간이나 말이라기보다는 의지도 없이 떠도는 유령에 더 가깝다. 23년 사이에 카르타고인이 다시 태어난 것이 아니다. 우리가 지금 적으로 삼고 있는 것은 우리가 에가디 제도 해전에서 무찌르고 시칠리아에서 쫓아낸 바로 그 카르타고인이다. 그들이 이번에는 우리 땅에 침입했다. 따라서 이번 전쟁은 시칠리아의 패권을 둘러싼 싸움이 아니다. 우리의 국토 이탈리아와 우리 각자의 가족을 지키기 위한 싸움이다. 여러분 한 사람 한 사람이 어떻게 싸우느냐가 우리 국토와 우리 가족의 운명을 결정한다. 신들이 우리 모두를 보호해 주시기를!"」(시오노 나나미 저, 김석희 역, 로마인이야기 2, p.138, 139)

카르타고의 29세의 젊은 장수 한니발도 병사들의 사기를 북돋우기 위해 연설을 하였다.

「"너희들이 방금 본 갈리아인과 똑같은 마음가짐으로 싸운다면, 우리는 반드시 승리할 수 있다고 확신한다. 방금 본 것은 구경거리가 아니다. 너희들의 현재 실정을 비추는 거울이다.우리의 좌우는 두 개의 바다로 막혀 있다. 여기서 도망치려 해도 배가 없다. 눈앞에 있는 것은 포강(江)이다. 론강(江)보다 크고 물살이 세다. 등 뒤에는 알프스가 우뚝 솟아 있다. 엄청난 고생 끝에 겨우 넘어온 산맥에 다시 도전하고 싶은 사람은 하나도 없을 것이다.너희에게는 로마군과의 첫 전투에서 이기느냐, 아니면 패하여 죽느냐 하는 길밖에 남아있지 않다. 너희가 승자가 되면, 불사신조차도 바랄 수 없는 보수를 손에 넣을 것이다. 로마군에게 이기기만 하면, 시칠리아와 사르데냐는 물론이고 로마인이 소유하고 있는 모든 것이 너희 것이 된다. 로마인이 지배하고 있는 모든 땅의 지배자는 너희가 된다.휴식은 충분히 취했을 것이다. 앞으로의 고생은 에스파냐를 떠난 뒤 알프스를 넘을 때까지의 고생과는 다르다. 똑같은 고생이라도 보수가 기다리는 고생이 될 것이다. 적장이 누군지는 나도 모른다. 적장이 누구든, 전쟁터에서 태어나 숙영지에서 자라고 용장 하밀카르를 아버지로 둔 나와는 비교할 수 없다. 대군을 이끌고 에스파냐에서 이탈리아까지 먼 길을 온 나와 어깨를 나란히 할 수 있는 장군은 로마에 아무도 없다.이 전쟁은 반드시 이긴다. 그리고 전쟁이 끝나면, 너희들에게 카르타고든 에스파냐든 이탈리아든 원하는 나라의 땅을 주겠다. 조세는 자식 대까지 면제다. 땅보다 금화를 원하는 자에게는 응분의 금화를 주겠다. 카르타고 시민권을 원하는 자에게는 그것도 주겠다."」(앞의 책. pp.140, 141)

「한니발은 노예들에게도 약속했다. 싸움에 참가하면 자유민으로 만들어주겠노라고. 그들은 병사로 참전한 상전들을 따라 이곳까지 온 처지였다. 하인 노릇을 하던 노예가 자유민이 되어도 불편하지 않도록, 병사들에게는 한 사람당 두 명의 로마인을 노예로 주겠다고 약속했다. 총사령관의 강력한 자신감은 병사들에게도 전해져, 그들은 한니발의 연설에 우렁찬 함성으로 화답하였다.」(앞의 책, p.141)

설교는 마귀 군대와 전투하는 십자가 군병들에게 하는 격려의 연설이다. 마귀 군대는 우리에게 적수가 되지 못한다. 예수 대장을 믿고 나가면 마귀 군대는 다 도망간다. 십자가 군대는 반드시 승리한다. 주일마다 강단에서 이렇게 격려하여 용기를 주는 연설이 계속된다. 모든 성도는 "아멘!"으로 화답한다.

5. 패장을 처벌하지 않는다

카르타고는 패전 책임자를 십자가형에 처해 죽였다. 고대나 현대의 거의 모든 국가는 패전 책임자에게 그 책임을 물었고, 묻는다.
그러나 로마는 그와 달랐다. 로마는 패전 책임자에게 책임을 묻지 않고 처벌하지 않았다. 그것이 로마의 전통이었다.
르네상스 시대의 정치사상가인 마키아벨리는 그러한 사실에 대하여 칭찬을 아끼지 않았다. 그는 그 이유로 장수에게 전쟁터에서 뒷일을 걱정하지 않고 지휘에만 전념하도록 하기 위함이라고 하였다. 승전하면 큰 상을 받고 패전해도 벌이 없다면 누구나 걱정없이 용감하게 싸울 수 있다.
그런데 로마가 그렇게 한 데는 다른 이유도 있다. 공화정 로마는 귀족과 평민계급을 그대로 두고, 양자가 힘을 합쳐 국가의 활력을 효율적으로 발휘하는 체제를 지향한 국가다. 로마는 B.C. 367년에 리키니우스 법이 성립된 이후 국가의 모든 요직을 평민에게도 개방하였다. 이에 따라 최고 통치자인 집정관이 평민 출신이 선출되는 것이 가능해졌다.

이러한 형편에서 패전 책임자를 처벌하면 재앙의 씨앗이 되기 쉽다. 처벌받은 사람이 귀족이면 귀족계급의 불만을 살 수밖에 없고, 평민이면 평민계급은 그가 평민이니까 처벌 받았다고 생각할 것이 뻔하다. 책임 추궁은 객관적으로 누구나 납득할 수 있는 기준을 찾기가 어렵다. 그래서 로마인은 누구한테도 패전의 책임을 묻지 않기로 한 것이다.

그러면 전사한 사람은 억울하지 않은가? 그러나 공동체의 이익이라는 관점에서 보면 납득할 수 있다. 국론이 양분되면 국력을 효율적으로 발휘할 수 없다. 국론이 통일되고 그 결과 국력이 효율적으로 발휘되면 희생은 적어진다. 큰 과업을 이루고 큰 성과를 거둘 수 있다. 로마는 이점에 착안한 것이다.

로마의 이 방식은 능력이 있는데도 불운하게도 패장이 된 사람에게 설욕의 기회를 주기도 하였다. 패장이라도 패전의 원인이 그의 무능이 아니고, 능력이 있다고 인정되면 집정관에 재선될 수도 있었다. 크게 패전한 트리비아 전투에서 로마군 총사령관이었던 셈프로니우스 롱구스는 그 후 다시는 집정관에 선출되지 못했다. 반대로 중상을 입고 참전하지 못한 코르넬리우스 스키피오는 (참전하지 못해도 패전의 상당한 책임이 있었다.) 집정관과 동격인 전직 집정관에 임명되어 1만 명의 병력과 함께 에스파냐에 파견되었다.

주님은 우리가 최선의 노력을 했다면 우리가 실패를 해도 그 책임을 묻지 않는다. 오히려 상을 주신다. 우리가 의를 위하여 살다가 핍박을 받아도 상을 주신다. 핍박을 받는 것은 겉으로 보면 성공한 것이 아니라 실패한 것이다. 그러나 주님은 우리에게 큰 상을 주신다(마5:10-12).

6. 로마군의 상벌의 엄격

로마군은 군율이 엄격하고 공정하게 시행되었으며, 따라서 상벌도 아주 엄격하였다. 아들을 처형한 집정관의 이야기는 후세에 길이 전해졌다.

로마군에서는 군율과 상벌이 상세히 정해져 있었다. 먼저 상에 대해 말하면, 용맹을 떨친 병사에게는 철제 창이나 철제 잔을 주었다. 성을 공격시 맨 먼저 성벽에 매달린 병사에게는 황금 사슬을 주었다. 아군을 구한 병사한테는 구원받은 병사가 떡갈나무 잎으로 만든 관을 주었다.

가장 명예로운 것은 백인대장(백부장)에 선출되는 것이었다. 성경에는 백부장 이야기가 더러 나온다. 로마군에서는 백인대장을 몇 번 지냈다는 것만큼 빛나는 경력은 없었다. 제1군단의 제1소대 백인대장을 지낸 것은 훈장보다 더 큰 명예였다.

다음으로 벌에 대해서 말하면, 야간 보초 근무 중에 잠들거나 임무를 게을리 한 병사에게는 사실상의 사형이 내려졌다. 모든 병사가 양쪽에 늘어서서 그 사이를 지나가는 그 병사를 몽둥이로 때린다. 그때에 살아남는 자는 거의 없었다. 도둑질을 하거나 집합시간에 늦은 병사도 그 죄에 상응하는 벌을 받았다.

전투시에 열심히 싸우지 않거나 너무 일찍 적에게 등을 보인 경우는 개인이 아닌 집단의 죄가 되기 때문에 부대 전체가 벌을 받았다. 가장 가벼운 벌은 밀 대신에 보리를 배급받는 것이었다. 보리는 말의 사료다. 그러니 그들은 말 취급을 받는 것이다. 그보다 중한 벌은 숙영지 밖에 천막을 치고 자는 것이었다.

로마는 패전한 사령관도 처벌하지 않았다. 그러니 가장 중한 벌은 전투에서 졌을 때가 아니라, 집단으로 군율에 어긋나는 행위를 한 경우, 즉 총사령관에게 반기를 든 경우였다. 그때는 부대 전체가 추첨을 하여 10명에 1명이 희생자로 선택된다. 그 사람들이 동료들의 죄를 짊어지고 심한 채찍질을 당한 뒤 참수형에 처해진다. 자신도 같은 죄를 지었으면서 동료를 처형하는 역을 맡은 병사들의 정신적 고통은 너무도 컸다.

동서고금을 막론하고 어느 나라 없이 강한 군대는 군율과 상벌이 엄격하다. 전시에는 더욱 그러하다. 교회는 지상의 주님의 나라이며 교인은 십자가 군병이다. 십자가 군대로 상벌이 엄격해야 한다. 그래야 기강이 서고 강한 군대가 되고 마귀와의 전쟁에서 이길 수 있다. 그러나 지금 교회는 상벌이 엄격하지 않다. 권징조례는 거의 시행되지 않고 정치 보복적으로 쓰여지는 경우가 많다. 그러다보니 십자가 군병이라는 의식마저 찾아보기 어렵다.

7. 코끼리 부대를 이기다

　이탈리아에 코끼리를 처음 데려온 것은 에페이로스의 왕 파로스였다. 고대의 코끼리는 근대전의 전차와 같다. 코끼리를 전투에 이용할 때는 코끼리 목 위에 올라타고 앉아 코끼리를 다루는 병사 외에, 코끼리 등 위에 올려놓은 높은 망루에 서너 명의 병사가 타고 공격해온다.
　B.C. 255년, 253년에 로마군이 두 번의 큰 해난 사고를 당하자, 카르타고는 150마리의 코끼리 부대를 앞세워 팔레르모로 진격해 왔다.
　로마의 레굴루스는 B.C. 255년에 카르타고와의 전투에서 참패했다. 병사들은 그때의 코끼리 부대의 위력을 잘 알고 있었다. 그때에 8천 명의 로마 병사가 코끼리 떼에 밟혀 죽었다.
　코끼리 떼를 보자마자 로마 병사들은 주눅이 들고 말았다. 장교들이 아무리 소리 질러도 병사들은 꼼짝하지 않았다. 바다에서는 태풍을 무서워하고, 육지에서는 코끼리가 무서워 벌벌 떠는 로마군은 너무도 초라하였다.
　팔레르모의 방어를 맡고 있던 집정관 메텔루스는 코끼리에 대한 병사들의 두려움을 없애는 것이 급선무였다. 그는 성벽을 둘러싼 해자(垓字)를 더 깊고 더 넓게 팠다. 바닥은 아주 좁게 팠다. 그런 다음 병사들을 성벽 안쪽에 배치했다. 카르타고군은 파죽지세로 밀고 들어왔다.
　메텔루스는 먼저 경무장 보병을 내보냈다. 그들은 코끼리 떼가 가까이 오는 것을 기다려 창을 던졌다. 창을 다 던진 후에는 성벽 안으로 도망쳐 들어왔다.

코끼리는 일단 달리기 시작하면 멈추기가 어렵다. 코끼리들은 창에 상처를 입고 잔뜩 화가 났다. 흙먼지 속을 돌진해온 코끼리들은 대부분 깊고 좁은 해자 속으로 곤두박질 쳤다. 해자 앞에서 간신히 멈춘 코끼리들도 상처의 고통 때문에 부리는 사람의 뜻대로 움직이지 않았다. 성이 나서 날뛰는 코끼리 떼에 많은 카르타고 병사들이 짓밟혀 죽었다.

그때에 메텔루스는 중무장 보병을 내보냈다. 그들은 허둥대는 적을 공격했다. 그 사이 경무장 보병들이 성벽 위에서 해자 속에 빠진 코끼리 떼를 향해 창을 던졌다.

팔레르모 공방전은 로마군의 완승으로 끝났다. 포획한 코끼리 10마리 외에는 대부분의 코끼리가 죽었다. 카르타고군의 전사자는 2만 명을 헤아렸고, 도망친 병사는 극소수였다.

이러한 메텔루스의 전법은 알프스를 넘은 한니발 군대에도 적용되었다. 로마의 경무장 보병이 쏜 화살을 맞고 화가 난 코끼리들은 적진을 교란시키기는커녕, 코끼리를 부리는 병사들까지 떨어뜨리고 뿔뿔이 흩어져버렸다.

승장이 된 메텔루스는 코끼리를 새긴 기념 은화를 만들었다. 코끼리에 대한 공포를 극복한 것은 팔레르모 방어에 성공한 것보다 더 기념하고 축하할 일이었다.

아무리 궁해도 생각하고 연구하면 피할 길, 이길 길, 살 길이 열린다.

8. 알프스를 넘는 한니발 군대

　카르타고의 한니발은 로마와의 한판 승부를 위하여 알프스를 넘어 로마로 진격하였다. 그것도 눈이 흩날리는 겨울에. 그 길은 아무 군대도 넘어보지 않은 위험천만한 길이었다. 그러나 영웅 한니발은 조금도 망설이지 않고 행군을 강행하였다.
　한니발의 군대가 어느 경로를 통해 알프스를 넘었는지는 아무도 모른다. 그것에 대한 후세 연구가에 의하면 여러 가지 설이 있다. 그거야 어찌 되었든, 당시의 로마인들은 대군이 알프스를 넘는 것은 불가능하다고 믿었다. 그러나 한니발은 그것을 계획하고 실천하였으며, 성공하였다.
　한니발은 알프스 기슭에서 혹시라도 공격할지 모르는 부족들을 금품으로 회유하였다. 그리고 갈리아인을 겁주기 위하여 코끼리 부대를 앞세우고 행군하였다. 코끼리 떼 뒤에는 군량을 실은 짐수레와 보병 군단이 따랐다. 후미는 기병이 맡았다. 한니발은 위험할 때마다 맨 앞으로 달려갔다.
　눈이 흩날리는 9월, 남국의 코끼리는 난폭해졌다. 천 길 낭떠러지를 통과하면서 골짜기로 굴러 떨어지는 코끼리와 병사들이 속출하였다. 병사들이 쉴 수 있는 숙영지 건설은 생각도 할 수 없고 추위에 떨면서 그냥 웅크리고 잠을 잤다.
　산을 오르기 시작한지 9일째에 고갯마루에 도착하였다. 사람도 말도 코끼리도 기진맥진하였다. 고갯마루 근처에 평지가 있었다. 거기서 이탈리아가 희미하게 보였다. 한니발은 거기에 병사들을 집합시켰다. 그리고 말하였다.
　"저 곳이 이탈리아다. 이탈리아에 들어가면 로마 성문 앞에 선 것이나 마찬가지다. 여기서부터는 내리막길뿐이다. 알프스를 다 넘은 뒤에 한두 번만 전투를 치르면, 우리는 이탈리아 전체의 주인이 된다."

그러나 내려가기가 올라가기보다 더 어려웠다. 추위는 날이 갈수록 혹독해지고 살을 에는 바람은 마치 화살을 맞은 것 같았다. 종일 내린 눈은 밤을 새고 나면 얼음으로 변한다. 도무지 미끄러워서 갈 수가 없다. 눈사태를 만나 곤욕을 치르기도 하였다. 많은 병사들과 코끼리가 발을 헛디뎌 골짜기 아래로 사라졌다.

한니발이 알프스를 넘는 데는 보름이 걸렸다. 그는 알프스를 넘으면서, 그의 군대의 절반, 무려 2만여 명의 병사를 잃었다. 일찍이 아무도 이룩하지 못한 일이지만 치른 희생은 엄청났다.

그러나 29세의 젊은 장수는 그것까지도 다 계산한 것 같다. 로마인의 본거지인 이탈리아를 치려면 아무리 희생이 크더라도 알프스를 넘어 북쪽에서 쳐들어갈 수밖에 다른 길이 없었다.

알프스를 다 내려온 곳에 골짜기가 펼쳐져 있었다. 한니발은 거기서 군대 전체에 보름 동안의 충분한 휴식을 주었다.

한니발은 침략전쟁을 위하여 너무도 큰 희생을 치르면서 위험한 알프스를 넘었다. 그는 강한 집념으로 그것을 이룩하였다. 우리는 정의의 전쟁을 위하여 어떠한 위험도 무릅쓰고 나서야 한다. 아무리 큰 희생이 따르더라도.

9. 로마군이 수염을 깎은 이유

로마는 트레비야 패전으로 치살피나(알프스 남쪽 갈리아)를 잃고, 트라시메노 패전으로 토스카나까지 적에게 내주게 되었다.

이제 로마는 플라미니아 가도를 이용하면 사흘밖에 걸리지 않는 거리에 5만의 적군을 맞이하게 되었다. 로마를 방위할 전력으로는 2개 군단이 있고, 리미니에도 기병이 없는 2개 군단이 남아있다. 그것을 합치면 한니발 군대와 엇비슷하다. 누구나 한니발이 플라미니아 가도를 거쳐 로마를 공격할 것이라고 예상할 수 있는 상황이었다.

그러나 30세의 한니발은 그 길을 택하지 않았다. 그는 로마로 직행하지 않고 남쪽 아드리아 해로 가는 길을 택하였다. 휘하 병사들은 총사령관의 이러한 선택에 불만을 품었다.

이 시점에서 한니발은 로마를 공격하기보다는 우선 로마를 둘러싸고 있는 바깥 성들을 공격할 생각이었다. 아무리 로마를 공격해도 주위를 그대로 두고 가면 배후에서 자신들이 공격받아 성공하지 못할 것을 내다봤다.

전쟁 2년째에 가서는 대부분의 로마인도 한니발의 전략을 알게 되었다.

우선 '로마연합'의 가맹국 영토를 불태우고 약탈한다.

그것을 좌시할 수 없는 로마군이 출동하면, 맞서 싸워 승리한다.

전투에서 승리할 때마다 로마에 등을 돌리는 동맹도시가 늘어난다.

마지막으로 바깥 성들이 다 무너진 상태에서 로마를 공격하여 궤멸시킨다.

한니발은 30세밖에 되지 않았으나, 생각이 깊고 작전에 능한 장수였다. 그는 아드리아 해로 빠져나왔을 때, 병사들을 쉬게 했다. 병사들은 누더기가 다 된 옷을 벗어버리고, 전사한 로마 병사들의 옷을 벗겨 갈아입었다. 이것은 나중에 로마군의 큰 골칫거리가 되었다. 도무지 적인지 아군인지 분간할 수 없게 되었기 때문이다.

그래서 그때부터 로마 병사들은 모두 수염을 깎게 되었다. 한니발 군대를 구성하는 카르타고인, 에스파냐인, 누미디아인은 모두 수염을 길렀기 때문이다. 그후 로마의 영향을 입은 많은 서구인들이 수염을 깎게 되었다.

수염은 길러야 하나? 깎아야 하나? 거기에 대한 답은 시대와 지역에 따라 다르다. 그러나 많은 사람들이 자기 식을 고집하며 자기와 다른 사람을 정죄하기까지 한다. 그러나 그것은 어느 쪽이 더 아름다운지, 더 실용적인지 판단하는 각자가 결정할 일이다. 성경에는 수염을 깎아야 된다는 말씀은 없고, 성경에 나오는 대부분의 인물들이 수염을 기른 것 같다. 예수님의 그림(후세의 화가가 상상으로 그린 것이지만)을 보면, 예수님은 수염을 멋지게 기르고 있다.

10. 한니발의 횃불작전

B.C. 217년 늦가을이었다. 한니발은 캄파냐 지방을 약탈하여 군량을 확보한 후 월동하기 좋은 폴리아 지방으로 5만의 병사들을 데리고 가려 하고 있었다.

로마의 집정관 파비우스는 이 정보를 입수하고 한니발 군대를 격파할 좋은 기회라고 판단했다. 캄파냐에서 폴리아로 가려면 아펜니노 산맥을 넘어야 한다. 그러려면 골짜기 사이 길을 따라가는 것이 제일 좋다. 파비우스는 군대를 셋으로 나누어 그 골짜기에 배치했다.

그런데 한니발은 뛰어난 정보력으로 그러한 로마군의 동태를 파악하고 있었다. 그는 골짜기 사잇길 입구에 왔을 때, 병사들에게 마른 나뭇가지를 모으게 하였다. 그리고 짐수레를 끄는 소 2천 마리의 뿔에 그 나뭇가지를 묶었다.

그렇게 한 후, 한니발은 병사들에게 골짜기 사잇길을 가리키면서 "우리는 오늘 밤 저 지점을 통과한다."고 했다. 그 말을 들은 병사들은 거기에 로마군 병사들이 매복해 있는 것을 알고 있었다. 참으로 기가 찰 노릇이다. 그러나 한니발은 적의 코앞을 통과하겠다는 것이다.

날이 저물고 어두워질 때, 한니발은 명령을 내렸다. 병사들은 그 명령에 따랐다. 소뿔에 묶여 있던 나뭇가지에 불이 붙었다. 병사들이 소떼를 쫓아내자, 소떼는 불똥을 날리며 로마군이 있는 곳과는 반대쪽 언덕을 향해 달렸다. 매복해 있던 로마 병사들은 그 불빛을 보고 적이 습격해 온다고 생각했다. 마치 횃불을 손에 든 수많은 적군이 언덕을 향해 달려오는 것처럼 보였기 때문이다.

신중한 파비우스는 야간 전투를 피하고 싶었다. 적군은 언덕 하나를 점령하려는 것 같다. 언덕 하나쯤 잃어도 매복작전에는 지장이 없다. 그렇게 생각한 파비우스는 다음날 아침까지 그대로 있기로 하였다.

한니발은 그 밤에 군대를 이끌고 로마 군단의 눈 아래를 지나는 골짜기 사잇길을 무사히 통과하였다. 병사 한 병도 잃지 않고 약탈품 하나도 흘리지 않았다. 다음날 아침 파비우스가 그것을 알았을 때는 적이 이미 아펜니노 산맥을 넘어가버린 뒤였다.

이 때문에 로마인들에게 새로운 속담이 생겼다. 아무리 방해를 받아도 해내고야 마는 것을 두고 "한니발은 무엇이든 통과한다."는 한 마디로 말하게 되었다.

파비우스는 로마로 소환되어 면직 상태가 되고 말았다.

기드온은 미디안 군대와 전투시에 하나님의 명령에 따라 300명으로 공격하였다. 그는 그 삼백 명을 세 대로 나누고 각기 오른손에는 나팔, 왼손에는 횃불을 감춘 항아리를 들게 하였다. 그리고 그 300명은 적진에 이르렀을 때에 항아리를 부수고 횃불을 들고 나팔을 불었다. 그리고 "여호와와 기드온의 칼이여!"라고 외쳤다. 미디안 군대는 수많은 적군이 쳐들어오는 줄 알고 혼비백산하였다. 서로 자기들끼리 치므로 전멸하였다.

한니발

우리가 성령의 횃불을 들면 마귀가 놀라서 도망을 간다. 어떤 적도 물리칠 수 있다. 이길 수 있다.

11. 술 취해 망한 사라쿠사

B.C. 213년, 로마는 카르타고에 붙은 시칠리아의 사라쿠사를 공략하였다. 육지 쪽은 2만 명의 병력으로 완전히 포위하였다. 바다 쪽은 100척의 5단층 갤리선으로 봉쇄하였다.

로마군은 바다와 육지에서 총공격을 하였다. 그런데 육지 쪽에서 사라쿠사는 병력으로 맞서지 않고 기계를 투입하여 방어하였다. 사라쿠사는 공격하는 로마 병사들에게 석포로 돌을 날렸다. 이 병기는 사정거리도 마음대로 조정하고, 이동도 자유로 하고, 방향도 마음대로 바꾸었다. 그러면서 병사들은 전혀 보이지 않았다.

바다 쪽 성벽은 육지보다 허술하였다. 로마군 병사들은 배를 두 척씩 짝지었다. 그리고 벼랑으로 접근하였다. 그 다음 성벽으로 기어오르는 인해전술을 시도하였다.

그런데 로마 선단이 벼랑 가까이 가자, 역시 기묘한 기계만 보였다. 그 기계는 성벽을 넘어 벼랑 위에까지 와 공격용 사다리를 쳐서 바다에 내던졌다. 올라오는 병사들도 다 바다에 쳐 넣었다. 그리고 투석기로 배를 공격하였다.

이러한 무기들은 수학자 아르키메데스가 고안한 것이었다. 로마의 장군 마르켈루스는 "늙은이 하나한테 휘둘리다니, 이게 무슨 꼴인가!" 하고 탄식하였다.

이때 로마인은 한 사람의 두뇌가 4개 군단과 맞먹을 수 있다는 것을 알게 되었다.

B.C. 212년, 마르켈루스는 그냥 공격으로는 실패만 한다는 것을 깨닫고 계책을 세웠다. 그는 포로들을 심문하는 중에 중요한 정보를 얻었다. 사라쿠사에 사냥의 여신 아르테미스 축제일이 다가오고 있

고, 그날에는 다 술에 취하여 곤드라진다는 것이었다.

마르켈루스는 그 아르테미스 여신의 축제일 밤에 1천 명의 정예 부대를 선발하였다. 1만 명의 병사를 육지 쪽 성문 근처에 숨겼다. 그리고 한밤중에 1천 명의 정예부대가 성벽 위로 올라갔다. 성벽 위의 조는 경비병들은 다 살해되었다. 1천 명의 병사들은 술에 취해 곤드레가 된 성문 감시병들을 다 죽이고 성문을 열었다. 1만 명의 로마 병사들이 어둠 속에서 사라쿠사 시내로 진입하였다. 날이 밝았을 때, 시가지의 절반이 로마군의 수중에 들어갔다. B.C. 211년 봄, 로마에는 사라쿠사의 함락 소식이 도착하였다.

한 해가 넘도록 로마군을 괴롭히면서 사라쿠사를 방어한 아르키메데스는 사라쿠사 함락의 혼란 속에서도 수학 문제를 푸는 데 열중하고 있었다. 그를 모르는 로마 병사가 그를 살해하였다. 그 사실을 알게 된 마르켈루스는 몹시 애석해하였다.

술 취하지 말라. 술에 취하면 정신을 잃고, 사고를 내고, 죽고 망하는 수가 있다. 그러니 오직 성령에 취하자. 그러면 은혜와 평강이 넘친다.

12. 카르타헤나를 점령한 스키피오의 온정주의

26세의 로마 장군 스키피오는 카르타고에 속한 에스파냐에 도착하였다. 그는 B.C. 209년 이른 봄에 행동을 개시했다. 그 전에 로마군은 카르타고군에 대패하고 사기가 저하되어 있었다. 그러나 스키피오는 군대를 정비하고 자신이 해신 포세이돈의 아들이라 하면서 병사들을 독려하였다.

스키피오는 에스파냐의 카르타고 세력의 무기고이기도 하고 금고이기도 한 카르타헤나를 전격적으로 공격하였다. 그곳은 아주 중요한 곳으로 북쪽만 육지로 통하고 다른 쪽은 다 바다와 석호로 둘러싸인 천연의 요새였다. 그러나 스키피오는 바다를 봉쇄하고, 2천 명의 특공대로 성 안에 쳐들어가 성문을 열었다. 물밀 듯이 쳐들어오는 로마군을 본 카르타헤나 수비병들은 다 항복해버렸다. 단 하루의 전투로 스키피오는 적의 거점이자 카르타고와의 중요한 연락지점인 도시를 함락하였다. 에스파냐에서의 로마 세력을 다시 회복하였다.

그런데 정복하기도 어렵지만 그것을 계속 지키기는 더욱 더 어렵다. 스키피오는 수집한 정보를 통해, 에스파냐에서의 카르타고인과 원주민의 관계가 힘으로 압제하거나 금품으로 회유하는 관계라는 것을 파악하였다.

스키피오는 그런 방식과는 반대로 온정주의를 택하였다. 고대의 관례는 승자가 패자의 모든 것을 취한다. 사람은 노예가 되고 재산은 몰수된다. 그러나 스키피오는 그런 방식이 아닌 자비를 베풀었다.

스키피오는 주민들의 재산을 공출하도록 한 후, 그것을 로마 병사들에게 분배했다. 금고에 있는 600탈렌트의 금화는 전쟁비용으로 쓰기로 했다. 그 다음 항복한 수비대와 주민 중 여자와 아이들은 집으로 돌려보냈다. 몸값도 요구치 않고 노예로 삼지 않은 이 조치에 사람들은 감격하였다. 남자들 중에서 젊은 사람들만 골라 로마군의 노잡이로 삼았다. 그들도 카르타고 세력이 일소되면 돌려보낸다고 약속했다. 노약자는 즉시 귀가시켰다. 기능공 2천 명은 로마군의 공병으로 삼았다. 그들도 전쟁이 끝나면 해방된다고 약속하였다. 카르타고의 유력자들만 포로로 로마에 압송되었다.

그 도시의 여자들 가운데 아름다운 아가씨가 하나 있었다. 그 처녀는 약혼자가 있었다. 스키피오에게 고마움을 느낀 장로들이 그 처녀를 스키피오에게 바치려고 하였다. 26세의 젊은 장군은 웃으면서, "개인으로는 기쁜 선물이지만, 전쟁을 하는 사령관으로서는 곤란한 선물입니다."라고 하면서, 그 처녀를 약혼자에게 돌려보냈다.

온 국민이 또다시 크게 감격하였다. 카르타헤나에서는 로마 병사들이 비무장으로 혼자 다녀도 안전하였다.

스키피오

포악한 자는 땅을 잃고, 온유한 자는 땅을 차지한다. 맹수들은 깊은 숲 속에 숨어있고, 온순한 토끼들은 풀밭을 뛰어다닌다.

13. 로마 장군 마르켈루스의 방심

카르타고의 한니발과 로마의 마르켈루스 사이에는 쫓고 쫓기는 경주가 계속되었다. 61세의 "이탈리아의 칼"은 38세의 카르타고 장군을 집요하게 쫓아다니며 싸움을 걸었다.

한니발은 탄식하였다.

"신이시여, 저 사람한테는 어떻게 해야 할지 모르겠습니다. 저 사람은 승리도 패배도 관계없습니다. 이기면 이긴 대로 추격하고, 지면 진대로 마치 패배 따위는 당하지 않은 것처럼 쫓아옵니다."

마르켈루스는 크리스피누스에게 북상을 명령하여 두 군대가 합류하였다. 서로 합류한 두 집정관은 한니발에게 싸움을 걸었다.

그러나 한니발은 응하지 않았다. 양군의 진영 중간에 숲으로 둘러싸인 높은 언덕이 있었다. 한니발은 이 언덕 숲속에 기병 300명을 잠복시켰다.

로마군도 이 언덕을 주시했다. 두 집정관은 이 언덕이 가치가 있는지 살피기 위해 정찰대를 파견하였다. 두 집정관은 이번 기회에 주변 지형도 같이 조사하기로 하고, 220명으로 편성된 정찰대에 자신들도 동행하였다.

언덕 위에서 주위를 살피고 있는 그들은 300명의 적군 기병들에게 포위되었다. 로마 기병들은 당장에 무너지고, 전투는 잠깐 동안에 끝이 났다.

마르켈루스는 적병의 창에 가슴이 찔려 말에서 떨어져 죽었다. 12명의 호위병들도 모두 죽었다. 동맹국 지휘관 2명도 전사하였다. 남은 집정관 크리스피누스는 중상을 입고, 겨우 20명의 병사를 데리고 도망쳤다.

한니발은 적이 함정에 빠질 것은 예상했으나, 그 적이 마르켈루스일 줄을 예상하지 못했다. 그런데 그 함정에 빠진 적이 마르켈루스라고 한다. 이 보고를 받은 한니발은 마르켈루스의 시신을 가져오게 하고, 그 시신의 손가락에서 빼낸 반지에서 마르켈루스의 얼굴과 이름을 확인하고 나서야 그 사실을 믿었다.

한니발은 마르켈루스의 시신을 내려다보다가 부하들에게 명령하였다. "이 적장을 로마식으로 화장하고, 유골은 작은 황금상자에 담아서 마르켈루스의 아들에게 보내라."

그런데 유골을 가져가는 도중에 황금상자에 눈이 먼 병사들이 서로 다투다가 그 상자가 땅에 떨어졌다. 뚜껑이 열린 상자에서 쏟아진 유골은 때마침 불어온 바람에 날아가 버렸다. 이를 보고 받은 한니발은 무덤을 갖지 못하는 것도 마르켈루스의 운명이라고 하였다.

깨어라. 근신하여라. 정신차려라. 항상 조심하여라. 마귀가 우는 사자가 삼킬 것을 찾아 헤매듯이 우리를 삼키려고 돌아다닌다. 그렇게 하지 않으면 순식간에 잡혀서 죽을 수도 있다.

14. 한니발의 몰락: 포에니전쟁의 종결

로마의 스키피오 장군은 이탈리아를 침공한 카르타고의 한니발과 같은 전법으로 카르타고를 침공하였다.

스키피오는 카르타고-누미디아 연합군과 가까운 곳에 진지를 구축하였다. 스키피오의 병력은 2만 6천 명, 카르타고-누미디아 연합군의 병력은 9만 3천 명이었다.

스키피오는 적의 모든 것을 파악하고 야습작전을 전개하기로 결정했다. 1군은 스키피오가 이끌고 카르타고군 진영을 야습하고, 2군은 라일리우스와 마시니사가 이끌고 누미디아 진영을 야습하기로 했다.

밤 9시 경에 야습군은 진영을 떠났다. 새벽 3시 경에 2군이 누미디아 진영에 도착하였다. 2군은 적진을 포위하고 갑자기 불화살을 쏘았다. 온 진영이 불길에 휩싸였다. 누미디아 병사들은 혼란에 빠졌고, 창에 찔려 죽고, 서로 뒤엉켜 짓밟혀 죽었다. 6만 명이 전사하였다.

　1군은 누미디아 진영에서 불길이 치솟는 것을 보고 카르타고 진영에 불화살을 쏘았다. 카르타고 진영에도 누미디아 진영에서와 똑같은 일이 되풀이 되었다. 3만 명이 목숨을 잃었다.

　그 후 스키피오는 다시 카르타고-누미디아 연합군과의 전쟁을 하였다. 그 전쟁에서도 스키피오는 대승을 거두었다. 3만의 적군은 거의 전멸하였다.

　이러한 연이은 패전으로 공황상태에 빠진 카르타고는 이탈리아에 있는 한니발을 소환하였다. 한니발은 이탈리아를 침공한지 16년 만에 44세의 나이가 되어 별 성과 없이 쓸쓸히 귀환하였다.

　B.C. 202년 가을, 스키피오와 한니발은 자마에서 피할 수 없는 한판 승부를 가르게 되었다. 카르타고군은 보병 4만 6천, 기병 4천, 합하여 5만 명이고, 코끼리가 80마리였다. 로마군은 보병 3만 4천, 기병 6천, 합하여 4만 명이었다.

　양 군이 포진을 끝냈을 때, 사기를 높이기 위한 총사령관의 훈시가 있었다. 양 군은 훈시가 끝나자마자 격돌하였다. 그러나 전쟁은 로마군의 승리로 끝났다. 카르타고군은 전사자가 2만 명, 포로가 2만 명이 넘었다. 로마군의 전사자는 1천 500명 정도였다. 스키피오의 완벽한 승리였다. 45세의 고대 최고의 명장은 고락을 함께 한 부하들이 죽어가는 모습을 지켜볼 수밖에 없었다. 그런데 그 전투에서 스키피오는 한니발의 전법을 구사하여 승리하였다.

　승전한 로마와 패전한 카르타고와의 강화조약은 스키피오와 한니발이 대표가 되어 체결되었다. 이로써 포에니 전쟁은 끝이 나고 16년 만에 평화가 다시 찾아왔다.

　로마로 귀환하는 스키피오는 열렬한 환영을 받았다. 그는 '아프리카를 제압한 자' 라는 의미의 '아프리카누스' 라는 존칭을 받았다. 한편 한니발은 모든 것을 체념하고 쓸쓸한 만년을 보냈다.

역사에는 수많은 영웅들이 있었다. 그들 대부분이 결국은 다 몰락하고 쓸쓸한 최후를 맞이하였다. 정의와 진리를 위한 투쟁만이 역사에서 길이 빛날 것이다.

15. 스키피오에 대한 탄핵, 그의 죽음

스키피오는 로마를 구한 명장이다. 완전히 패배한 에스파냐에서 다시 로마가 이기고 에스파냐를 지배하게 하였다. 그는 카르타고로 건너가 대승을 거두고 한니발 군대도 격파하므로 지긋지긋한 한니발 전쟁을 승리로 끝나게 하였다. 그는 구국의 영웅으로 찬양을 받았다.

뛰어난 공적을 이루고 높은 지위에 오른 사람은 질투를 받기 쉽다. 그것은 그가 약해지면 기회를 노려 습격한다.

스키피오는 원로원에서 두 호민관의 고발을 당하였다. 두 호민관을 조종하는 사람은 스키피오 반대파의 두목인 마르쿠스 카토였다. 그 고발의 내용은 시리아 왕이 지불한 배상금 500 탈렌트의 사용처가 불분명하다는 것이었다. 그리고 전쟁터에서 여러 가지 월권을 행사했다는 것이었다. 그에 대한 비난이 극에 달하였다. 그러나 두 호민관의 논고는 증거에 의한 것이 아닌 탄핵연설이었다.

그러나 스키피오는 아무 변론도 하지 않았다. 그는 사람들에게 말하였다.

"오늘은 내가 한니발과 카르타고군을 상대로 싸워 승리를 거둔지 15년째가 되는 날입니다. 이런 날에 다투지 말고, 신들에게 감사함으로 모두 한 마음이 되기를 원합니다. 나는 이제 카피톨리누스 언덕으로 가겠습니다. 여러분도 함께 가기를 청합니다."

그리고 스키피오는 원로원을 떠났다. 모두가 그의 뒤를 따랐다. 그 자리에 남은 사람은 두 호민관과 카토뿐이었다. 따르는 수많은 사람들은 지난 일들을 생각하면서 스키피오를 존경하였다.

며칠 뒤에 스키피오는 로마를 떠나 리테로노에 있는 그의 별장으로 갔다. 그는 거기서 틀어박힌 채, 재판을 위한 소환에 응하지 않았다.

호민관은 원로원 의원들에게 스키피오의 재소환과 불응시 강제 연행 할 것을 결의해 달라고 요구했다. 그때에 젊은 의원 그라쿠스가 스키피오를 더 이상 추궁하지 말자고 하였다.

"조국을 위해 위대한 공헌을 하고, 공화국 로마에서 최고의 지위에 오른 인물이며, 사람들의 감사와 존경을 받는 인물이 피고석에 앉아 비난과 욕설을 듣는다면, 그것은 우리 로마 시민의 명예를 더럽히는 것입니다."

이 말에 원로원 의원들은 감동을 받고, 스키피오에 대한 탄핵을 중단하기로 결정하였다.

이때부터 B.C. 183년까지 4년 동안, 스키피오는 두문불출하였다. 그는 자기를 변호해준 그라쿠스에게 딸 코르넬리아를 시집보냈다. 그는 B.C. 183년에 52세로 별세하였다. 그는 로마에 묻히기를 거부하면서, 다음과 같은 유언을 하였다.

"배은망덕한 조국이여, 그대는 내 뼈를 갖지 못할 것이다."

같은 해에 한니발도 세상을 떠났다.

스키피오 탄핵의 실마리가 된 500 탈렌트의 배상금 문제는 스키피오와 무관하다는 것이 밝혀졌다. 그러나 그의 무죄가 증명된 것은 그가 죽은 지 2년 뒤였다.

지도자여, 세상인심이 변하여 탄핵되는 것을 두려워하지 말라. 바르게 했으면 그만이지 않은가?

16. 고대 최고의 전술가 한니발의 최후

고대 최고의 전술가, 영웅 한니발은 26세에 그의 아버지의 뒤를 이어 에스파냐의 총독이 되었다.

한니발은 B.C. 219년에 로마와 동맹관계에 있는 사군토를 공격하였다. 사군토는 로마에 구원을 요청하였다. 로마는 전쟁을 하지 않고 외교로 풀려고 노력하였다. 그러는 사이 사군토는 함락되었다.

화가 난 로마는 카르타고에 선전포고를 하였다. 그것은 한니발이 바라던 바였다. 이렇게 일어난 전쟁이 2차 포에니전쟁이며, 한니발 전쟁이다. 그 전쟁은 18년이나 계속되었다.

한니발은 카르타헤나를 떠나 에브론강(江)을 건넜다. 그리고 피레네 산맥을 넘었다. 지금의 프랑스 땅을 횡단하면서 론강(江)을 건넜다. 그 다음 알프스를 넘어 이탈리아로 진격하였다.

한니발의 군대가 알프스를 넘는 것은 말할 수 없는 고통이었다. 눈 속을 헤매며 15일이나 걸렸다. 알프스를 넘으면서 그 군대는 절반, 2만여 명이 죽었다. 그러나 이탈리아에 들어가려면 그 길밖에 없었다. 한니발이 이렇게 엄청난 희생을 치르면서 이탈리아로 진격한 것은 로마를 정복하려면 이탈리아 안에서 싸워야 한다고 판단하였기 때문이다.

한니발은 이탈리아 안에서 수많은 전투를 하고 이겼다. 한니발과 회전하여 승산이 없다고 판단한 로마군은 지구전으로 나왔다. 그러다보니 한니발은 로마를 함락시킬 수 없었다. 전쟁은 교착상태에 빠지고 많은 세월이 흘렀다.

그런데 로마의 스키피오는 에스파냐로 가서 로마 세력을 회복하고, 카르타고로 갔다. 그는 카르타고에서 승리하였다. 그러자 카르타고는 한니발을 본국으로 소환하였다.

스키피오와 한니발은 자마 전투에서 회전하였다. 양군은 격돌하였으나 로마군의 승리였다. 카르타고군은 전사자가 2만이었고, 로마군은 전사자가 1,500명이었다. 이 전쟁으로 한니발은 패장이 되고 카르타고는 패전국이 되었다.

그 후 한니발은 카르타고의 전후 경제 회복을 주도하였다. 매사에 엄격한 그는 반대에 부딪혔고, 시리아로 망명하였다. 시리아의 안티오쿠스 왕이 로마를 상대로 한 전쟁에서 한니발은 해군을 지휘하다가 패했다.

한니발은 도망쳤다. 처음 얼마 동안은 크레타 섬에서 살았다. 그러다가 흑해 연안에 있는 비니티아로 갔다. 로마의 한 부대장이 비니티아의 왕에게 한니발의 신병 인도를 요구하였다. 이를 알게 된 한니발은 늘 몸에 지니고 다니던 독약을 마셨다. 희대의 전술가는 64세의 나이로 쓸쓸한 죽음을 맞이했다.

인간의 전술은 아무리 탁월해도 별 수 없다. 끝에는 대부분 허망하게 무너진다. 전혀 전술가답지 않게 밀려난다.

17. 마케도니아의 멸망

알렉산더 대왕 사후 제국은 부하 장수들에게 분할되었다. 그때부터 120여 년간 그 장군들은 로마에 대하여 무관심하였다. 그들은 오직 지중해 동부만 세계라고 생각하였다. 그러다가 120여 년이 지난 후 등 뒤에 거대한 로마가 버티고 있는 것을 알게 되었다.

그러나 수많은 도시국가들로 구성된 그리스 국가들은 연합할 수 없었고, 통일전선을 구축할 수 없었다. 그들은 너무도 긴 세월 동안 자기들끼리 경쟁하였기 때문이다.

헬레니즘 국가들 중 가장 강하다 할 수 있는 마케도니아는 B.C. 197년에 로마에 패전하였다. 그때에 마케도니아를 도운 나라는 페르가몬뿐이었다. 마케도니아의 필리포스 왕은 로마에 패한 후 18년간 조용히 있었다.

필리포스 왕은 장남 페르세우스보다 차남 데메트리오스에게 양위하고 싶었다. 차남 데메트리오스는 로마에 인질로 갔다가 돌아왔다. 장남 페르세우스는 동생이 "나라를 로마에 팔아넘기려 한다."고 고자질하였다. 귀가 얇은 필리포스 왕은 데메트리오스를 독살하였다. 그 후 페르세우스가 왕이 되었다.

페르세우스는 왕이 되자 군비를 증강하였다. 그의 군대는 막강해지고, 중무장 보병이 주력인 5만의 군대가 되었다.

페르세우스는 근방에 있는 페르가몬을 공격하였다. 페르가몬은 로마에 구원을 요청하였다. 로마는 외교로 풀려고 노력하였다. 그러나 그것이 통하지 않자, B.C. 174년에 참전하게 되었다.

로마는 3만의 군대로 참전하였다. 로마는 먼저 주변의 그리스 국가들을 포섭하였다. 페르세우스는 완전히 고립되었다. 그런데 1차전에서 로마가 참패하였다. 로마군의 전사자가 4천 명이나 되었다. 주위의 그리스 국가들은 로마를 멀리하게 되었다.

B.C. 168년에 로마는 집정관 아이밀리우스 파울루스를 파송하였다. 그는 62세의 노장이었다. 그는 수족들로 부관에 임명하고, 철저한 정보 수집을 하였다. 그는 속전전술로 나왔다. 피드나에서의 회전 전날 월식이 있었다. 그는 부하들에게 월식은 "자연현상이니 두려워하지 말라."고 하였다. 그러나 마케도니아 병사들은 월식을 흉조로 보고 사기가 저하되었다. 전쟁은 1시간 만에 승부가 났다. 마케도니아는 전사자 2만 5천, 포로 6천이었고, 로마의 전사자는 백 명에 불과했다. 파울루스는 탁월한 전술로 대승을 거두었다.

페르세우스는 펠라로 도망쳤으나, 성문을 열어주지 않았다. 그 후 사모트라케로 도망쳤으나, 체포되었다. 이렇게 마케도니아는 멸망하였다. 그러나 왕만 폐지되고 자치는 인정받았다.

알렉산더 대왕의 제국을 이어온 마케도니아는 로마를 우습게보고 덤비다가 허망하게 망하였다. 제 분수를 모르면 망하게 된다.

18. 카르타고의 멸망

카르타고는 2차 포에니전쟁에 패한 후 50년간 로마의 패권 하에서 평안히 잘 지냈다. 비록 전쟁에서 패배했으나 속주가 된 것도 아니고 자치국가로 인정받았다.

그런데 그 50년 동안에 카르타고는 경제적으로 상당히 성장하였다. 그러나 근방에 있는 누미디아가 세력을 확장하는 것이 거슬리고 고민이 되었다. 그래서 6만의 용병을 모집하여 누미디아를 침공하였다. 이것은 로마와의 조약을 위반한 것이다. 그래서 로마는 카르타고에 무장해제를 명하고 300명의 인질을 요구하였다. 그리고 수도 카르타고를 파괴하고 해안에서 50마일 안으로 이주할 것을 요구하였다.

이렇게 되자, 카르타고는 농성을 하고 반란을 일으켰다. 그 결과 로마와 전쟁이 일어났다. 카르타고는 7일간의 전투 끝에 함락되었다. 그 멸망의 때가 B.C. 146년이다. 수많은 카르타고인들이 죽고, 5만 명이 노예로 끌려갔다.

카르타고인이 요구한 것은 자유나 독립이 아니라 단순한 안전이었다. 그것이 받아들여지지 않자, 그들은 반란을 일으켰다. 그들은 끝까지 로마군의 투항 권고를 거절하고 도시와 함께 멸망하는 쪽을 택하였다. 그들은 장렬히 옥쇄(玉碎)하는 것으로 자신들의 운명을 결정하였다.

로마의 총사령관 스키피오 아이밀리아누스는 멸망하는 카르타고를 내려다보았다. 700년의 역사를 가지고 번영을 누린 도시가 잿더미로 변하는 것을 보고 있었다. 카르타고는 넓은 땅과 수많은 섬과 바다를 지배해왔다. 어떤 강대한 제국에 견주어도 손색이 없었다. 그런데 지금 그 제국이 함락되고 파괴되어 지상에서 그 모습을 감추려 하고 있다.

그는 비록 승자였지만, 모든 인간, 도시, 국가, 제국이 언젠가는 멸망할 것이라는 생각을 하면서 큰 비애감에 사로잡혔다. 그는 뒤에 있는 그리스인 친구 폴리비오스에게 다음과 같이 말하였다.

「"폴리비오스, 지금 우리는 과거에 영화를 자랑했던 제국의 멸망이라는 위대한 순간을 목격하고 있네. 하지만 지금 이 순간 내 가슴을 차지하고 있는 것은 승리의 기쁨이 아니라, 언젠가는 우리 로마도 이와 똑 같은 순간을 맞이할 거라는 비애감이라네."」(앞의 책, p.426)

함락된 카르타고는 성벽, 신전, 집, 시장, 건물 등 모든 것이 철저히 파괴되었다. 로마군은 온 땅을 가래로 고른 다음 소금을 뿌렸다. 그것은 저주받은 땅이라는 표시이다.

이렇게 저주의 땅이 된 카르타고에 사람이 살게 된 것은 그로부터 100년 뒤였다. 아우구스투스 황제가 거기에다 사람이 살게 했다. 오늘날의 유적은 대부분 로마시대의 것이고, 카르타고인이 만든 것은 극소수이다.

인생은 풀과 같고 그 영광은 풀의 꽃과 같다. 꽃은 지고 풀은 마르니 얼마 안 가 그 흔적도 사라진다. 오직 하나님의 뜻에 따른 것만이 영원히 남는다.

Ⅲ. 정신 못 차리는 승자

로마의 젊은 장수 스키피오 아이밀리아누스는 카르타고의 처참한 멸망의 장면을 보면서 로마의 멸망을 내다보고 비애감을 가졌다. 그러나 그 이후 그라쿠스, 마리우스, 술라, 폼페이우스로 이어지는 주전 133-63년간은 승리에 도취하여 정신을 잃은 불행한 시대였다.

1. 코르넬리아의 자녀 양육(사랑)

　기원전 2세기 로마에서 가장 혜택받은 환경에서 태어난 사람은 '그라쿠스 형제'로 유명한 티베리우스와 가이우스였다.
　외조부는 한니발 전쟁을 승리로 끝나게 한 명장 스키피오 아프리카누스였다. 조부는 노예 군단을 이끌고 한니발과 맞서 싸운 티베리우스 셈프로니우스 그라쿠스였다. 그라쿠스 형제의 아버지인 티베리우스 그라쿠스는 스키피오 아프리카누스가 탄핵 재판을 받을 때 적극적으로 변호하였다. 그것을 감사한 스키피오는 어린 딸 크로넬리아를 그라쿠스에게 시집보냈다.
　그라쿠스는 기원전 177년에 로마의 최고 관직인 집정관에 선출되었다. 그로부터 2,3년 후 그는 코르넬리아와 결혼하였다. 그는 얼마 후 두 번째로 집정관에 선출되었다. 그러나 그는 부인과 어린 두 아들을 남겨두고 세상을 떠났다. 코르넬리아는 젊은 나이에 과부가 되었다. 어린 두 아들이 티베리우스와 가이우스다.
　당시 로마에서 과부의 재혼, 특히 자식을 낳은 실적이 있는 여자의 재혼은 장려되었다. 코르넬리아는 얼마든지 재혼할 수 있었다. 그녀는 '위대한 아프리카누스'의 딸이었다. 실제로 청혼하는 남자도 많았다. 이집트 프톨레마이오스 왕조에서 왕비로 맞아들이고 싶다는 이야기도 나왔다.
　그러나 코르넬리아는 모든 청혼을 거절하였다. 그녀는 자녀 양육에 전념하기 위하여 그러한 제의를 다 거절하였다. 그녀는 두 아들을 '내가 가진 두 개의 보석'이라고 불렀다. 그 두 아들의 교육을 위하여 그리스인 학자를 가정교사로 초빙하였다. 그렇다고 하여 가정교사나 하인인 노예에게 두 아들을 맡겨버린 것은 아니다. 그녀는

"자식은 어머니의 뱃속에서 자랄 뿐만 아니라, 어머니가 맡아보는 밥상머리에서도 자란다."고 하였다. 그녀는 자기 위주의 모든 삶을 포기하고 자녀 양육에 정성을 다하였다.

코르넬리아는 율리우스 카이사르의 어머니인 아우렐리아와 더불어 오랫동안 로마인들 사이에서 훌륭한 여인의 귀감으로 인정받고 칭송받았다.

코르넬리아의 지극한 사랑으로 양육받은 티베리우스와 가이우스는 심신이 아름다운 청년으로 성장했다. 두 사람은 로마의 개혁가가 되었다. 티베리우스 그라쿠스는 호민관에 취임하여 농지개혁에 착수하였다. 그러나 그는 반대파에게 암살당하였다. 동생 가이우스 그라쿠스는 호민관에 취임하여 형의 유지를 이어받아 더 적극적으로 개혁을 추진하였다. 그러나 그도 반대파에 몰려 자살하였다. 그들은 준비 없이 의욕만 앞세워 개혁을 추진하다가 다 실패하였다.

그러나 그들은 귀족계급에 속하면서 로마와 시민들을 위하여 진정한 개혁을 시도하였다. 반대파에 의하여 그들의 꿈은 좌절되었으나, 힘 있는 율리우스 카이사르 때에 그 개혁안이 꽃피게 되었다. 그 두 형제는 조선의 정도전과 같은 인물들이다.

이 멋진 두 청년 형제는 비록 당대에 뜻을 이루지 못했으나 로마 역사에 신선한 청량제 같은 인물들이다. 그들의 뜻이 좋았으니 오래 가지 않아 결국은 열매를 맺었다. 그것은 코르넬리아의 희생적 사랑의 열매였다. 위대한 어머니에게서 위대한 아들이 나온다.

2. 개혁자 그라쿠스 형제의 최후

코르넬리아가 재혼하지 않고 지극정성으로 키운 두 아들 티베리우스 그라쿠스와 가이우스 그라쿠스는 로마의 개혁자가 되었다.

티베리우스 그라쿠스의 개혁안은 혼미에 빠진 로마를 재건하는 것이었다. 농민에서 무산자로 전락한 이들에게 농지를 나누어주어 자작농에 복귀시킴으로 로마 시민층의 기반을 건전하게 하고, 실업자를 구제하므로 사회 불안을 해소하는 것이었다. 시민층의 건전화로 로마 시민권 소유자로 구성되는 로마 군단을 양적, 질적으로 향상시키는 것이었다. 동생 가이우스 그라쿠스는 형의 개혁안을 더 적극적으로 추진하였다.

그런데 이 개혁안에 대하여 평민들은 환영하였으나 기득권 세력인 원로원은 반대하였다. 원로원의 반격으로 티베리우스는 암살당하고, 가이우스는 쫓기다가 자살하였다.

나시카는 피데스 신전을 나가 평민집회장인 유리테르 신전 앞 광장으로 갔다. 평민들은 앞다투어 달아나기 시작했다. 철제 의자 다리를 휘두르는 보수파 앞에서 개혁파는 발에 걸려 넘어진 동료들을 짓밟으면서 달아났다. 티베리우스를 지키면서 그의 주위에 모여 있던 사람들까지 도망쳤다. 티베리우스도 도망치기 시작했다. 누군가가 그의 토가 자락을 붙잡았다. 토가가 벗겨졌다. 그는 짧은 투니카만 입은 채 비탈길을 따라 도망쳤다. 그러나 그는 발이 걸려 넘어지고 말았다. 일어나려는 티베리우스를 추격자 중의 하나가 철봉으로 내리쳤다. 그날 티베리우스와 함께 살해된 그의 지지자 수는 무려 300여 명에 이르렀다. 반대파는 신변불가침까지 부여받고 있던 호민관을 재직 중에 무참히 살해하고, 그의 지지자들까지 살해하는 만

행을 저질렀다.

　반대파의 증오는 너무도 극심하였다. 그들은 시체를 거두게 해 달라는 유족들의 간청을 뿌리치고, 티베리우스와 그의 지지자 300여 명의 시체를 테베레강에 던져버렸다.

　집정관 오티미우스는 중무장 보병대를 거느리고 나타났다. 아벤티노 언덕에 틀어박혀 저항한 가이우스파는 어이없이 간단히 무너졌다. 무자비한 인간 사냥이 시작되었다. 가이우스는 디아나 신전에 들어가 자살하려고 하였다. 하지만 친구들이 말리고 후일을 기약하자 하였다. 그들은 도망쳤다. 가이우스는 노예 한 사람과 같이 달아나다가 작은 숲속으로 들어갔다. 그는 거기서 자살하였다.
　가이우스의 목은 포로 로마노의 언덕 위에 효수되었다. 몸뚱이는 죽은 동지들의 시체와 함께 테베레강에 던져졌다. 재판 절차도 없이 처형된 그의 추종자는 3천 명에 이르렀다. 가이우스파로 간주된 자들의 재산은 몰수되었다.

　힘없는 자의 개혁은 실패는 물론이고 죽음이 따른다. 개혁을 실현코자 하는 자는 힘을 길러야 한다. 그러나 힘없는 자도 개혁을 부르짖어야 한다. 개혁의 부르짖음은 개혁의 씨를 뿌리는 것이다. 씨가 땅에 떨어지면 반드시 싹이 나고 열매 맺는 날이 온다. 그라쿠스 형제의 개혁은 힘 있는 카이사르 때에 성취되었다. 때가 되지 않아도 개혁을 외치는 자는 정의의 사람이며 참된 용기를 가진 자다.

3. 탁월하지 못한 자의 자화자찬

  기원전 2,1세기, 로마에서는 시민권 문제로 복잡하였다. 기득권 세력은 언제나 자기들의 기득권을 지키려고 한다.
  로마연합의 맹주는 어디까지나 로마다. 로마인들은 로마 시민권을 가지고 갖가지 혜택을 누리고 있었다. 그러나 주변의 이탈리아인들은 로마 시민권을 가질 수 없었고, 여러 가지 불이익을 당하였다.
  이탈리아인들은 단순한 평등이 아니라, 로마 시민권을 가짐으로써 누릴 수 있는 실제적인 평등을 요구하였다. 그것은 너무도 당연한 것이었다. 그러나 그것은 로마인들이 허락하지 않는 한 실현되기 어려웠다.
  호민관이 이 문제를 제기할 때마다 제안자인 그 호민관이 살해되었다. 문제가 시민권에 미치면 로마에서는 무산자(프롤레타리아)까지도 기득권 수호에 나섰다. 그러니 이탈리아인들의 시민권 획득은 난공불락의 성이었다.
  이탈리아인들의 마음은 폭발 직전에 있었다. 1만 명의 이탈리아인들이 로마로 시위행진을 한다는 말까지 나왔다. 로마는 어수선하고 혼미하였다.
  그런데 자기가 나서서 해결할테니 시위를 참아달라고 한 사람이 있었다. 그는 동맹시의 유력자들과 자주 접촉하고 있던 드루수스였다. 그는 이탈리아인들의 시민권 획득을 위한 법안을 제출하였다.
  그런데 이 법안을 둘러싸고 민회는 큰 혼란에 빠졌다. 반대파는 아주 강경하였다. 호민관 드루수스의 연설은 성난 시민들의 고함소리로 자주 중단되었다. B.C. 91년의 집정관인 필리푸스는 드루수스의 법안에 반대하는 법안을 제출하였다.

토의하기 전에 호민관 드루수스는 호민관에게 주어진 거부권을 행사할 권리가 있었다. 그러나 그에게는 로마인이 말하는 배짱이 없었다. 그를 지지하는 많은 민중이 있는데도 불구하고, 그는 거부권 행사를 통한 정면대결을 포기하고 회의장을 떠나 자기 집으로 돌아갔다.

그의 지지자들이 그를 호위했지만, 그들 속에 반대파가 섞여 있는 것을 아무도 몰랐다. 드루수스가 갑자기 비명을 지르며 쓰러졌다. 쓰러진 그의 옆에 제화공이 사용하는 칼이 버려져 있었다.

드루수스는 다음의 말을 남기고 숨을 거두었다.

"로마인은 언제나 나와 같은 인물을 가질 수 있을까."

세상에는 똑똑하고 유식한 사람들이 많다. 그러나 역사는 용기 있는 사람들이 이룬다. 용기 없는 사람들은 찾아온 기회를 다 놓친다. 그러나 용기 있는 사람들은 그 기회를 붙잡아 일이 되게 한다.

그런데 겁쟁이 지식인들은 끝까지 자기가 최고의 인물이라고 생각한다. 사람들은 비겁하다고 비웃는데도. 지금 이 혼란한 시대는 용기 있는 지도자가 절실한 때이다.

4. 신의 소리 해석

B.C. 87년, 술라는 이탈리아를 떠나 그리스 원정길에 올랐다. 그가 떠난 후 로마에서는 정변이 일어나, 그는 반역자가 되었다. 그러나 그는 원정길을 멈추지 않았다.

술라는 먼저 아테네 공략전에 착수하였다. 그는 로마의 정세가 조금도 변하지 않은 것처럼 공격의 고삐를 늦추지 않았다. 그러나 그는 원군도, 군비 보급도 바랄 수 없게 되었다. 그는 모든 것을 현지에서 조달할 수밖에 없었다.

술라에게 있어서 특히 해군이 없는 것이 큰 약점이었다. 그래서 그는 루쿨루스에게 해군 편성을 지시했다. 술라가 활용할 수 있는 전력은 5개 군단 3만 명의 보병과 5천 명의 기병뿐이었다.

그런데 술라에게 있어서 모든 군비를 현지에서 조달해야 하는 것이 가장 큰 난제였다. 적군들 속에서 어떻게 군비를 조달할 수 있는가? 그러나 그는 조금도 위축되지 않았다.

그는 그리스 각지의 유명한 신전에 보관되어 있는 보물에 착안하였다. 그리스에는 에피다우로스, 올림피아, 델포이 등 널리 알려지고 참배객이 많은 신전들이 많았다. 그런 신전에는 수많은 헌납품이 보관되어 있었다. 금은보화도 많았다. 해적들도 신전을 노리는 일이 많았다. 술라는 부하들을 보내 이것들을 몰수하게 했다.

그런데 그 헌납품의 주인은 신이다. 그리스의 신들은 그리스 문화 자체다. 그 신을 건드리고 그 신의 것을 빼앗는 것은 야만적인 일이고, 그리스인들에게 큰 상처를 주고 분노를 일으키는 일이다. 근엄한 플루타르코스는 크게 탄식하였다.

술라는 그리스 문화에 대한 이해가 깊었으나, 결코 감상에 젖지 않았다. 그는 과감하게 그 보물 탈취를 감행하였다. 그렇지만 그는 아무 예고도 없이 들이닥쳐 강제로 보물을 빼앗지는 않았다. 그는 신관들에게 서한을 보내 나중에 돌려 줄 테니 빌려달라고 하였다.

몰수하러 간 부하는 그리스인이었다. 신전에 들어간 그 병사는 신전 안쪽 성소에서 들리는 이상한 소리를 들었다. 그는 신관들에게 "무슨 소리냐?"고 물었다. 신관들은 신이 연주하는 플루트 소리라고 하였다. 그 병사는 무서운 생각이 일어나 빈 손으로 돌아와 보고했다.

그때에 술라는 화를 내지 않고 태연히 말하였다. "신의 뜻을 이해하지 못한 자네한테 크게 실망했네. 그것은 불찬성이 아니라 찬성하는 소리이네. 신께서 기꺼이 주시겠다 하니, 안심하고 어서 가서 가져 오게."

사람들은 신의 소리도 자기 생각에 따라 해석한다. 악한 자들은 그것을 자기들의 악한 목적이 달성되도록 하는데 사용한다. 신신학자, 자유주의자들은 하나님의 말씀을 자기 수준에 따라 해석하여 하나님을 사람으로 강등시키려고 한다.

5. 아내를 버리지 않은 가이우스 율리우스 카이사르

B.C. 82년, 술라는 반대파 소탕작전을 시작했다. 우선 자기에게 저항한 정규군 소속 삼니움족 병사 4천 명을 경기장에서 집단 살해하였다. 그는 1만 명의 건장한 노예를 해방하고, 그들을 반대파 소탕작전의 행동대로 이용하였다.

그들은 바리우스의 무덤을 파헤쳐 유골을 테베레강에 던졌다. 민중파 인사들은 배부분 술라가 직접 작성한 살생부에 이름이 올라 살아날 가망이 없었다. 그 살생부에는 80여 명의 원로원 의원과 1천 600명의 기사(경제인)를 포함하여 4천 700명의 이름이 올라 있었다. 이들에게는 재판도 없이 살해되고 재산을 몰수당하든가, 살해는 면하더라도 재산을 몰수당하는 두 가지 길밖에 없었다.

민중파 소탕작전은 로마의 저명인사는 물론이고 이탈리아 각 지방에까지 미쳤다. 술라에게 저항한 에트루리아인, 삼니움족, 루카니아족은 시민권을 박탈당하고 재산을 몰수당하였다. 그 중 유력자들은 처형당하였다.

그런데 술라의 살생부에 한 청년의 이름이 올라 있었다. 그는 가이우스 율리우스 카이사르였다. 그가 역사에 유명한 카이사르다. 그는 민중파의 일원으로 술라 반대파인 마리우스의 처조카이고, 킨나의 사위였다. 그는 마땅히 처단해야 할 인물이었다.

하지만 술라의 측근들이 그를 살려줄 것을 간청하였다. 아버지도 없는 그는 그 가문의 후계자로 아직 18세에 불과하고, 정치적 행동을 하지 않았으니 살려달라고 부탁하였다. 술라는 처음에는 반대하였다. 그러나 그 탄원이 거듭되자 결국에는 승낙하였다.

그런데 목숨은 살려주지만 한 가지 요구가 있다고 하였다. 카이사르의 아내는 술라의 정적 킨나의 딸인데, 그녀와 이혼하라는 것이었다. 그것은 겉으로는 요구이나 실제로는 명령이었다. 술라의 측근 폼페이우스도 술라의 명령에 순종하여 민중파로 살해된 사람의 딸과 이혼하고, 술라의 지시대로 술라의 처갓집 아가씨와 재혼했다. 당시의 로마의 저명인사들은 대부분 정략 결혼을 하였다. 그런 상황에서 카이사르가 어떻게 그 명령을 거부할 수 있는가?

하지만 율리우스 가문의 그 청년은 그 지엄한 명령을 거부하였다. 그는 단호히 "그렇게 할 수 없소."라고 대답했다. 술라는 크게 격분하였다. 18세의 카이사르는 로마에서 도망쳤다. 그는 이탈리아 전역을 도망쳐 다니는 신세가 되었다. 얼마 후에는 이탈리아 안에서는 어디도 안전하지 않았다. 그래서 그는 술라의 추적을 피하여 멀리 소아시아까지 달아났다.

참으로 의리있는 청년이다. 자기 아내도 지키지 못하면서 어떻게 나라와 민족을 지킬 수 있는가? 그러나 '죽어도 당신을 떠날 수 없다.'고 하다가 어려움이 생기면 헌신짝처럼 아내를 버리는 사람이 얼마나 많은가? 카이사르가 목숨을 걸고 아내를 지킨 것은 후에 그가 이룬 수많은 정치적 업적보다 더욱 위대하다.

6. 로마의 노예 제도

우리는 노예라 할 때 주로 미국에서 해방되기 전 흑인 노예들이 농장에서 혹독한 노동을 하고 짐승처럼 취급되고 사고 팔린 사실을 떠올린다.

그러나 로마의 노예는 그러한 모습과는 아주 다르다. 주전 1세기의 로마 인구는 2천 명 정도였고, 노예는 300만 명 정도였다. 그 노예들은 여러 계층으로 되어 있었다.

① 교사: 그리스어나 웅변술을 양갓집 자녀에게 가르치는 가정교사로, 주로 그리스인이었다. 로마 시내의 주택이나 나폴리 근교의 별장 값과 맞먹었다.
② 숙련 기술자: 건축, 조각, 회화, 모자이크 같은 조형예술을 하는 자로 대우를 받았다.
③ 상급 기술자: 교역에 종사, 농장경영을 하거나, 주인의 비서 역할을 하는 자다. 키케로의 저작집을 편집한 자는 그의 노예 비서였다.
④ 일반 기술자: 가게 지배인, 장인, 예능인, 검투사 등이다.
⑤ 춤이나 음악, 연극 기능을 가진 여자 노예

⑥ 가사노동에 종사하는 남녀노예로, 요리사, 집사, 유모 등도 여기에 속하고 값이 높았다.
⑦ 비숙련 노동자: 농장이나 광산에서 일하는 노예로 가족처럼 대우받았다.
⑧ 아동 노예: 노예의 자녀로 태어난 자다.

가장 비싼 노예와 가장 값싼 노예의 가격 차이는 100대 1이나 되었다.

로마 사회에서 노예는 비록 종이지만 한 식구처럼 대우를 받았다. 위에서 말한 것처럼 다양한 계층으로 되어 있었다. 그래서 그들은 공동전선을 펼 정도로 연대감이 없었다. 그리고 노예들은 비록 신분은 노예이나 현대 사회의 중요하고 인기 있는 직종은 거의 다 차지하고 있었다. 사실상 로마 사회를 떠받드는 기둥 역할을 하였다. 그리고 충성스런 노예는 마지막까지 주인과 운명을 같이했다.

더욱 특이한 것은 노예도 해방 노예가 되고 로마 시민도 될 수 있었다. 로마 사회에서 해방 노예가 되는 것은 어려운 일이 아니었다. 해방 노예가 되면 약간의 재산과 아들이 있으면 투표권도 취득할 수 있었다. 재산이 없는 자라도 자식 대가 되면 완전한 로마 시민이 될 수 있었다.

그러나 노예는 역시 주인의 소유였다. 그들은 자신의 운명을 스스로 결정할 권리를 갖고 있지 않았다. 그런 그들에게는 병역, 세금 등의 로마 시민이 갖는 의무가 부과되지 않았다.

이렇게 상당한 대우를 받은 로마의 노예들은 반란을 일으킨 일이 거의 없다. 이탈리아 반도 안에서 일어난 반란은 주전 73년에 있었던 '스파르타쿠스 반란'이 유일하다. 그 반란은 74명의 검투사가 일으킨 반란이다. 그것은 소설, 영화로 제작되었다.

바울은 당대의 노예제도의 폐지를 주장치 않고, 노주(奴主)간의 도덕을 고조(高調)하였다(엡 6:5-9). 성경은 인간 세상의 시대에 따른 제도를 인정한다. 아울러 모든 당사자는 사랑으로 행할 것을 요구한다. 이런 점에서 볼 때 고대 로마의 노예제도는 성경 말씀에 상당히 가깝다. 그러나 미국이나 근대사회의 노예제도는 성경 말씀과 너무도 거리가 먼 악한 측면이 강하다. 오늘날의 노사관계는 성경 말씀의 교훈을 따를 때 문제가 풀리고 평화가 올 것이다.

7. 노예 검투사들의 반란-스파르타쿠스의 반란

로마의 노예들 중에는 검투사들이 있었다. 카푸아에는 검투사 양성소가 많았다. 이런 양성소는 체구가 건장한 노예를 사들여 투사로 양성한 후 검투시합이 있을 때에 빌려주었다. 대여료는 상당히 고가였다. 시합에 졌다고 검투사가 반드시 죽는 것은 아니나, 싸우는 태도가 시원치 않을 때 관중이 죽이라고 요구하기는 하였다.

카푸아의 한 양성소에 스파르타쿠스라는 검투사가 있었다. 그는 알프스 북쪽의 트라키아 출신 노예였다. 그를 지도자로 한 74 명의 검투사가 양성소에서 집단 탈주를 하였다. 이것이 주전 73년의 '스파르타쿠스 반란'의 시작이다. 이것은 죽음을 끼고 살아가는 노예들의 봉기이다.

이 역사적인 사건은 소설이 되었고, 영화로도 만들어졌다. 영화에서 커크 더글라스가 주인공 스파르타쿠스 역을 맡았고, 토벌군 대장 크라수스 역은 로렌스 올리비에가 맡았다. 이 영화는 역사적 사실에 충실한 것은 아니나, 현대적으로 각색되어 인도적인 입장에서 묘사되었다.

그 탈주한 노예들은 폼페이 배후의 베수비오 화산(폭발하기 전이었다)으로 도망쳤다. 그들의 두목은 트라키아 출신의 스파르타쿠스였고, 부두목은 갈리아 출신의 크릭수스였다. 그들은 출신지는 달라도 고락을 같이 한 동지들이었고, 일당백의 검술과 체력을 겸비하고 있었다. 그들이 떼 지어 부근 농장들을 약탈하기 시작하였다.

로마 정부는 3천 명의 토벌대를 보냈다. 스파르타쿠스 휘하의 검투사들은 그들을 간단히 무찔러버렸다. 이렇게 되자, 주변의 농장에서 일하던 많은 노예들이 가세하였다.

로마 정부는 법무관 휘하의 2개 군단을 토벌대로 보냈다. 그런데 이 토벌대도 스파르타쿠스 일당에게 패하였다. 스파르타쿠스의 이름은 이탈리아 남부 전역에 퍼졌다. 수많은 농장의 노예들과 중노동에 시달리는 빈민들이 스파르타쿠스에게 가세하였다. 그 일당이 7만 명에 이르렀다. 수가 많아지자 반란군은 스파르타쿠스와 크릭수스가 양분하여 지휘하였다.

그런데 스파르타쿠스의 생각은 이탈리아를 정복하는 것이 아니라 알프스 산맥을 넘어 고향으로 돌아가려고 하는 것이었다. 그러나 크릭수스는 물산이 풍부한 이탈리아 남부를 약탈하는데 만족하려고 하였다. 그러니 둘은 다투게 되었고, 지휘계통이 제대로 서지 않았다.

주전 72년이 되자, 로마에서는 집정관 2명이 각각 2개 군단 1만 5천 명씩을 이끌고 토벌에 나섰다. 그들은 스파르타쿠스와 크릭수스를 개별적으로 상대하였다. 크릭수스는 가르가노 산으로 쫓겨 가 대패하였다. 그는 이 싸움에서 전사했다.

그러나 스파르타쿠스는 4만 명을 이끌고 북상했다. 그는 집정관 한 명이 이끄는 2개 군단을 격파하고, 다른 집정관이 이끄는 2개 군단도 급습하여 이겼다. 갈리아 총독의 군대도 격파하였다. 그런데 그는 갑자기 남쪽으로 길을 돌렸다. 그는 메시나 해협 근처에서 법무관 크라수스가 이끄는 8개 군단 5만 명의 대군에게 대패했다. 대부분 전사하고 붙잡힌 6천여 명은 십자가형에 처해졌다. 아피아 가도 연변에 줄을 지어 세워진 십자가는 수십 리에 이르렀다.

로마인들은 비인도적인 잔인한 오락을 즐기다가 혹독한 대가를 치렀다. 그들은 그 오락이 자기들을 공격할 호랑이를 양성하는 것인 줄 전혀 알지 못하였다.

8. 잘 놀고, 잘 먹고 간 루쿨루스

루쿨루스는 주전 1세기 로마의 대단한 장수였다. 그는 폰토스의 미트라다테스 6세의 대군을 단숨에 격파했다. 미트라다테스의 군대는 보병 12만, 기병 1만 6천, 전차 100대였다. 그 대군을 루쿨루스는 보병 3만, 기병 2천 5백으로 멋지게 이겼다.

아르메니아의 티그라네스 왕은 12만 5천의 대군으로 루쿨루스를 공격하였다. 루쿨루스는 1만 2천의 보병과 3천의 기병으로 그 대군을 이겼다. 티그라네스 군대는 10만이 전사하였다. 그러나 루쿨루스 군대의 전사자는 단 5명이었다.

루쿨루스는 병사들과 고락을 같이 하고 언제나 전투에서 앞장을

섰다. 그러나 그는 병사들을 설득하여 자기를 지지토록 하는데 실패했다. 그는 전리품을 나누는 데서도 병사들의 불만을 샀다. 은화는 나누어주었으나 금화나 보물, 공예품은 자기가 다 차지하였다.

루쿨루스가 "이제 미트라다테스의 숨통을 끊을 수 있다. 전진하자."고 할 때 병사들은 따르지 않았다. 루쿨루스는 이기고도 완전히 승리할 수 없는 장수가 되었다. 그는 완전한 승리를 눈앞에 두고 퇴각하였다.

루쿨루스는 자기가 싫어하는 폼페이우스에게 지휘권을 넘기고 로마로 돌아왔다. 그는 로마에 입성하면서 화려한 개선식을 가졌다. 수많은 보물, 공예품, 금화를 싣고 들어오는 루쿨루스를 본 로마 시민은 눈이 휘둥그레졌다.

루쿨루스는 원로원의 환영을 받으면서 얼마 동안 정치에 적극적으로 나섰다. 그러나 얼마 지나지 않아 싫증을 느끼고 물러나버렸다.

루쿨루스는 물러나 호화로운 사생활을 즐겼다. 그는 각지에 호화저택을 지어 공예품과 보물을 전시하였다. 로마, 나폴리 근교의 바닷가, 이탈리아 내륙의 숲속에도 전시관이 세워졌다. 그 저택들은 로마인이나 그리스인들이 모이는 살롱이 되었다.

루쿨루스는 미식(美食)을 즐겼다. 루쿨루스의 이름이 후세에도 쓰이는 대명사가 된 것은 그가 즐긴 미식 때문이다. 서구에서 호화로운 미식을 '루쿨루스식(式)'이라고 부른다. 루쿨루스의 미식은 요즘 미식가들이 감히 따라갈 수 없는 수준이다.

식사하는 방의 장식, 식사 중 연주되는 음악, 낭독되는 시, 오가는 대화, 적합한 손님 선정, 이 모든 것의 조화로운 총합이 '루쿨루스식 식사'였다. 루쿨루스는 혼자서도 수준 높은 미식을 즐겼다. 키케로와 폼페이우스가 갑자기 억지로 그의 집에 들어가 함께 식사한 일이 있다. 그런데 그때도 최고급 식사가 나와 그들이 놀랐다.

미식 중에서도 최고급 식사는 아폴로신의 이름을 딴 아폴로실에서 하였다. 그 방에서 한 번 식사하는데 드는 비용이 5만 드라크마였다. 평민의 연수입이 5천 드라크마이던 때다.

그런 루쿨루스는 질박강건함을 찬양하고 호화로운 생활을 경멸하던 공화정시대의 로마인들의 멸시를 받았다. 그는 10년 정도 그런 생활을 즐기다가 세상을 떠났다. 아무도 그의 죽음에 관심을 가져주지 않았다. 그는 평소에 술라 옆에 묻히기를 소원하였으나 이루어지지 않았다.

루쿨루스는 전쟁에 능한 장수로 전공을 세웠다. 그러나 부하들의 원성을 사 퇴각함으로 끝을 잘 장식하지 못했다. 말년에 원로원서 제대로 활동하지 않고 호화사치생활, 미식에 빠졌다. 그는 잘 놀고 잘 먹고 갔다. 그 결과 그의 전공은 없는 것처럼 되고 미식가로만 기억된다. 나는 어떤 사람으로 기억될 수 있을까?

중편 귀족 청년상

Ⅳ. 탁월한 율리우스 카이사르

카이사르는 행운을 타고난 천재인가? 이 탁월한 인물이 남이 갖지 않은 뛰어난 재질을 많이 가지고 있었던 것은 사실이나, 그도 결점과 약점이 있었다. 선한 길로만 간 것도 아니다. 그렇지만 그래도 그는 어떤 군대를 이끌어도 승리했을 것이고, 어떤 나라에서 태어났을지라도 최고의 지도자가 되었을 것이다. 그는 그 누구도 따를 수 없는 최고의 장군, 정치가, 문필가이다.

1. 해적에게 붙잡혀 스스로 몸값을 올린 카이사르

독재자 술라에게 '노'라고 하였다가 생명이 위태롭게 된 카이사르는 국외로 도망쳤다. 그는 아시아 속주 총독 미누키우스 진영에 가서 입대를 지원했다. 그 후 킬리기아 총독 세르빌리우스 휘하로 갔다. 그는 이렇게 군대의 경험을 쌓았다.

카이사르는 술라의 죽음 소식을 듣고 귀국하였다. 그는 변호사로 일하면서 정계로 진출코자 하였다. 23세의 카이사르는 변호사 일을 했다가 참담한 실패를 맛보았다. 술라가 죽은 후에도 여전히 술라파 사람들의 천하였다. 카이사르는 민중파로 주목을 받았고, 술라파를 피하여 또 다시 국외로 도망쳤다.

카이사르는 이번에는 해외유학의 길을 택했다. 그는 아테네와 함께 당시의 최고학부로 이름난 도로스 섬으로 갔다. 그는 때를 기다릴 줄 알고 낙천적이었다.

그런데 카이사르는 도로스 섬으로 가는 도중에 타고 있던 배가 해적선의 습격을 받아 포로가 되었다. 당시에 소아시아 남서부 해안과 에게해의 섬들은 해적이 자주 출몰하였다.

해적들은 나포한 선박의 승객들에게 차례로 몸값을 매겼다. 카이사르에게는 20 달란트를 매겼다. 이것은 30만 데나리우스가 된다. 그 당시 병사의 1년 봉급이 70 데나리우스였으니까 30만 데나리우스는 4천 3백 명의 병사를 모집할 수 있는 거액이었다.

그런데 카이사르는 껄껄 웃으면서 "네놈들은 누구를 붙잡았는지 모르는 모양이군." 하였다. 그리고는 스스로 몸값을 50 달란트로 올렸다. 카이사르는 해적들의 손아귀에 들어간 이상 무엇보다도 목숨을 유지해야 된다고 생각한 것 같다. 목숨을 보장받으려면 20 달란트로는 부족하다고 본 것 같다.

카이사르는 돈을 마련하기 위해 종자들을 보낸 뒤에 종자 두 명과 함께 해적들 속에 남았다. 그는 종자들이 돈을 가지고 올 때까지 38일 동안 평안히 지냈다. 그는 자고 싶을 때 자면서 해적들에게 조용히 하라고 명령했다. 해적들의 무술훈련이나 오락에 참가하여 신체를 단련하였다. 그는 해적들을 모아놓고 시나 연설을 들려주기도 하였다. 그는 해적들에게 언젠가는 네놈들을 죽여버리겠다고 위협하였다. 하지만 해적들은 농담으로 듣고 낄낄 웃을 뿐이었다.

드디어 종자가 몸값을 가지와 카이사르는 풀려났다. 그는 곧 밀레토스 섬으로 가 배를 빌리고 사람들을 모아서 해적을 토벌하러 갔다. 그는 해적선을 기습하여 해적들을 모두 사로잡았다. 50달란트를 되찾았다. 해적들을 모두 교수형에 처했다.

그 후 카이사르는 아무 일도 없었던 것처럼 도로스 섬으로 가, 지성을 갈고 닦는 대학생활에 열중하였다.

"호랑이에게 물려가도 정신을 차리면 산다."는 말이 있다. 주님은 "온 천하보다 목숨이 더 귀하다."고 하셨다. 성경은 "악한 자는 반드시 징벌해야 한다."고 가르친다. 청년 카이사르는 이 모든 것을 잘 깨닫고 실천한 사람이다.

2. 폼페이우스와 크라수스의 야합

에스파냐에서 돌아온 폼페이우스는 원로원에 B.C. 70년도 집정관 선거에 출마토록 해달라고 요청하였다. 집정관은 로마 시민권자가 회원인 민회에서 선출하지만, 입후보 여부는 원로원이 결정하였다.

원로원은 그 요청에 부정적이었다. 술라가 정한 규정은 정치 경력의 각 단계를 엄격한 연공서열제로 바꾼 것이었다.

30세가 되면 회계감사관에 출마할 자격을 얻는다. 회계감사관으로 1년 임기를 마치면 31세에 원로원 회원이 된다. 그 후 8년을 원로원 의원으로 있다가 39세가 되면 법무관 출마 자격을 얻는다. 법무관 임기 1년을 마치면 자동적으로 속주의 총독으로 파견된다. 총독으로 속주의 정치와 방어를 2년 동안 경험해야만 비로소 42세 때 로마 최고 관직인 집정관에 출마할 자격을 얻을 수 있다.

폼페이우스는 25세에 개선식까지 거행하였다. 그는 35세에 에스파냐에 파견되어 2개 군단을 지휘하여 승리하였다. 그러나 그는 회계감사관도 경험하지 않았고, 원로원 의원도 아니었다. 그는 법무관, 총독의 경험도 없었다. 나이도 35세이니 한참 모자란다.

그런 그가 에스파냐에서 데려온 군단을 해산치 않고 군사력으로 압력을 가하면서 집정관 출마를 인정하라고 요구하였다. 그것은 일종의 쿠데타 같은 행위였다.

그런데 스파르타쿠스 반란을 진압하고 돌아온 크라수스도 마찬가지로 군단을 해산치 않고 집정관 출마 인정을 요구하였다. 그러나 크라수스는 자격 문제에는 결격 사유가 별로 없었다.

이런 크라수스한테도 문제는 있었다. 그는 인망이 없었다. 그는 큰 부자였으나 탐욕스럽게 돈벌이에만 몰두했기 때문에 사람들이 혐오하였다. 반대로 폼페이우스는 젊은 개선장군으로서 시민들의 절대적인 인기가 있었다. 하지만 원로원은 그를 인정하지 않았다.

그런데 폼페이우스와 크라수스는 서로 앙숙간이었다. 둘 다 술라 문하의 뛰어난 인물이었다. 그러나 두 사람 사이는 안 좋았다. 폼페이우스는 수단 방법을 안 가리는 크라수스의 축재를 경멸하였다. 크라수스는 젊은 나이에 정상에 오른 폼페이우스를 시샘하였다.

그런데 두 사람은 집정관 출마를 계기로 서로 손을 잡았다. 크라수스는 폼페이우스의 출마를 인정토록 원로원에 손을 써주었다. 대신에 폼페이우스는 크라수스에게 지지자들의 표를 나누어주었다. 두 사람은 다 집정관에 선출되었다. 둘은 서로 정적이었으나 서로의 이익을 위하여 야합하였다.

원로원은 무력해졌다. 술라의 정책, 공화정 로마의 기강이 무너져 내렸다. 일반 시민들은 사이가 나쁘기로 유명했던 두 사람이 손을 잡은 사실을 그저 신기하게 생각했다.

야합은 악과 악이 합하여 더 큰 악이 되는 것이다. 유대인들은 예수님을 미워하여 '죽이라'고 아우성쳤다. 빌라도는 인기를 얻고 자기의 정치적 야망을 달성하기 위하여 예수님을 십자가형에 처하였다. 그리하여 악의 극치를 이루었다.

폼페이우스

3. 빚꾸러기 카이사르

카이사르는 빚꾸러기였다. 그가 회계감사관에 취임할 때까지 진 부채가 1천 300달란트에 달했다. 그것은 11만 명의 병력을 1년 동안 유지할 수 있는 거금이다. 그것은 그가 정계에 진출하기 전에 진

빚이다. 정계에 진출하면서부터는 더욱 많은 돈을 빚으로 썼으니까 그의 빚은 상상을 초월한다.

카이사르는 그 많은 돈을 어디에 썼을까? 그는 독서광이었다. 당시의 책은 값비싼 파피루스에 필사한 두루마리다. 그는 빚을 내서 많은 책을 샀다.

카이사르는 멋쟁이로 이름이 났다. 그는 옷치레에 많은 돈을 썼다. 그는 값비싼 얇은 천을 사서 고급 옷을 해 입었다.

카이사르는 친구들한테 아낌없이 돈을 썼다. 그는 돈을 써가면서 자기의 지원자가 될 친구들을 사귀었다. 친구들 외에 명문가에는 반드시 있는 '클리엔테스'(피후원자)와의 교제에도 많은 돈을 썼다. 그렇게 한 것은 정계진출을 위한 준비였다.

카이사르는 애인들한테 값비싼 선물을 하였다. 그는 미남은 아니었으나 훤칠한 키, 균형 잡힌 몸매, 생기 넘치는 눈, 기품 있는 행동 때문에 젊은이들 틈에서 군계일학 같은 존재였다. 풍자와 유머가 있는 그의 말솜씨도 사람들을 즐겁게 해주었다. 그는 여자들한테 인기가 대단하였고, 많은 애인들이 있었다. 그는 여인들을 기쁘게 해주기 위하여 값비싼 선물을 하였다.

카이사르는 안찰관을 지내면서 엄청난 빚을 져, 그의 빚은 천문학적인 숫자가 되었다. 안찰관은 공공 시설물을 관리하는 책임을 지는 자리였다. 카이사르는 아피아 가도를 대대적으로 보수하였다. 그 외 많은 공공건물도 보수하였다. 그는 화려한 검투사 시합을 주최하였다. 그런데 카이사르는 그 비용을 국고가 아닌 개인 돈으로 충당하였다.

카이사르는 도로 보수와 검투사 시합으로 모은 인기를 활용하였다. 로마의 평민들은 카이사르를 자기들의 희망으로 여기게 되었다.

카이사르는 B.C. 63년, 최고 제사장에 입후보하였다. 그는 선거운동을 하면서 많은 돈을 썼다. 그는 경제적으로 여유가 없어 선거자금을 순 빚으로 조달하였다. 그는 선거에 이겨 최고 제사장이 되었다.

카이사르가 에스파냐 총독에 취임하기 위하여 떠나려 할 때에 빚쟁이들이 찾아와 농성을 시작하였다. 그는 집 밖으로 나오지도 못하는 처지가 되었다. 그때 그의 빚은 천문학적인 액수였다.

그때에 카이사르에게 최대의 채권자가 되는 크라수스가 나타났다. 그는 빚을 갚아야 할 기간을 연기해주고 다른 빚에 대한 보증까지 서주었다. 그래서 카이사르 총독은 겨우 임지로 떠날 수 있었다.

카이사르는 자기의 정치적 야망을 달성하기 위하여 많은 돈을 썼다. 그 돈은 빚으로 충당하였다. 그는 돈을 모으는 사람이 아니라 옳은 일을 위하여 쓰는 사람이었다. 그는 정당한 목적을 위하여 빚도 겁내지 않았다. 그는 부자는 아니었으나 돈을 지배한 사람이었다.

4. 카이사르와 돈

카이사르는 빚이 많았다. 그에 대한 어떤 기록이나 어떤 역사서를 봐도 그는 빚꾸러기로 나와 있다.

그러나 카이사르는 자기 개인 재산을 늘리는 데에는 한 푼도 쓰지 않았다. 로마의 일등 주택지인 팔라티노 언덕에 호화저택을 짓거나, 이탈리아 각지에 있는 유명한 별장을 사들이지 않았다. 그는 개인용으로 만든 테베르강 서안의 정원도 유언으로 로마 시민에게 기증하였다. 그는 무덤에도 관심이 없었다. 어디에도 그의 무덤은 존재하지 않는다.

카이사르는 오직 정계에 진출할 목적으로 막대한 빚을 내서 투자하였다. 그는 고가의 책을 사서 읽고 실력을 키웠다. 그는 품위를 유지하기 위하여 좋은 옷감을 사서 멋을 내었다. 그는 자기에게 우군이 될 친구나 후원자를 돌보는데 많은 돈을 썼다. 그는 인기를 끌기 위해 빚을 내 공공 시설물을 보수하고, 화려한 검투사 시합을 주최하였다. 그는 선거운동을 하면서 많은 자금을 쓰고 목적을 이루었다. 그가 이러한 목적 외에 돈을 쓴 것은 애인들에게 고가의 선물을 한 것뿐이다.

그런데 카이사르는 많은 빚을 써 어려움에 있었으나, 수부라의 사저나 리비코의 별장을 채권자들에게 뺏기지 않았다. 그것은 애초에 담보대출을 하지 않고 신용대출을 한 것을 말한다.

그렇다면 카이사르는 어떻게 그 막대한 빚을 질 수 있었을까? 담보물도 없이 돈을 구하는 것은 너무나 어려운 일이다. 더군다나 아무 사업도 하지 않으면서 어떻게 마음대로 돈을 구할 수 있었을까?

카이사르는 빚이 소액일 때는 채권자가 강자이고 채무자는 약자이지만, 액수가 늘어나면 그 관계가 역전된다는 사실을 간파한 것 같다. 많은 빚은 채무자가 아니라 채권자에게 골칫거리가 된다. 떼이기는 너무 아깝다. 그래서 채권자는 채무자가 파산하지 않도록 지원하지 않을 수 없게 된다.

에스파냐 총독으로 임명되어 출발하려는 카이사르 앞에 많은 채권자들이 몰려왔을 때, 가장 많은 돈을 빌려준 부호 크라수스가 나타나 지불기간 연장을 해주고 다른 채무까지 보증을 해주었다. 크라수스로는 어쩔 수 없는 선택이었다.

카이사르가 쓴 '내전기'(內戰記)에는 다음과 같은 내용이 있다.

「"카이사르는 대대장이나 백인대장들한테 돈을 빌려 병사들에게 보너스를 주었다. 이것은 일석이조의 효과를 가져왔다. 지휘관들은 돈을 못 받는 사태가 생기지 않도록 하기 위하여 열심히 싸웠고, 총사령관의 신심에 감격한 병사들은 전심전력을 기울여 용감하게 싸웠기 때문이다."」(시오노 나나미 저, 김석희 역, 로마인이야기, p.157)

정적들도 그의 부채를 시빗거리로 삼지 않았다. 율리우스 카이사르는 남의 돈으로 정치를 하고 혁명을 해냈다. 이런 점에서도 그는 세계적인 영웅이다.

우리는 돈을 어떻게 구하고 어디에 쓸 것인가? 여기에 대하여 답이 확실히 정해지면 성공하는 인생이 될 수 있다.

5. 카이사르와 여자

카이사르는 미남이 아니다. 그는 40대부터 대머리였다. 그는 빚더미 위에 있었고, 40대가 되기까지 권력도 없었다. 그러나 그는 전체적인 자태는 좋았고, 교양과 풍자와 유머가 있었다. 그런데 그런 정도의 사람은 당시 로마에 많이 있었다.

이렇게 별 특별한 것도 없는 카이사르였지만, 그는 여자들 가운데서 인기가 대단하였다. 그는 자기 차례가 오기를 줄지어 기다리는 상류층 부인들을 모조리 맛보는 영광을 누렸다. 카이사르의 최대 채권자인 크라수스의 아내 테우토리아, 출정해 있는 폼페이우스의 아내 무키아, 폼페이우스의 부장 가이니우스의 아내 로리아 등이 카이사르의 애인들이었다. 원로원 의원 3분의 1이 카이사르에게 아내를 도둑맞았다는 말도 있다. 나중에 카이사르 암살의 주모자인 브루투스의 어머니 세르빌리아도, 절세미인 애굽의 클레오파트라도 그의 애인이다.

카이사르는 여자들한테 인기가 대단하여 많은 상류층 부인들이 스스로 애인이 되었다. 카이사르는 많은 여성들을 편력하였으나, 한 사람한테도 원한을 사지 않았다. 그는 어떤 여자에게도 상처를 주지 않았다.

카이사르는 애인들에게 화려한 선물을 주었다. 그는 빚이 많아도 그 일은 멈추지 않았다. 카이사르가 세르빌리아에게 한 600만 세스테르우스짜리 진주는 로마 여인들에게 화제가 되었다. 큰 선물을 받은 여자는 항상 좋게 생각한다.

카이사르는 애인의 존재를 숨기지 않았다. 그의 애인은 공공연한 비밀이었다. 상대하는 남편들도 알고 있었다. 굉장한 사람의 애인이 된 것이 드러나면 여자는 정부에 불과해도 불만스럽게 생각지 않는다.

카이사르는 애인이었던 여자들 가운데 어느 누구하고도 결정적으로 인연을 끊지는 않았다. 관계를 완전히 청산하지는 않았다. 그는 20년 동안이나 세르빌리아와 사귀었다. 그는 그녀와 관계를 끊은 후로도 그녀의 소원을 들어주려고 노력하였다.

그런데 카이사르는 킨나의 딸 코르넬리아와 이혼하라는 술라의 명령을 거부하고 망명길에 올랐다. 그는 첫 번째 아내에 대하여 그녀를 목숨을 걸고 지키려 하였다. 당시 로마에서는 정략결혼이 대부분이고 정치적 상황이 바뀌면 이혼하는 것은 다반사였다. 그러나 카이사르는 자기 아내를 끝까지 지키기 위하여 목숨을 걸었다.

그러나 카이사르의 아내 코르넬리아는 일찍 죽었다. 카이사르는 폼페이야를 후처로 맞아들였다. 이 폼페이야를 풀크루스라는 사나이가 짝사랑하였다. 가정의 여인들이 보나 여신에게 제사하는 날이 왔다. 그때는 남자는 얼씬거리지 못한다. 그런데 풀크루스가 여장을 하고 몰래 숨어들었다. 그것은 결국 들통이 나고 소문이 났다. 카이사르 반대파가 공격하였으나 지나가는 스캔들에 불과하였다. 그러나 카이사르는 이혼하였다.

검사역을 맡은 동료 법무관이 별문제 없는데 왜 이혼하였느냐고 따져 물었다. 그러자 카이사르는 "카이사르의 아내 되는 여자는 의심조차도 받아서는 안 된다."고 하였다.

이러한 모습은 첫 번 아내에 대하여 가진 태도와는 너무도 다르다. 최고 제사장이 되었으니 정치적인 때가 묻은 것인가? 자신은 천하의 바람둥이면서 죄 없는 아내를 버리는가?

카이사르의 여성 편력, 두 번째 아내와 이혼한 사실은 어처구니없다. 그가 여자관계서 첫 번째 아내를 지키려고 목숨을 건 것은 잘한 일이다. 그 외는 파렴치한 짓이다. 그러나 왜 수많은 사람들이 그의 여자관계마저 영웅시하고 현대의 수많은 여성들도 욕하지 않는가?

6. 신문(언론)의 시초를 연 카이사르

카이사르는 B.C. 59년 1월 1일에 로마의 최고 관직 집정관에 취임하였다. 그때는 그가 40대에 접어든 해였다.

카이사르는 먼저 자기가 전통을 파기하는 자가 아니라는 점을 부각시켰다. 그는 집정관 직무와 관련된 공화정 초기의 관례를 부활시켰다. 그것은 두 명의 집정관이 군의 통수권을 하루씩 교대로 가지며, 둘 다 수도에 있을 때는 한 달씩 교대로 정무를 맡아보는 것이었다. 그리고 정무를 보지 않을 때는 호위병이 권표(공권력의 상징)를 들고 다니지 않는 것이었다.

그 다음에 카이사르는 원로원의 권한을 축소시키는 일에 착수하였다. 그중에도 가장 획기적인 것은 아무도 상상하거나 기대하지 않은 특별한 것으로 '집정관 통달(通達)'이라는 것이었다. 그것은 라틴어로 '악타 디우르나' 또는 '악타 세나투스'라고 부른다. 그 뜻은 '일보(日報)' 또는 '원로원 의사록'이다.

그것은 원로원 회의의 모든 논의나 모든 결의를 이튿날 포로 로마노의 한쪽 벽에 써 붙이는 것이다. 그것은 신문, 언론의 시초이다. 그것은 요즘의 TV, 방송 기자가 원로원 회의장에 카메라를 들이대는 것과 같다.

그때까지 원로원 회의는 배타적인 회원제 모임이었다. 모든 토의나 의결은 닫힌 문 안에서 비밀리에 이루어졌다. 그 내용은 회의장에서 나온 의원들의 말이나 민회에 제출되는 안건으로 비로소 시민에게 알려졌다.

그런데 카이사르는 그것을 전부 다 즉시로 공개토록 한 것이다. 요즘 민주국가에서도 정무회의의 모든 내용이 다 공개되지 않는다. 기자들은 그 내용을 취재하기 위하여 동분서주한다. 고급 정보의 신속한 취득을 위하여 불꽃 튀는 경쟁을 한다. 그래도 많은 것이 베일에 싸여있고 국민들은 사실을 다 알지 못한다. 지금부터 2천 년도 더

전인 고대사회에서 유권자는 정보를 알 권리가 있다는 주장을 하면서 카이사르는 정보의 공개를 단행하였다. 이것은 참으로 혁명적인 조치로 역사에 빛나는 일이다.

많은 원로원 의원들은 회의장 안과 밖의 말이 달랐다. 그중에도 키케로가 아주 심했다. 그는 언제나 퇴고(推敲: 시문의 자구를 여러 번 생각하여 고침)하는 버릇이 있었다. 그는 글만이 아니라 발언도 회의장 밖에서 되풀이할 때 반드시 퇴고를 하였다. 오늘날의 정치가들은 더 심하다. 그러니 사람들은 정치가의 말을 잘 믿지 않는다.

카이사르는 이러한 폐단을 없애기 위하여 정보의 공개를 단행하였다. '악타 디우르나' 제도는 원로원에 큰 타격이었다. 장소에 따라 말이 다른 의원들에게는 더욱 큰 타격이었다. 그러나 아무도 그 취지가 좋기 때문에 반대하지 못하고 침묵하였다.

이러한 개혁적인 카이사르는 원로원파의 원성을 사고 많은 반대에 부딪혔다. 그러나 그는 조금도 위축되지 않고 반대자들을 제압하였다.

비밀주의는 진실, 정의와 거리가 멀다. 거짓, 불의, 온갖 부정부패의 온상이 되기 쉽다. 모든 회의는 투명하게 공개되어야 한다. 정보의 공개는 알 권리상 필수이다. 정보가 공개되면 대중의 비판이 있게 된다. 그러면 모든 회원들은 조심하고 잘하게 된다.

7. 삼두정치(트리움 비라투스)

로마의 삼두정치는 카이사르, 폼페이우스, 크라수스가 야합하여 정치한 것을 말한다. 그것을 라틴어로 트리움 비라투스라고 하며, 그것은 야합의 극치였다.

카이사르는 원로원에서 폼페이우스에게 대권을 부여하는 문제가 나왔을 때 지지하였다. 그러나 그는 폼페이우스의 아내를 가로채므로 원수가 되었다. 그러나 카이사르는 폼페이우스가 자기를 지지해 주면 농지법을 개정하여 폼페이우스 부하들에게 농지를 분배해주고 폼페이우스의 오리엔트 재편성안을 승인해 주기로 약속하였다.

카이사르는 2인 연합의 경우 자기가 약하다고 생각하여 크라수스를 끌어들였다. 크라수스는 카이사르의 채권자로 둘 사이는 달가운 사이가 아니다. 그러나 카이사르가 크라수스와 경제인들에게 유익하게 해준다 하므로 징세 문제에서 크라수스는 참여하였다.

크라수스는 폼페이우스를 무척 싫어하고 시샘하였다. 그는 카이사르와 폼페이우스가 합치는데 무조건 끼어들려고 하였다. 폼페이우스는 크라수스가 싫었으나 자기가 동방을 재편성하는 데는 경제인의 도움이 절실하였다. 크라수스는 동방통치에 협력하면 자기가 대표하는 기사계급의 시장이 확대되는 사실을 잘 알았다.

세 사람은 아무도 모르게 야합하였다. 서로 힘을 합쳐 로마를 다스리기로 하였다. 이렇게 하므로 카이사르는 집정관이 되고 계속적으로 여당을 확보하기로 하였다.

카이사르는 집정관이 되어 약속대로 원로원이 반대하는 농지법을 개정하였다. 폼페이우스의 부하들에게 토지를 나누어 주어 폼페이우스의 체면을 세워주었다. 오리엔트 재편성안도 가결하여, 폼페이우스 뜻대로 되게 하였다. 자기 딸 율리아를 폼페이우스에게 아내로 주었다. 속주세 징세업자법을 개정하여 경제인 기사계급에게 혜택을 주므로 크라수스의 면목을 세워주었다.

이렇게 하면서 카이사르는 폼페이우스와 크라수스의 지지를 받아 자기가 목적하는 정치적 목표를 달성하였다. 그해의 동료 집정관 비불루스는 임기가 끝나지 않았는데도 사저에 틀어박혀 나오지 않았다. 그해 B.C. 59년은 카이사르 집정관 독무대의 해였다.

　그런데 이 삼두정치는 3인이 밀약한 것을 철저한 비밀 속에서 집행되었다. 원로원파는 반년 가까이나 그 사실을 눈치 채지 못하였다. 원래 야합은 비밀 속에서 진행되는 음습한 것이다.

　그런데 카이사르가 주도한 삼두정치의 가장 큰 목적은 원로원 정치를 무력화하는 것, 즉 원로원 주도의 공화정을 무너뜨리는 것이었다. 삼두정치가 작동하여 세 사람 마음대로 된 것은 원로원이 무너지는 일이었다.

　그런데 카이사르가 서로의 사적 이익을 추구하였으나, 그것이 공적 유익을 훼손하는 것은 아니었다. 공익에도 유익한 좋은 일이었다. 카이사르는 사익과 공익에 부합하는 일을 추진하였다. 원로원의 무력화, 공화정의 쇠퇴로 광범한 세력권을 형성한 로마에 필요한 조치였다. 삼두정치가 야합의 극치이나 이런 점에서 다행한 일이었다. 카이사르는 역시 위대한 인물이다.

　그러나 어떠한 경우에도 야합은 정당화될 수 없다. 하나님을 믿고 나가는 교회에서 야합은 있을 수 없다. 목적이 정당하면 방법도 정당해야 한다.

8. 카이사르의 갈리아 전쟁기

'갈리아 전쟁기'는 B.C. 58년부터 51년까지 8년 동안 전개된 갈리아 전쟁을 그 전쟁의 총사령관 카이사르가 직접 쓴 기록이다.

카이사르는 머리말도, 도입부도 없이 "갈리아는 그 전체가 셋으로 나뉘는데"라는 말로 시작한다. 갈리아는 라인 강을 경계로 서쪽에 펼쳐진 지방으로, 현재의 프로방스 지방을 제외한 프랑스 전역, 벨기에, 룩셈부르크, 네덜란드 남부, 독일 서부, 스위스까지 포함하는 서유럽이다.

이 지방은 당시에 미개발지로 농경지보다 숲, 늪, 하천이 더 많았다. 인구는 1,200만 명쯤 되었다. 세력이 큰 부족만 해도 10개가 넘고, 약소부족까지 합치면 100개 가까이 되었다. 그들이 서로 다투니 통일은 요원하였다.

카이사르는 이런 부족들을 상대로 8년 동안 전쟁을 하여 그들을 정복하고 로마에 복속시켰다. 이 전쟁의 승리로 로마는 서유럽 지역 전체를 자기 세력권 하에 두게 되었다.

카이사르는 전쟁을 하는 복잡한 상황 속에서도 그 전쟁을 상세히 기록하였다. 이 '갈리아 전쟁기'는 단순한 전쟁의 기록이 아니라 후세의 사람들이 극찬하는 문학작품이다. 그것은 오늘날에도 계속 출간되고 있다.

카이사르와 동시대인인 키케로는 "이 책들은 모두 알몸이고 순수하며, 인간이 몸에 걸치는 의복과도 비슷한 미사여구를 죄다 벗어던졌을 때 생겨나는 매력으로 충만해 있다."고 하였다.

일본의 고바야시 히데오는 "갈리아 전쟁기는 문학작품이라기보다 고대 미술품처럼 나에게 다가왔다 …… 로마 승전 기념비의 파편처럼 내 앞에 나타났다 …… 이 창작품이 시처럼 나를 감동시키는 것은 조금도 이상할 게 없다."고 하였다.

'로마인 이야기'의 저자 시노오 나나미는 카이사르를 '투철한 문체를 사랑한 사람'이라고 하면서, 그 문체는 '간결함, 명석함, 세련된 우아함'으로 총괄할 수 있다고 하였다.

'갈리아 전쟁기'는 카이사르가 전쟁터에서 급히 써서 원로원에 보낸 현지 보고서를 책으로 출간한 것이라고 한다. 우리는 이순신 장군의 '난중일기'를 알고 있다. 이순신 장군은 임진왜란시 전쟁을 지휘하고 승리하면서 그 바쁘고 복잡한 와중에도 일기를 써서 남겼다. 그것은 대단한 일이고, 그 일기는 오늘날 중요한 사료가 된다. 그러나 그 난중일기를 뛰어난 문학작품으로 볼 수는 없다.

그런데 '갈리아 전쟁기'는 전쟁의 기록으로 역사의 귀중한 사료가 됨을 물론이고, 뛰어난 문학작품으로 길이 빛나고 있다. 카이사르는 그것을 통하여 민중에게 자기선전을 하였다. '갈리아 전쟁기'는 뒤에 나오는 '내전기'와 함께 오늘날도 수많은 사람이 애독하는 명작이다. 만일 카이사르가 이 시대에 살았다면 틀림없이 노벨 문학상을 받았을 것이다.

카이사르는 세계적인 정치가, 장군이다. 그

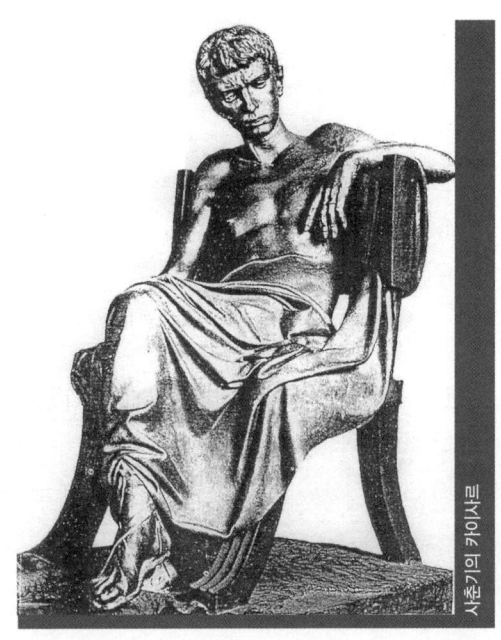

는 세계적인 문학가다. 그는 진정한 의미에서 영웅이다. 이렇게 다방면의 재능을 가진 카이사르는 로마가 세계를 제패하는 패권국가가 되게 하고, 공화정에서 제정으로 가는 길을 열었다.

다윗은 이스라엘의 왕으로 나라의 기틀을 다지고 선정을 베풀었다. 여러 전쟁에서 이겨 영토를 확장하였다. 그는 깊은 신심으로 많은 시를 남겼다. 그 시편은 불후의 명작이다. 그는 영적으로 복을 받아 예수님의 조상이 되었다.

9. 로마의 제일 부호 크라수스의 패망

크라수스는 로마의 제일 부자였다. 카이사르는 그에게 엄청난 빚을 졌다. 그는 많은 여러 사람에게서 천문학적인 빚을 졌다. 그가 에스파냐 총독으로 출발하기 직전 빚쟁이들이 그의 발목을 잡았다. 그때 크라수스가 나타나 보증을 서주었다.

크라수스는 폼페이우스와 카이사르와 함께 로마 삼두정치의 일원이다. 그는 정치적 인물이 아니다. 그러나 카이사르가 폼페이우스의 세력을 견제하기 위하여 크라수스를 끌어들였다. 그는 폼페이우스를 시샘하고 자기의 경제적 이득을 위하여 삼두정치에 참가하였다.

크라수스는 루카에서 열린 삼두 정상회담의 결정에 따라 B.C. 55년에 폼페이우스와 함께 집정관이 되었다. 그 후 5년 임기의 속주 총독을 맡기 위해 시리아로 떠났다.

시리아에 들어간 크라수스는 군대를 제대로 정비하지도 않고 약탈에만 몰두하였다. 그는 시리아에 부임하자마자 B.C. 54년에 파르티아를 침공하였다. 그렇게 서두를 일이 아니고 여러 가지로 정치력을 발휘하여 아군에게 유리하도록 조치해야 되는데, 무조건 서두른 것은 능력도 없으면서 전쟁에서 승리하여 개선장군이 되고 싶은 욕심이 앞섰기 때문이었다.

서방 패권자 로마의 3대 실력자 중 하나가 몸소 군대를 이끌고 쳐들어오는데, 이들을 맞아 싸우는 파르티아의 대장은 한 청년 귀족이었다. 그의 이름은 수레나스였다. 크라수스의 군대는 보병 3만 4천과 기병 4천이었는데, 수레나스의 군대는 기병 1만뿐이었다. 그것도 경무장 기병이었다.

크라수스의 로마군은 유프라테스 강을 건너자마자 난관에 봉착했다. 아르메니아 왕이 참전할 수 없다고 하였다. 길 안내를 맡은 아랍 귀족이 도망쳐버렸다. 사막길로 들어서 너무도 힘든 행군을 하였다. 사막에서 기진맥진하였을 때 적군이 나타났다. 수레나스는 전혀 예상치 못한 기발한 방법으로 로마군을 공격하고 괴롭혔다. 크라수스는 말에서 내려 병사들을 독려했으나, 소용없었다. 죽음에 대한 공포는 혼란으로 이어졌다. 크라수스는 지휘를 포기하였다. 로마군은 앞다투어 도망치기 시작했다.

크라수스는 병사들을 거의 잃었다. 많은 병사들이 이탈하였다. 궁지에 몰린 그는 수레나스의 강화제의에 응하였다. 회담장에서 전투가 일어나고 크라수스의 참모들은 살해되고, 그는 로마 군단병의 검에 찔려 죽었다. 그 병사는 로마군 총사령관이 포로가 되는 것을 막기 위하여 칼을 찔렀다.

로마 삼두정치의 일원이고, 로마 제일의 갑부이며, 로마 경제계의 대표였던 크라수스는 이렇게 61세로 죽음을 맞이하였다. 그의 머리와 오른팔은 잘려서 파르티아 왕에게 바쳐졌다. 파르티아 군대는 살찐 크라수스와 비슷한 체격의 포로를 여자로 분장하여 끌고 다니면서 조롱하였다.

이 사건은 로마인들 가슴에 깊이 새겨진 큰 상처를 남겼다. 이 일로 로마인들은 자존심에 큰 상처를 입었다.

크라수스는 욕심을 부리다가 패망하였다. 돈을 모으기만 하고 쓸 줄 몰랐다. 정치, 군사에 대한 재능도 없으면서 설치다가 패하고 비참하게 죽었다.

"욕심이 잉태한즉 죄를 낳고, 죄가 장성한즉 사망을 낳는다."

10. 카이사르와 베르킨게토릭스의 알레시아 공방전

B.C. 52년, 갈리아 전쟁 7년째가 되는 해에 카이사르는 로마의 정세가 불안정하여 이탈리아 북부에 붙잡혀 있었다.

그때에 갈리아의 아르베르니족의 베르킨게토릭스가 쿠데타로 부족장에 올라 로마에 반기를 들었다. 그는 갈리아 모든 부족에게 로마에 대한 궐기를 촉구하였다. 그러자 중부 갈리아의 많은 부족들이 호응하였다.

베르킨게토릭스는 카이사르와 군단의 합류를 방해하고 로마군을 고립시키기 위하여 청야작전을 감행하였다. 그러나 카이사르는 천신만고 끝에 알프스를 넘어 군단과 합류하였다.

베르킨게토릭스는 천연의 요새지 부르주에 진을 치고 있었다. 카이사르는 부르주를 공격하였다. 로마군의 공성준비가 끝나자 농성자 쪽에서 먼저 기습 공격을 하였다. 로마군은 잘 막으면서 이겼다.

이튿날 비가 올 때 카이사르는 성을 기습하여 함락시켰다. 베르킨게 토릭스는 몇 명만 데리고 도망쳤다.

그런데 베르킨게토릭스는 다시 대군을 모아 도전하였다. 그는 갈리아인의 성지, 만두비족의 도읍인 알레시아에 포진하였다. 알레시아는 주위가 견고한 성벽으로 둘러싸여 있었다. 뒤쪽은 강이고 나머지는 성벽이며 주위는 구릉지대였다. 베르킨게토릭스는 8만의 보병과 1만의 기병이 있었다. 카이사르의 군대는 5만이었다. 베르킨게토릭스는 기병들을 고향으로 보내 보충병을 모집해오도록 하였다. 그들은 26만 명을 모집해왔다.

카이사르는 진지를 구축하였다. 그런데 그것은 어떤 전쟁사에도 없는 특이한 것이었다. 카이사르는 알레시아이 주변으로 방어선을 구축하고 뒤쪽으로도 방어선을 구축하였다. 왜냐하면 곧 베르킨게토릭스가 모집한 보충병이 도착할 것이기 때문이었다. 카이사르는 단순한 방어선이 아니라 온갖 장애물을 설치한 견고한 방어선을 한 달 내내 걸쳐 완성하였다. 이것은 스스로 내외의 적에 갇히는 것이었다. 스스로 적의 미끼가 되었다.

얼마 안 있어 카이사르는 알레시아 성 안의 8만의 적과 등 뒤의 26만의 적이 공격하는 전투를 하게 되었다.

B.C. 52년 9월 20일 운명의 회전이 시작되었다. 먼저 양군의 보병들이 지켜보는 가운데서 기병전이 시작되었다. 기병전은 정오부터 해질 때까지 계속되었다. 첫 대결은 로마군의 우세로 끝났다.

다음날 한밤중에 갈리아군이 쳐들어왔다. 그러나 갈리아군은 로마군 진지를 돌파하지 못했다. 갈리아군 수뇌진은 로마군의 수비가 허술한 부분을 발견하고 공격하였다. 로마군은 1만인데 6만의 갈리아군이 공격하였다. 카이사르는 처음에는 망루 위에서 망토를 걸치고 지휘하면서 위험한 지역에 유격대를 보내 지원하였다. 그러다가 수비가 허술한 지역이 위험해지자 그리로 직접 달려갔다. 로마의 기병이 배후에서 공격하는 가운데 백병전이 벌어졌다. 갈리아군은 무너지고 도망쳤다.

카이사르는 5만으로 앞뒤의 34만의 적에 포위된 상태에서 지휘를 잘하여 승리하였다. "베르킨게토릭스는 자진해서 포로의 몸이 되었다." 이 전쟁의 승리로 나중에 카이사르는 개선식을 거행하였다. 이 앞뒤 양쪽의 적에 대한 승리는 전쟁 역사상 유일무이하다.

한 사람의 훌륭한 지도자가 전쟁의 승패, 세계의 역사를 좌우한다.

11. 카이사르, 루비콘 강을 건너다

카이사르는 갈리아 총독으로 있으면서 8년간 갈리아 전쟁을 하였다. 그는 수많은 어려움을 극복하고 그 전쟁을 승리로 이끌었다. 그 결과 지금의 프랑스를 중심한 서유럽이 완전히 평정되고 로마 세력권 하에 들어왔다. 그는 정치, 전쟁의 영웅으로 로마 역사상 위대한 업적을 이루었다. '갈리아 전쟁기'를 써서 대문호의 반열에 올랐다.

이러한 카이사르에 대하여 원로원은 시기하고 두려움을 느꼈다. 원로원은 B.C. 49년 1월 7일에 '원로원 최종 권고'를 발동하였다. 그것은 카이사르가 갈리아 총독직에서 물러나, 군대의 지휘권을 내놓고, 그로 하여금 단신으로 귀국하라는 것이었다.

반면에 원로원은 삼두정치의 한 축인 폼페이우스를 회유하여 카이사르 타도에 나서게 하였다. 폼페이우스에게는 총독직을 그대로 유지하고 군권을 가지게 하였다. 폼페이우스는 거기에 응하여 적극적으로 카이사르 타도에 나섰다.

이렇게 되자, 카이사르는 루비콘 강 앞에서 큰 고민을 하게 되었다. 만일 그 권고에 응하면 자기의 모든 공적은 무시되고, 명예는 완전히 없어지며, 바보가 된다. 그리고 자기가 생각한 국가의 개조, 새 질서 수립은 물거품이 된다. 반대로 그 권고에 응하지 않으면 그 순간에 자기는 역적이 되고 너무도 끔찍한 내전을 해야 한다.

그러나 카이사르는 그 권고에 응하지 않기로 결심하였다. 그는 부하들에게 말하였다.

"나는 너희들과 함께 수많은 전쟁을 승리로 이끌었다. 갈리아를 평정하여 큰 공을 세웠다. 그런데 원로원과 폼페이우스는 나를 제거하려 하고 있다. 나의 명예와 존엄을 지켜 달라."

카이사르의 연설이 끝나자 부하들은 일제히 외쳤다.

"총사령관의 명예를 지키기 위해서라면 어디든지 따라갈 준비가 되어 있습니다."

카이사르는 병사들에게 한밤중에 집결하라고 명령했다. 카이사르를 비롯한 모든 병사들이 마지노선인 루비콘 강 도하를 결행하였다. 그들은 역적이 되나 자신들의 명예를 지키고 집념을 관철시키기 위하여 건너기 힘든 루비콘 강을 건넜다.

카이사르는 굳게 결심한 일이지만 막상 루비콘 강을 건너려 하니 꺼림칙한 생각을 지울 수 없었다. 그는 흐르는 강물을 내려다보면서 한동안 말없이 강가에 우뚝 서 있었다. 병사들은 말없이 총사령관의 등을 바라보았다. 드디어 뒤를 돌아본 카이사르는 가까이 있는 참모들에게 말하였다.

"이미 엎질러진 물이다. 이 강을 건너면 인간 세계가 비참해지고, 건너지 않으면 내가 파멸한다."

그리고 병사들에게 큰 소리로 외쳤다.

"나아가자, 신들이 기다리는 곳으로. 우리의 명예를 더럽힌 적이 기다리는 곳으로. 주사위는 던져졌다."

병사들도 일제히 우렁찬 함성으로 응답했다.

"장군의 뒤를 따르자. 총사령관 만세! 카이사르 만세!"

그들은 한 덩어리가 되어 루비콘 강을 건넜다. B.C. 49년 1월 12일, 카이사르가 50세 6개월 되던 날 아침이었다.

"루비콘 강을 건넜다."

이 말은 어떤 일에 돌이킬 수 없는 결정을 하고 실행한 것을 나타내는 속담이 되었다. 우리는 정의와 진리를 위해 결단을 하고 과감하게 실행에야 한다. 결코 뒤돌아보지 말아야 한다. 우리 앞에 가로놓인 루비콘 강을 건너서 담대하게 앞으로 나아가자.

12. 부장 라비에누스, 카이사르를 떠나다

카이사르가 루비콘 강 앞에서 도하를 하느냐 마느냐를 고민할 때, 그와 나이가 같은 한 사나이도 다른 종류의 고민을 하고 있었다. 그 사나이는 바로 카이사르의 부장 라비에누스였다.

카이사르가 총독에 취임할 때 라비에누스도 카이사르를 따라 로마를 떠났다. 카이사르는 라비에누스를 직접 발탁하였다.

라비에누스는 카이사르의 기대에 완벽하게 부응하였다. 군단장들 중에 카이사르가 도우러 가지 않아도 되는 사람은 라비에누스 뿐이었다. 병력을 양분할 때면, 카이사르는 그 하나를 라비에누스에게 맡겼다. 카이사르가 라인 강과 도버 해협을 건너갔을 때에 갈리아에 남아 배후를 지킨 자도 라비에누스였다. 카이사르는 라비에누스를 전적으로 신뢰하였다.

이런 라비에누스에게 카이사르를 타도하려는 폼페이우스가 접근하였다. 폼페이우스와 라비에누스는 조상 대대로 내려오는 파트로네스와 클리엔테스 관계에 있었다. 공화정 로마에서 그 관계는 참으로 중요한 역할을 하는 연결 관계다. 파트로네스는 보호자이며, 클리엔테스는 피보호자다. 전자는 전적으로 보호하고 후자는 전적으로 따르며 지원한다.

폼페이우스가 라비에누스에게 접근하고 있다는 소문은 카이사르의 귀에 들어왔다. 그러나 카이사르는 그 소문에 귀를 기울이지 않았다. 카이사르는 13년이나 고락을 같이 한 부장에게 어떤 부담도 주지 않았다.

라비에누스는 정치에는 무관심한 무인이었다. 그는 폼페이우스와의 선천적인 관계를 택할 것인가, 그렇지 않으면 신의와 우정으로 다져진 카이사르와의 후천적인 관계를 택할 것인가를 두고 고민하였다. 참으로 선택하기 어렵고 힘든 문제였다.

폼페이우스의 권유는 집요했다. 카이사르의 오른팔과 같은 라비에누스를 자기편으로 끌어들이면 자기에게는 큰 보탬이 되고, 카이사르에게는 큰 타격이 될 것이다. 그러나 카이사르는 모른 척하고 아무런 반응도 보이지 않았다. 카이사르는 그 결정을 라비에누스에게 맡기고 어떤 부담도 주지 않으려 하였다.

라비에누스는 너무도 큰 고민을 하였다. 참으로 곤란한 문제였다.

그런데 라비에누스는 결국 카이사르를 따라가지 않았다. 그는 카이사르가 루비콘 강을 건넌 후에 자신의 루비콘 강을 건넜다. 그는 자기의 부하들은 그냥 두고 아들과 노예만 데리고 카이사르를 떠났다.

부장의 이탈을 안 카이사르는 크게 상심하였다. 그러나 그는 조금도 내색하지 않고 라비에누스가 두고 간 짐을 모두 챙겨 보내주었다. 13년이나 친구로, 동지로 지낸 자의 배신에 카이사르는 이런 조치 밖에 할 수 없었다.

이리하여 두 사나이는 각자 자신이 선택한 루비콘 강을 건넜다. 이제 뒤로 돌이킬 수 없다. 이미 엎질러진 물이다. 주사위는 던져졌다. 무기로 결판을 낼 수밖에 없게 되었다.

여호수아는 백성들에게 "너희가 섬길 자를 오늘 택하라. 오직 나와 내 집은 여호와를 섬기겠노라."고 하였다. 그때 백성들은 "우리도 여호와를 섬기리니 그는 우리 하나님이시니이다."고 하였다(수 24:15,18).

우리는 날마다, 순간마다 선택의 기로에 선다. 하나님인가? 마귀인가? 우리는 항상 하나님을 택해야 한다. 둘 다 주 안에 있는 일이면 기도로 성령의 도움을 청해야 한다.

V. 위대한 율리우스 카이사르

왔노라! 보았노라! 이겼노라!
카이사르는 운명의 루비콘 강을 건너 단 5년 만에 위대한 로마를 이루어냈다. 주전 44년 3월 15일 그는 "브루투스 너마저!" 하면서 비참하게 살해되었다. 그러나 그 후 로마 역사는 그가 설계한대로 진행되었다. 그는 인류 역사상 가장 위대한 로마제국을 세우고 이끌어간 위대한 영웅이 되었다. 그의 이름은 황제라는 칭호가 되었다.

1. 카이사르 혁명군 로마 점령

　카이사르가 루비콘 강을 건넌 것은 국법을 어긴 것이다. 그것은 그가 자기의 정치신념을 관철시키기 위하여 혁명을 일으킨 것이다. 반대편에서 보면 구체제를 뒤엎기 위한 쿠데타다.

　카이사르는 루비콘 강을 건넌 후에는 조금의 망설임도 없었다. 그는 부하 장수들에게 로마로 내려가기 위한 길에 있는 지역들을 점령하게 하였다.

　그때에 원로원에서 보낸 사절이 도착하였다. 그 사절은 카이사르가 군대를 해산하고 귀국할 것이며, 그것을 어기면 국가의 적이 된다고 하였다.

　그러나 카이사르는 그것을 무시하고 진격을 계속하였다. 그것은 카이사르에게 웃기는 소리였다.

　이렇게 되자, 겁이 난 폼페이우스, 두 집정관, 원로원 의원 대다수가 짐수레를 끌고 로마에서 도망갔다. 그들은 순식간에 겁쟁이로 돌변하여 로마를 앞다투어 탈출하였다. 그들은 개인 재산은 챙겼지만 국고와 모든 자료는 그냥 두고 떠났다. 그날은 카이사르가 루비콘 강을 건넌 지 6일 뒤인 B.C. 49년 1월 18일이었다.

　폼페이우스를 따르겠다고 카이사르를 떠난 라비에누스는 도망가는 폼페이우스를 뒤쫓아가 만났다. 변론가 키케로는 폼페이우스를 따라가다가 별장에 들어가 버렸다.

　폼페이우스는 계속 남쪽으로 달아나고, 카이사르는 남쪽으로 내려가면서 차례로 각지를 접수하였다. 그는 가는 곳마다 선처하고 군대는 해산하여 고향으로 돌아가게 하였다.

　폼페이우스는 에노발부스에게 코르피니오에서 카이사르를 저지하는 임무를 맡겼다. 그러나 그는 망설였고, 그의 부하 병사들과 요인 대표가 그를 카이사르에게 넘겼다. 그는 카이사르의 선처로 석방되었다.

폼페이우스는 후퇴를 계속하였고, 그것은 신속하였다. 카이사르는 외교 수단을 동원하여 협상하자고 하였다. 그러나 계속 남하하면서 군사적 압박을 가하였다.

3월 4일, 폼페이우스와 두 집정관, 원로원 의원들은 본국 이탈리아를 버렸다. 그들은 이탈리아 반도 최남단 브론디시에서 카이사르의 저지선을 뚫고 그리스로 탈출하였다.

공화정 시대의 로마에서 파트로네스와 클리엔테스의 관계는 아주 특별하다. 전자는 보호자로 적극 보호하고, 후자는 보호를 받으면서 보호자가 어려울시 모든 필요를 제공한다. 이것은 철저한 상부상조의 관계다. 폼페이우스가 로마, 이탈리아를 버리고 그리스로 간 것은 카이사르에게 허를 찔린 것도 있지만, 잠시 후퇴하여 자기의 클리엔테스의 도움을 받아 카이사르와 대결하기 위함이다. 그리스를 비롯한 동방, 이집트는 폼페이우스의 강력한 클리엔테스였다. 그러나 그는 정치적으로 큰 의미를 갖는 로마, 이탈리아를 버리는 우를 범하였다.

카이사르는 일단 로마로 갔다. 가면서 키케로를 만나 설득하였다. 그러나 동행을 시키지는 못하고 중립을 지켜주는데 만족하였다.

카이사르는 로마에 가서 원로원을 소집하였다. 그간의 사정을 설명하고, 국정에 참여하라고 권하였다. 그 후 각처 책임자를 세워 국정을 맡기고 내전에 임하였다. 카이사르는 개혁하였고, 젊은 청장년이 주로 따랐다.

카이사르는 국법을 어기고 혁명을 단행하였다. 원로원과 폼페이우스는 무리한 요구로 명분을 주었다. 카이사르는 망설임 없이 진행하여 로마와 이탈리아를 전광석화같이 단숨에 점령하였다. 용기 있는 자는 확신이 서면 행동하고 과감히 이룬다. 망설임은 최대의 적이다. 우리는 옳다고 생각하는 일에 매진할 수 있는가?

2. 카이사르의 로마 국고 강탈

카이사르는 루비콘 강을 건넌 후 남하를 계속하여 로마에 들어갔다.

폼페이우스는 후퇴를 계속하며 남으로 남으로 도망을 갔다. 그 일당은 급히 가면서 개인 재산만 챙기고 국고는 그대로 두고 갔다.

그때의 카이사르는 내전에서 승리하고 자기의 혁명적 과업을 성취해야만 하는 역사적 순간에 있었다. 그때의 그에게는 많은 자금이 필요했다. 그러나 그의 재무관 발부스의 보고에 따르면 그의 금고는 텅 비어있었다. 그는 항상 빚에 시달리는 사람이었다.

그런데 발부스가 카이사르에게 아주 중대한 보고를 하였다. 그것은 카이사르의 눈이 번쩍 뜨이게 하는 기쁜 소식이었다. 그것은 사투르누스 신전 지하에 있는 국고를 폼페이우스 일당이 고스란히 두고 갔다는 것이다.

포로 로마노에 들어간 카이사르는 로마 시민들이 보는 가운데 바로 사투르누스 신전으로 갔다. 그때에 호민관 메텔루스가 카이사르에게 집정관을 제외하고는 누구도 국고에 손을 대서는 안 된다는 법률을 내세워 항의하였다.

그러자 카이사르가 호민관에게 대답하였다.

"군사의 시대는 법의 시대와 다르다. 지금은 잠잠해라. 전시에는 자유롭게 말하는 것이 허용되지 않는다. 폼페이우스와 내가 화해하고 쌍방이 무기를 거두면, 그때는 자네가 무슨 말을 해도 좋다."

그런데 바로 그때 한 부하가 국고 열쇠가 보이지 않는다고 말하였다. 카이사르는 대장장이를 불렀다. 문을 부수기 위해서였다. 호민관 메텔루스는 다시 항의하였다. 지켜보는 군중들 속에서도 메텔루스의 항의에 동조하는 소리가 나오기 시작했다.

그렇게 되자 카이사르는 언성을 높였다. 그는 호민관에게 계속 항의하면 죽이겠다고 큰 소리로 말했다. 그리고는 낮은 소리로 덧붙여 말했다.

"이보게, 자네도 알다시피 나한테는 자네와 이렇게 입씨름을 하는 것보다 내 부하를 시켜서 자네를 죽이는 편이 훨씬 힘이 적게 드네."

카이사르가 이렇게 나오자, 호민관은 얼굴이 창백해지면서 입을 다물었다. 아무도 더 이상 말하는 사람이 없었다.

이렇게 해서 카이사르는 국고를 강탈하였다. 그는 금괴 1만 5천개, 은괴 3만개, 무게가 30톤이나 되는 3천만 세스테르우스의 은화를 손에 넣었다. 이것으로 군자금 조달에 대한 걱정이 다 해소되었다.

폼페이우스 일당은 어떤 일이 있어도 국고를 챙겨야 하는데, 개인 재산은 챙기면서 그것을 두고 감으로 카이사르에게 힘을 실어 주었으니 얼마나 어리석은가? 가장 중요한 일을 놓치는 자는 실패할 수밖에 없다.

카이사르는 위기의 순간에서 찾아온 기회를 놓치지 않았다. 그는 수단방법을 가리지 않고 그것을 쟁취하였다. 그는 법이나 여론을 무시하면서 자기의 목적을 달성하였다. 그것은 혁명을 추진하는 장수로서 어쩔 수 없는 선택이었다. 일에 성공을 원하는 자는 수단과 방법을 다하는 열정이 있어야 한다.

3. 카이사르의 에스파냐 폼페이우스 군대 해체

로마의 내전시 카이사르의 군대와 폼페이우스의 군대는 에스파냐에서 맞붙었다. 카이사르 진영은 3만 명이었고, 폼페이우스 진영은 9만 명이었다. 카이사르 군대는 카이사르가 총사령관이었고, 폼페이우스 군대는 아프라니우스, 페트레이우스가 총사령관이었다.
그런데 카이사르가 전쟁의 주도권을 잡았다. 카이사르는 점점 상대를 궁지로 몰아넣었다. 아프라니우스와 페트레이우스는 음료수라도 확보하기 위하여 강가로 가려고 안간힘을 썼다.
그러나 폼페이우스 쪽 병사들은 몰래 진영을 빠져나와 카이사르 진영으로 다가왔다. 양쪽은 당장 뒤섞였다. 폼페이우스 쪽 병사들은 카이사르 쪽과 싸울 의지가 없었다. 게다가 그들은 물조차 없는 상황에 내몰린 사실을 잘 알았다. 그들은 선처해준다면 항복하겠다고 하였다. 양쪽 병사들은 기뻐하면서 같이 식사하기까지 하였다.

이렇게 되자 아프라니우스는 모든 것이 끝장이라고 생각하였다. 그러나 페트레이우스는 희망을 버리지 않고 항전을 주장하였다. 그렇지만 병사들의 사기는 점점 떨어지고 탈영병이 속출하였다. 폼페이우스 쪽은 점점 더 확실히 궁지에 몰렸다. 그래도 카이사르는 기다렸다. 그는 전투보다는 물도 없는 상태에서 적이 투항해 오기를 기다렸다.

그런데 절망에 빠진 적이 정면으로 싸움을 걸어왔다. 카이사르도 응했으나 공격하지 않았다. 서로 해질 때까지 대치하다가 진영으로 돌아갔다. 이튿날 카이사르는 기병대를 적의 배후로 보냈다. 사흘 동안 굶은 적은 항복 사절을 보내왔다.

카이사르와 아프라니우스는 양쪽 병사들이 지켜보는 가운데서 회담을 하였다. 아프라니우스는 카이사르에게 승자의 권리를 행사하지 말고 목숨을 살려달라고 부탁하였다. 카이사르는 대답하였다.

"우리는 모두 각자의 의무에 충실했다. 카이사르는 전투에 유리했으나 피를 흘리지 않고 화평할 가능성이 있다고 믿고 기다렸다. 복수할 기회가 와도 복수를 억제했다. 아프라니우스 병사들도 화평할 가능성이 있을 때 그것을 환영하는 마음을 표현했다. 오직 수뇌부만이 증오와 오만에 눈이 멀어 있었다. 나는 승자의 권리를 행사하지 않겠다. 아프라니우스 휘하 장병은 모두 제대한다. 에스파냐에 집이 있거나 연고가 있는 자는 남아도 좋다. 나머지는 남프랑스와 북이탈리아 경계까지 가서 해산하고 귀향한다."

이 말을 들은 병사들은 환성을 질렀다. 목숨을 구한 장교들도 안도감을 숨기지 않았다. 카이사르는 해산하는 병사들에게 해산할 때까지의 식량을 공급하였다. 장수들에는 거취 선택의 자유가 주어졌다. 아프라니우스와 페트레이우스는 둘 다 그리스에 있는 폼페이우스에게로 갔다.

카이사르는 할 수 없는 상황에서 전쟁을 하지만 부하 장병들을 희생하지 않으려고, 적이지만 동족인 상대편을 죽이지 않으려고 무진 애를 썼다. 그런 그는 무혈 승리를 거두었다. 그 후 그는 처리 과정에서 최대한 자비를 베풀고 선처하였다. 적장들이 폼페이우스에게 가는 것까지 허용하였다.

참으로 승자다운 모습이다. 싸우지 않고 이기는 자가 최고의 승리자다. 승자의 권리를 행사하지 않고 자비를 베푸는 자는 승리를 넘어 다스리는 자이다.

4. 큐리오의 완전 패배, 그러나 카이사르의 칭찬

큐리오는 전쟁 지휘 경험도 없이 카이사르의 신임을 받고 전선의 총지휘관이 되었다. 카이사르는 로마 세계 전역을 전쟁터로 삼아야 했기 때문에 전쟁 경험이 없는 미숙한 자에게도 각지에 흩어져 있는 전선의 지휘를 맡길 수밖에 없었다.

큐리오는 첫째 목표인 시칠리아 제패를 싸우지도 않고 손쉽게 달성하였다. 그래서 그는 두 번째 목표인 아프리카 속주 제패도 간단히 이룰 수 있다고 생각했다.

큐리오는 4개 군단 중 2개 군단과 기병 500기만 데리고 아프리카 속주로 진격하였다. 2개 군단은 시칠리아를 지키기 위해 남겨두었다.

한편 아프리카 속주에는 적군 2개 군단이 지키고 있었다. 그 옆에는 누미디아 왕국이 자리하고 있었다. 그 왕국의 유바 왕은 큐리오를 파멸시킬 기회로 여겨 아프리카 속주를 지원하였다.

B.C. 49년 8월 11일, 큐리오의 군대는 아프리카에 상륙했다. 상륙 직후에 적의 보급부대를 공격하여 보급품까지 탈취했다. 병사들은 열광하고 큐리오를 '임페라토르'라고 부르며 찬양하였다.

그런데 우티카에 진을 친 큐리오의 병사들 사이에 전염병이 퍼지기 시작했다. 바로 그때 코끼리 부대까지 거느린 누미디아 군대가 다가오고 있다는 소식이 전해졌다. 이렇게 되자, 큐리오도 시칠리아에 남겨둔 2개 군단을 불러들이기로 결정했다.

그러나 2개 군단이 도착하기 전에 총독군이 공격해왔다. 큐리오의 군대는 동요하기 시작했다. 그러나 큐리오는 필사적으로 설득하였다. 공격을 일단 물리친 큐리오는 2개 군단의 도착을 기다렸다. 이윽고 2개 군단이 도착하여 병력은 4개 군단이 되었다.

이 무렵 누미디아 원군이 자기 나라로 돌아갔다는 정보가 들어왔다. 그것은 거짓 정보였다. 그러나 큐리오는 그것을 믿어버렸다. 큐리오는 기지를 떠났다. 누미디아의 유바 왕은 60마리의 코끼리와 2천기의 기병과 1만 명의 보병을 이끌고 진격해왔다.

큐리오는 중무장 보병 2만 명을 거느리고 있었다. 그러나 아직 기병대가 도착하지 않았다. 적은 이 허점을 노리고 공격해왔다. 적의 기병은 2만 명의 중무장 보병을 포위하였다. 앞쪽은 코끼리 부대가 밀고 들어왔다. 병사들은 공포에 사로잡혔다. 큐리오 군대는 도망칠 수밖에 없었다.

뒤늦게 달려온 기병대장이 큐리오에게 퇴각하자고 권하였다. 그러나 젊은 지휘관은 고개를 저으며 대답했다.

"카이사르가 맡긴 군단을 잃고 카이사르한테 돌아갈 수 없소."

그리고는 방패를 버리고 창을 든 채 적진 속으로 뛰어들었다. 큐리오는 장렬히 전사하였다. 이 전투에서 그가 이끈 2만 명의 보병은 최후 한 사람까지 몰살당하였다.

큐리오가 이끈 카이사르군의 아프리카 진격은 완패로 끝나고 말았다. 이것은 카이사르에게 최초의 완패였고, 남쪽에서 이탈리아로 쳐들어올 수 있는 거점을 폼페이우스 쪽에 내준 채 앞으로 나아가야 한다는 것을 의미했다. 그러나 이 보고를 받은 카이사르는 부하 장수에게 책임을 전가하거나 비난하지도 않았다. 오히려 칭찬하였다.

「"그의 젊음, 그의 용기, 그때까지 거둔 승리, 그리고 임무를 충실하게 수행하려는 책임감, 카이사르의 군대를 맡았다는 강한 자부심이 그로 하여금 성급한 판단을 내리게 하였다."」
(시오노 나나미 저, 김석희 역, 로마인이야기 5, p.86)

패전한 부하 장수를 비난하지 않고 오히려 칭찬하는 것은 진정한 장군의 용기이며, 남은 병사들을 이끌고 승리할 수 있는 자질이다.

5. 일당백의 카이사르

폼페이우스는 그리스에서 페트라에 본영을 설치하였다. 그리고 공세를 취하지 않고 장기전에 돌입하였다.

그러자 카이사르는 포위망을 구축하였다. 그러자 폼페이우스는 방어망을 구축하였다. 폼페이우스의 방어망은 길이가 22.5km, 언덕을 이용한 보루가 22개였다. 한편 카이사르의 포위망은 길이가 25.5km, 보루는 16개에 불과했다.

그런데 카이사르 쪽이 여러 가지로 불리하였다. 그중에도 적은 6만의 대군인데, 카이사르 쪽은 2만에 불과하였다. 그래서 25.5km의 포위망에 배치할 병력이 충분치 못하였다. 포위망을 지키는 병사는 100m당 한 사람이었다. 양쪽 다 식량이 문제였는데, 카이사르 쪽이 더 어려웠다.

그런데 폼페이우스는 말먹이까지 부족해지자 공세로 나왔다. 그는 먼저 거짓 정보를 흘렸다. 디라키움 시내에 카이사르 쪽으로 돌아서려는 움직임이 있다는 것이었다. 이 소문을 믿은 카이사르는 디라키움으로 떠났다. 이것은 카이사르와 포위 군사들을 떼어 놓는 전략이었다.

이 틈을 이용하여 폼페이우스는 총공세에 나섰다. 세 군데서 동시에 공격하였다. 그는 250명이 지키고 있는 카이사르 쪽 보루 하나를 공격하는데 2만 4천 명을 투입하였다.

카이사르군 병사 250명은 100배나 많은 적의 공격을 네 시간 동안이나 버텨냈다. 4시간 뒤 술라가 이끄는 5천 명이 도착하여 겨우 적을 물리쳤다. 카이사르군 병사들은 추격에 나섰으나, 술라는 병사들을 불러들였다.

포위망의 다른 두 군데에서도 해가 진 뒤까지 격렬한 전투가 계속된 것은 술라가 달려간 첫 번째 전선과 마찬가지였다. 두 번째 전선에서는 카이사르 쪽의 750명을 폼페이우스 쪽의 6천 명이 공격하고 있었다. 세 번째 전선에서는 카이사르의 게르만 기병이 구름처럼 쳐들어 오는 적군 속으로 들어가 싸웠다. 모든 전선에서 카이사르 군은 격투 끝에 적을 물리치는데 성공하였다. 카이사르 진영의 포위망과 폼페이우스 진영의 방어선 사이에 띠처럼 가로놓인 폭 1km 정도의 중간지대는 시체와 버려진 무기로 가득하였다.

이날 폼페이우스 진영의 전사자는 약 2천 명이었다. 이중에 많은 백인대장, 명문 출신 고관도 포함되어 있었다. 그러나 카이사르 진영의 전사자는 20명도 안 되었다. 하지만 부상자는 많았다. 최대 격전지 첫 번째 전선에서는 다치지 않은 자가 없었다. 백인대장 4명이 한쪽 눈을 잃었다. 적이 쏜 화살이 3만 개에 이르렀다. 백인대장 세바의 방패에는 화살구멍이 120개나 되었다.

카이사르는 무척 기뻐하였다. 서열 8위의 백인대장 세바를 수석으로 승진시켰다. 20만 세스테르우스의 포상금도 주었다. 용감히 싸운 병사 전원에게 급료를 두 배로 올려주었다. 로마 군단병의 연봉이 오른 것은 150년 만이었다.

기드온은 300명으로 미디안 대군을 이겼다. 그것은 하나님이 주신 승리다. 전쟁의 승리는 숫자에 있지 않다. 용감히 싸우는 정신과 하나님의 도우심이 있으면 반드시 이긴다. 우리는 마귀를 이기신 주님을 따르는 십자가의 군병이다. 그 대장 예수 그리스도를 믿고 나가는 우리는 일당백, 일당천, 일당만의 승리를 거둘 수 있다.

6. 카이사르 군대의 참패

남프랑스 속주의 기사계급 출신으로, 카이사르 밑에서 갈리아 전쟁을 치른 갈리아인 기병 두 형제가 있었다. 카이사르는 그들의 능력을 인정하고 우대하였다. 그들은 오만해지고 방종하였다. 갈리아 기병들은 카이사르에게 두 형제를 고발하였다.

카이사르는 지금은 벌줄 때가 아니라고 생각하여 두 형제를 조용히 불러 책망하였다. 두 형제는 지금은 벌을 받지 않았지만, 이 일이 책망으로 끝날 일이 아니라고 생각하였다. 그래서 그들은 탈영하여 적진으로 달려갔다.

폼페이우스는 두 형제를 환대하였다. 그들은 아주 중요한 정보를 폼페이우스에게 제공하였다. 그들은 카이사르의 포위망이 완벽하지 않고 허술한 데가 있다는 것, 그 전선을 지키는 지휘관의 이름과 군단의 이름, 감시탑 사이의 거리, 보초의 수와 근무 시간, 백인대장들의 성격과 지휘방식까지 알려주었다.

폼페이우스는 즉각 공격에 나섰다. 그는 그곳에 4만이 넘는 대군을 투입하였다. 그곳은 허술할 뿐 아니라 겨우 2,500명이 지키고 있었다. 폼페이우스는 바다 쪽에서 상륙작전도 동시에 감행하였다.

카이사르 군 보초가 어스름한 모래밭에 검게 떠오르는 것을 발견했을 때는 이미 늦었다. 육지와 바다에서 동시에 공격이 시작되었다. 카이사르 군은 공황상태에 빠졌다. 6명의 백인대장 중 5명이 전사하였다. 바로 그때 안토니우스가 12개 대대를 이끌고 달려왔다. 몇 시간 뒤에는 카이사르도 도착하였다.

이날 전투의 주도권은 계속 폼페이우스가 쥐고 있었다. 일단 적을 물리치고 방어용 참호를 파고 있는 카이사르를 제쳐두고 폼페이우스 군은 또 다른 전선을 공격하였다. 우세한 병력을 활용하여 여러 곳을 동시에 공격한 것이다.

카이사르 군 병사들은 공황상태, 혼란에 빠졌다. 기병까지도 달아났다. 카이사르는 총사령관인데도 도망치는 기수의 독수리 깃발을 빼앗아 들고 큰 소리로 버티라고 소리쳤다. 그러나 그것도 다 허사였다. 모두가 줄행랑을 쳤다. 참호에 떨어져 압사하는 병사도 많았다.

이런 상황에서도 카이사르 군이 궤멸을 면할 수 있었던 데에는 두

가지 이유가 있었다. 폼페이우스는 적군의 패주가 함정일지도 모른다고 의심하여 추격을 삼갔다. 그리고 카이사르의 포위망 때문에 폼페이우스 군 기병대가 자유롭게 움직이지 못했다.

이날 하루의 전투에서 카이사르는 중무장 보병 960명, 기병 200기, 대대장 5명, 백인대장 32명을 잃었다. 부대 깃발은 33개나 잃어버렸다.

이 전투의 승리는 누가 보아도 폼페이우스였다. 카이사르는 완전히 참패하였다. 폼페이우스에 대한 카이사르의 포위작전은 실패로 끝났다. 훗날 나폴레옹은 수적으로 우세한 적을 포위하는 것은 전략으로도 잘못된 것이라고 평했다.

카이사르는 모든 병사들에게 포위를 풀고 되도록 빨리 철수하라고 명령하였다. 퇴각은 성공하였다. 그는 병사들을 위로하고 격려하였다.

"왔노라, 보았노라, 이겼노라."고 자랑하던 카이사르도 상승(常勝) 장군은 아니었다. 언제나 모든 전투에서 승리한 이순신은 참으로 위대하다. 카이사르는 참패하였으나 좌절하지 않고 다시 일어섰다. 얼마 뒤 알레시아에서 승리하였다. 언제나 승리한다면 더없이 좋다. 실패해도 연에 다시 일어서면 다음은 된다.

7. "카이사르의 파르살루스 회전의 승리"

파르살루스 평원은 그리스 중부의 산간 평야지대다. 해발 500m 정도의 구릉에 둘러싸인 곳으로 동서 20km, 남북 17km 정도다. 작은 강이 평원의 북쪽을 가로질러 동쪽으로 흐른다.

이 평원에서 B.C. 48년 8월 9일에 폼페이우스의 5만 4천의 군대와 카이사르의 2만 3천의 군대가 운명을 건 한판 승부를 벌였다.

양쪽 진영은 서로 노려보았다. 카이사르 쪽이 먼저 공세로 나왔다. 폼페이우스는 상대가 지치기를 기다렸다. 카이사르 쪽은 적군 기병을 인간 울타리 속에 몰아넣었다. 회전 초기에 적의 주력을 무력화시키는 데 성공하였다. 이렇게 되자, 폼페이우스는 말을 타고 진영지로 돌아가 버렸다. 이런 무책임한 장수가 있는가?

카이사르는 남아있는 노련한 병사들에게 출전명령을 내렸다. 폼페이우스 군의 중앙, 우익, 좌익이 차례로 무너졌다. 그리스의 한낮의 태양이 널부러진 산더미 같은 시체 위에 내리쬐었다. 패주하는 병사들은 진영지를 버리고 도망갔다.

카이사르는 지친 부하들을 독려하며 추격을 계속하였다. 폼페이우스는 진영지를 버리고 달아났다. 그를 따른 자는 몇 기의 기병뿐이었다. 그는 라리시를 거쳐 해변을 향해 동쪽으로 도망쳤다.

다음날 폼페이우스 쪽 패잔병이 항복하였다. 포로가 2만 4천 명이나 되었다. 그들은 살려달라고 애걸하였다. 카이사르는 모든 포로에게 거취 선택의 자유를 주었다. 그 후에 카이사르는 폼페이우스를 뒤쫓았다. 하지만 폼페이우스는 지나가던 곡물 수송선을 타고 동쪽으로 도망쳐버렸다.

역사에 길이 남은 '파르살루스 회전'은 카이사르의 완승으로 끝났다. 폼페이우스 쪽 전사자는 6천 명, 포로는 2만 4천 명이나 되었다. 포로가 되었다가 석방된 자 중에는 마르쿠스 브루투스도 있었다.

카이사르 쪽 전사자는 200명뿐이었다. 그러나 30명의 백인대장을 잃었다. 카이사르 군은 폼페이우스 군의 189개의 깃발을 빼앗았다.

폼페이우스 잔당은 디라키움으로 갔다. 그 후 그들은 코르나 섬으로 이동했다. 그들은 거기서 회의를 열었다. 그들은 배를 타고 북아프리카로 망명을 가 재기하기로 결정하였다.

파르살루스 회전에서는 포로 수가 전사자 수보다 네 배나 많다. 그 많은 포로도 자유를 주어 석방하였다. 그것은 카이사르가 동족을 상대하는 내전을 치르면서 정치를 하였기 때문이다. 카이사르의 본질은 군사(軍事)보다 정사(政事)에 있었다. 그에게 군사는 정사를 위한 수단이었다.

카이사르는 파르살루스에서 승리하였으나, 로마로 돌아가지 않고 폼페이우스를 추격하였다. 그는 며칠간 전후처리를 한 후 곧 추격에 들어갔다. 그것은 폼페이우스가 도망친 곳에서 군대를 재편성하여 도전하므로 내전이 계속되는 것을 사전에 예방하기 위함이었다.

카이사르는 절반도 안 되는 군대로 배가 넘는 폼페이우스 군대를 이겼다. 그는 이 파르살루스 회전으로 디라키움에서의 참패를 설욕하였다. 그리고 폼페이우스 군대를 궤멸시켜 대세를 역전시키고 장악하였다. 제대로 된 장수는 실패에 좌절하지 않고 분투한다. 그리하여 새로 승리하므로 대세를 역전시킨다. 모든 분야에서 그런 자가 인생의 승리자가 된다.

8. 폼페이우스의 비참한 최후

파르살루스에서 패한 폼페이우스는 계속 도망쳐 이집트로 갔다.

그는 이집트의 수도이며 지중해 동부의 최대 도시인 알렉산드리아로 갔다.

알렉산드리아 항구는 대형 선박도 접안 할 수 있다. 폼페이우스가 타고 온 5단층 갤리선은 파로스 등대 뒤에 펼쳐진 내항에 닻을 내릴 수 있었다.

그러나 이집트 왕의 측근들은 마중을 나갈 테니까 항구 밖에서 기다리라는 15세 왕의 말을 전하였다. 폼페이우스는 이 말을 조금도 의심치 않고 항구 밖에서 기다렸다.

이집트 왕의 측근들이 타고 온 배는 작은 거룻배였다. 거기에는 논리학 교사라는 그리스인 아킬라스와 로마 병사 셉티무스가 타고 있었다. 셉티무스는 폼페이우스가 해적 소탕시 백인대장이었다. 폼페이우스는 셉티무스를 보고 안심하였다. 그래서 우선 폼페이우스만 항구에서 기다리는 왕에게 모시고 가겠다는 아킬라스의 말을 믿었다.

아킬라스의 권유를 받아들여 탄 작은 배에는 폼페이우스 이외에 B.C. 49년도 집정관인 렌툴루스와 몇몇 병사만 있었다. 배는 이 사람들만 태우고, 폼페이우스의 처자와 장인 메텔루스 스키피오가 지켜보는 가운데 갤리선에서 멀어져갔다.

화살의 사정거리 정도, 100m쯤 갔을 때, 갑자기 셉티무스가 몸을 날려 폼페이우스를 습격하였다. 폼페이우스는 허무하게 고꾸라졌다. 갤리선에서는 그 비극적인 장면이 훤히 보였다. 지켜보던 자들의 경악과 절망과 탄식 속에서, 모든 일은 순식간에 끝났다.

폼페이우스를 따라간 몇몇 병사들은 그 자리에서 살해되었다. 렌툴루스는 감옥에 갇혔다가 살해되었다. 폼페이우스가 타고 온 배는 급히 닻을 올려 비탄에 잠긴 사람들을 싣고 달아났다.

그날은 B.C. 48년 9월 28일이었다. 파르살루스 회전이 끝난 지 50일밖에 지나지 않은 날이다. 그로부터 나흘 뒤에 카이사르가 알렉산드리아 앞바다에 나타났다.

그 카이사르에게 이집트 왕실에서 보낸 향유 항아리가 전해졌다. 그 속에는 폼페이우스의 목과 도장을 겸한 그의 금반지가 있었다.

이것을 본 카이사르는 눈물을 흘렸다. 한때의 정치적 동지가 적이 되어 싸우다가 비참한 모습으로 자기 앞에 나타난 것을 본 카이사르는 만감이 교차했을 것이다. 그는 내전기에서 이 사실에 대하여 단 한 줄의 글만 남겼다.

"알렉산드리아에서 폼페이우스의 죽음을 알았다."

이 글을 읽은 사람이 카이사르파라면 개가를 올렸을 것이고, 폼페이우스파라면 눈물을 흘렸을 것이다.

키케로는 폼페이우스의 죽음을 알고 아티쿠스에게 보낸 편지에서 다음과 같이 썼다.

"폼페이우스가 그런 최후를 맞이하리라는 것은 나도 예상하였다. 파르살루스 이후, 로마 세계의 모든 군주는 그의 위험한 상황을 다 알아버렸다. 그런 상황에서는 어디로 도망쳐도 그렇게 끝날 수밖에 없었다."

키케로의 진단은 맞다. 그러나 승승장구하던 로마의 장수가 비참하게 패하여 도망치고, 이집트 왕의 측근의 말을 곧이곧대로 믿고 따르다가 그렇게 비참하게 살해된 것은 너무도 비통한 일이다. 우리는 누구나 비참하지 않고 멋진 죽음을 맞이할 수 있도록 준비하고 기도해야 된다. 마음대로, 원하는 대로 되는 일은 아니지만.

9. 원조교제의 원조, 클레오파트라

　원조교제는 소녀(중·고 여학생)들이 돈을 목적으로 몸을 파는 것을 말한다. 우리 사회에도 이런 일은 수없이 일어난다. 그런데 이 원조교제라는 말이 일본식이라 하여 새로운 말을 만들어야 한다고 한다. 그런데 어쨌든 그것은 매춘이니 문제다.

　지금 미국에서는 많은 여대생들이 적극적으로 원조교제를 하고 있다. 미국 대학의 등록금은 너무 비싸다. 대학생들이 아르바이트를 하여 감당하기는 너무 어렵다. 졸업을 하면 많은 학생들이 빚꾸러기가 된다. 그런 사정이다 보니 많은 여학생들이 돈 있는 남자들의 정부가 되어 그 대가로 등록금, 생활비를 지원받는다. 그러면서 별 죄의식을 느끼지 않는다.

　이집트 여왕 클레오파트라는 절세의 미인이었다. 파스칼은 그녀의 코가 조금만 낮았더라면 세계사가 달라졌을 거라고 주장한다.

　카이사르(시저)가 이집트를 정복했을 때, 클레오파트라는 깔개 속에 들어가 카이사르를 유혹하였다. 세계 제일의 영웅 카이사르는 그녀를 애인으로 삼아 즐겼다. 그리고 그 대가로 그녀의 약해진 왕위를 확고히 해주었다. 그러나 카이사르는 푼수를 알고 어디까지나 로마의 국익에 도움이 되도록 하였다.

　그 후 안토니우스가 옥타비아누스(아우구스투스)와 세력을 다툴 때 클레오파트라는 마치 여신처럼 화려하게 분장하여 안토니우스를 유혹하였다. 그리고 결혼까지 하였다. 클레오파트라의 사랑에 깊이 빠진 안토니우스는 제 푼수도 모르고 로마의 속국인 동방의 여러 나라들을 그녀에게 주어버렸다. 그로 인해 인심을 다 잃은 안토니우스는 결국 패망하였다.

그 후 클레오파트라는 영묘에 들어가 보물을 가지고 옥타비아누스와 흥정을 하였다. 그러나 현명한 옥타비아누스는 그녀를 끌어내 죽음으로 몰았다. 역사가들 중에는 그녀가 카이사르와 안토니우스에게 시도하여 성공한 것과 똑같은 수법을 옥타비아누스한테도 시도했다고 말하는 사람도 있다. 나도 교활한 그녀가 그렇게 했으리라 생각한다. 그러나 그것은 통하지 않았고, 그녀는 결국 자살하였다.

클레오파트라는 왕의 체통도 잊은 채 이 남자, 저 남자와 원조교제를 하였다. 재미를 본 그녀는 안토니우스에게 너무 많은 것을 요구하여 받고, 결국 그것 때문에 완전히 망하였다.

옥타비아누스는 여왕의 죽음을 공포하고 이집트 왕국을 영유하였다. 이로써 이집트 왕국은 멸망하였다.

클레오파트라는 원조교제의 원조이다. 우리는 원조교제라는 말을 들으면서 말세가 되어 그렇다고 생각한다. 그러나 원조교제는 고대부터 있었다. 또 우리는 가난하고 철없고 불쌍한 사람들이 원조교제 같은 데 빠진다고 생각한다. 그러나 부와 권력을 가진 자들이 먼저 시작하였다.

원조교제로 어려움을 면하고 재미를 보려고 하는 자들은 클레오파트라의 최후를 보아야 한다. 조상이 물려준 자신과 가문과 나라를 통째로 날려버린 그녀의 비참한 마지막을 유심히 보아야 한다.

만일 클레오파트라가 건전하고 진실한 교제에 충실했다면 코가 조금 더 높아도 왕위는 이어지고 나라도 존속하였을 것이다. 그리고 그의 아름다움은 이집트는 물론 온 세계에서 아름답게 빛날 것이다.

10. "왔노라, 보았노라, 이겼노라!"

율리우스 카이사르(시저)는 로마의 명장이며, 제정의 기초를 닦은 정치가로 세계적 영웅이다.

그는 갈리아 지방(유럽)을 평정하고, 폼페이우스와 내전을 벌이면서 오리엔트(소아시아)와 이집트가 있는 북아프리카까지 평정하여 로마제국의 지도를 거의 완성하였다.

그런데 내전이 한창일 때 소아시아의 폰토스 왕 파르케나스가 반기를 들었다. 그는 흑해 남쪽인 시노프, 카파도키아를 침략하고, 카이사르 휘하 장수 도미티우스를 대파하였다. 그는 카이사르가 없는 틈을 타 소아시아의 거의 절반을 공략하였다.

그런데 도미티우스의 다급한 구원 요청을 받은 카이사르는 이집트를 완전히 평정한 후 소아시아로 돌아왔다. 카이사르의 정예부대는 파르케나스의 반군을 향하여 나아갔다. 그런데 파르케나스의 군대는 제대로 전쟁을 하지도 못하고 무너졌다. 무적의 카이사르 군대 앞에 여지없이 무너지고 말았다.

"왔노라, 보았노라, 이겼노라!"(VENI, VIDI, VICI) 이 말은 카이사르가 승리한 후 로마 원로원에 보낸 보고서의 서두이다. 카이사르는 명문필가로 그가 쓴 '내전기'는 참으로 명작이다. 그는 전쟁에서도 멋지게 승리하였지만, 그 승리를 참으로 멋지게 자축하고 선언하였다.

"왔노라, 보았노라, 이겼노라." 이 말이 미국 담배 말보로에 라틴어로 적혀있다. 마치 말보로 맨, 즉 미국 남성의 생활방식은 "왔노라, 보았노라, 이겼노라."가 아니면 안 된다고 하는 것 같다(좀 웃기는 소리지만).

전 불가리아 국왕 시메온 2세(공산정권 피해 망명 55년 만에 귀국)가 이끄는 신당 연합 '국민운동 시메온 2세'가 17일 실시된 불가리아 총선에서 승리했다. 시메온 2세는 "불가리아에 정치적 경제적 르네상스 시대가 시작될 것"이라고 선언했다. 그가 지지자들과 악수하는 장면을 보도하면서 동아일보는 "왔노라, 이겼노라."는 제목을 붙였다.

"왔노라, 보았노라, 이겼노라." 이 말은 예수님의 일생을 가장 잘 나타내는 것 같다. 예수님은 하나님의 아들로서 이 세상에 사람이 되어 오셨다. 이것은 사람이 개미가 된 것보다 더 낮아지신 것이다. 그래서 온 세상 사람들이 예수님의 나심, 즉 성탄을 축하한다. 그리고 예수님은 이 세상과 그 속의 인간들을 보셨다. 그들을 불쌍히 여겨 그들과 함께 사시고 모든 고생도 함께 하시므로 친히 모든 것을 다 겪어보셨다. 그리고 마지막에는 우리의 죄를 짊어지시고 십자가에서 죽으셨다. 이것은 우리를 죄에서, 마귀에게서 해방시킨 것으로 마귀를 완전히 이기신 것이다. 그리고 그는 부활하심으로 사망 권세를 완전히 이기셨다. 그러므로 "왔노라, 보았노라, 이겼노라." 이 말은 십자가상의 예수님, 부활하신 주님의 외침이 되어야 한다. 그런데 주님이 십자가 위에서 마지막 순간에 "다 이루었다."고 하신 외침 속에 그 세 마디가 다 들어있다. 주님의 "다 이루었다."는 그 외침은 참으로 멋진 승리의 개가이며, 너무도 멋진 개선의 선포이다.

오늘날 삶의 현장 한복판에서 그 주님을 믿고 따라가는 우리도 날마다 죄를 이기고 마귀를 이기면서 "왔노라, 보았노라, 이겼노라."고 외치는 자들이 되자. 모든 삶을 아름답게 이루고 "다 이루었다."고 개선가를 부르는 자들이 되자.

그러려면 무엇이 잘못되었는지 확실히 깨닫고, 통절히 회개하고, 하나님을 계속적으로 의지해야 한다. 그러면서 담대하게 나가서 싸워야 한다.

11. 카이사르의 포용

술라는 정적이나 반대파를 살생부를 만들어 다 살해하였다. 그러나 카이사르는 정반대로 포용하였다.

카이사르는 내전을 치르면서 적인 폼페이우스 군대의 포로를 다 석방하여 자유를 주었다. 그들은 자유로 카이사르 쪽에 가담하거나 고향으로 돌아갔다.

카이사르가 루비콘 강을 건널 시의 카이사르의 부장은 라비에누스였다. 라비에누스는 유능한 장수로 카이사르의 신임을 받고 임무를 잘 수행하였다. 그런 그에게 폼페이우스가 접근하였다. 폼페이우스와 라비에누스는 파트로네스(보호자)와 클리엔테스(피보호자) 관계에 있었다. 라비에누스는 고민하다가 폼페이우스 쪽으로 갔다.

부장의 이탈을 안 카이사르는 크게 상심하였다. 그러나 그는 조금도 내색하지 않고 라비에누스가 두고 간 짐을 모두 챙겨 보내주었다. 13년이나 친구로, 동지로 지낸 자의 배신에 카이사르는 분노하여 추격하지 않고 멋지게 보내주었다. 당장 자기의 적이 될 줄 알면서도.

브루투스는 공화파로 폼페이우스 휘하에서 싸우다가 패할시 카이사르의 포로가 되었다. 브루투스의 어머니 세르빌리아는 카이사르의 제일 애인이었다. 카이사르는 애인의 청탁을 받고 브루투스를 석방하였다. 그 후 북아프리카 속주 총독에 임명하였다. 그 후 법무관에 임명하였다. 그러나 나중에 브루투스는 카이사르 암살의 주범이었고, 카이사르는 "브루투스 너마저!" 하면서 숨을 거두었다.

폼페이우스의 이탈리아 탈출을 막지 못한 카이사르가 로마로 돌아가는 도중 키케로의 별장에 들렀다. 카이사르가 키케로를 설득하였으나, 키케로는 중립으로 있겠다 하였다. 그런데 카이사르가 에스파냐 전쟁에서 고전하고 있다는 소식이 전해지자 키케로는 태도를 바꾸어 폼페이우스 쪽으로 가기로 결심하였다. 그는 마음 내켜하지 않는 동생 퀸투스와 카이사르에게 심취하여 있는 아들과 조카를 강제로 배에 태웠다. 그런데 그들이 폼페이우스에게 도착하기도 전에 카이사르가 에스파냐에서 역전승을 하였다. 그 후에 폼페이우스와 카이사르의 대결이 이어지고 파르살루스 회전에서 폼페이우스가 패하고, 그 후에 폼페이우스가 비참하게 살해되었다.

카이사르가 직접 설득하려고 애쓴 폼페이우스파 요인은 키케로 한 사람뿐이었다. 그런데 키케로는 중립을 약속해놓고는 그 약속을 저버리고 폼페이우스에게 달려갔다. 키케로는 이제 승자가 된 카이사르가 자기를 어떻게 대할지 궁금하고, 큰 불안에 사로잡혔다.

동생 퀸투스는 말을 잘못 탔다고 형을 비난하였다. 그러면서 그는 카이사르 편에 서겠다고 하였다. 아들, 조카도 카이사르에게 달려갔다. 키케로는 아내한테까지 버림을 받았다.

이런 상황 속에서 브린디시에 카이사르가 상륙하였다. 애타게 기다리고 있던 키케로는 카이사르에게 달려갔다. 키케로는 너무도 복잡한 마음을 가지고 카이사르 앞에 나아갔다.

그런데 카이사르는 환영 인파 속에서 키케로의 모습을 보자마자 그에게 다가갔다. 그는 말에서 내려 키케로를 포옹하고 말을 걸었다. 그리고는 단둘이 이야기를 나누면서 수백 미터나 함께 걸어갔다.

카이사르는 자기의 계획대로 로마를 공화정에서 제정으로 바꾸기 위하여 내전을 치렀다. 그는 적도 다 포용하여 제정을 통한 위대한 로마를 건설코자 하였다. 적도 포용하는 카이사르의 화합정책은 이민족도 포용하는 것으로 더욱 발전되어 역사상 유례없는 대제국을 이룬다.

다윗은 많은 정적과 반대자들을 포용하여 이스라엘을 위대한 나라로 만들었다. 크게 포용하는 자는 많은 사람을 거느리고 큰일을 한다.

12. 카이사르의 10군단 파견 해결

카이사르의 제10군단은 지중해 세계에서는 모르는 사람이 없는 카이사르의 심복 중의 심복이었다. 카이사르에게는 북아프리카에서 병력을 모으고 있는 폼페이우스파 잔당을 제압하기 위해서 고참병인 10군단이 반드시 필요했다.

그런데 아피아 가도를 따라 로마로 향하고 있는 카이사르에게 안토니우스한테서 긴급 보고가 들어왔다. 그것은 고참병들이 종군을 거부하고 있다는 것, 주동자 격인 제10군단 병사들은 무기를 들고 수도까지 쳐들어와 성벽 밖 마르스 광장에서 기세를 올리고 있다는 것, 법무관 살루스티우스를 보내 급료를 일시불로 지급하겠다는 안을 제시했으나 병사들이 거부했다는 것이었다.

수도에 도착한 카이사르는 호위병도 물리치고 파업으로 기세를 올리고 있는 무장 병사들 앞에 나타났다. 연단에 오른 카이사르는 거두절미하고 한 마디로 말했다.

"무엇을 바라는가?"

병사들은 제대시켜 달라고 외쳤다. 다음에 그들을 기다리고 있는 것이 북아프리카 전선이라는 것을 그들은 알고 있었다. 카이사르가 북아프리카에서 싸우기 위해서는 그들이 반드시 필요하다는 것도 그들은 알고 있었다. 자기들이 제대를 요구하면 카이사르는 일시불이나 급료 인상을 약속하여 타협으로 나올 수밖에 없을 거라고 그들은 생각하였다. 원래 그들은 카이사르가 전쟁을 계속하는 한 제대할 마음은 없었다. 단지 급료의 일시불과 인상을 위한 파업을 할 뿐이었다.

그런데 카이사르한테서 돌아온 대답은 뜻밖이었다.

"제대를 허락한다."

전혀 뜻밖의 대답에 병사들의 치켜들었던 칼은 슬며시 내려가고 큰소리로 외치던 소리도 뚝 그쳤다. 무거운 침묵이 내리 덮였다. 그런 병사들에게 카이사르의 다음 말이 울려 퍼졌다.

"시민 여러분(퀴리테스), 여러분의 급료도 그 외의 보수도 모두 약속대로 지불한다. 하지만 그것은 나를 따르는 다른 병사들과 함께 전쟁을 끝내고 개선식까지 함께 끝낸 후에 지불하겠다. 여러분은 그 동안 어디서든지 안전한 곳에서 쉬고 기다리고 있으면 된다."

10군단 병사들은 자기들을 카이사르가 "시민 여러분"이라고 부른 것에 대해 큰 충격을 받았다. 이제까지 카이사르 장군은 항상 그들을 "전우 여러분"(콤밀디테스)이라고 불렀다. 그런데 지금은 이미 제대하여 카이사르와 인연이 끊어진 보통 시민이라고 부른 것이다. 카이사르가 벌써 자기들을 남으로 여기고 있다고 생각한 그들은 종군 거부도, 급료 인상도 다 필요없다는 마음이 되었다. 울음을 터뜨린 병사들은 외쳤다.

"병사로 돌아가게 해주십시오."

"카이사르 밑에서 싸우게 해주십시오."

여기에 대해 카이사르는 아무 대답도 하지 않았다. 10군단 병사들은 북아프리카로 가는 군대의 뒤를 슬금슬금 뒤따라갔다. 카이사르는 그들에게 마르스 광장에서 단체교섭이 있었던 날부터 두 달 가까이 뒤에 참전을 허락하였다.

카이사르는 보너스도 주지 않고 급료 인상도 없이 10군단을 참전시키는 데 성공했다. 그것도 참전해달라고 애원한 것이 아니라, 스스로 원해서 따라오게 한 것이었다.

"카이사르는 단 한 마디로 병사들의 기분을 역전시켰다."

강한 요구를 해오는 사람들을 어떻게 대할 것인가? 다 들어줄 수 있다면 얼마나 좋은가? 그러나 대부분의 경우에 사정이 그렇지 못하다. 그럴 경우 타협이 필요하다. 그런데 아무것도 안 들어주고도 상대를 움직일 수 있는 능력이 있다면 더없이 좋다. 그런 자는 천하를 얻는다.

13. 카이사르의 개선식

카이사르는 54세시에 처음으로 개선식을 가졌다. 그는 열흘 안팎의 기간에 네 차례로 나누어 개선식을 거행하였다. 첫째 날은 갈리아인에 대한 승리를, 둘째 날은 이집트의 프톨레마이오스 13세와 아르시노에 공주에 대한 승리를 셋째 날은 폰토스 왕 파르케나스에 대한 승리를, 넷째 날은 누미디아 왕 유바에 대한 승리를 축하하였다.

우선 퍼레이드에 참가하는 모든 사람이 성벽 밖에 있는 마르스 광장에 집결하였다. 주변 길은 구경꾼들로 가득 채워졌다. 카이사르는 24명의 릭토르(호위병)를 거느리고 나타났다. 군단병들은 군단장의 구령에 따라 일제히 부동자세에서 오른팔을 비스듬히 들어 올리는 경례로 그를 맞이하였다. 이 경례는 무솔리니와 히틀러가 흉내내었다.

개선 퍼레이드가 출발하면 먼저 원로원 의원과 정부 고관들이 따른다. 이것은 군사보다 문민을 앞세운다는 뜻이다. 그 뒤에 악대가 따르고, 전리품을 실은 마차의 행렬이 그 뒤를 잇는다. 그 뒤에 승리한 전쟁 상황을 그린 플래카드 행렬이 나타난다. 플래카드 뒤에는 그 전쟁의 결과인 패배자를 태운 마차가 나타난다. 그 뒤에는 퍼레이드가 끝난 뒤에 거행되는 제사에서 제물로 쓸 흰 소가 끌려간다. 흰 소 뒤에는 제사장들이 따른다. 행진에 참석하는 모든 사람들은 다 예복으로 예의를 갖추고, 마차와 말도 아름답게 치장한다. 이렇게 '정치', '종교'가 지나간 뒤, 드디어 '군사'가 등장한다.

개선장군은 하얀색 토가 위에 정교한 돋을새김으로 장식한 황금 흉갑을 걸치고, 장식이 달려있는 의전용 장화를 무릎까지 올라오게 신는다. 그 위에 자주색 망토를 걸친다. 개선장군의 전차 뒤에는 참모들이 말을 타고 나아가고, 그 뒤에 기병대가 따른다. 카이사르의 개선식에서는 게르만 기병대가 따랐다. 그 뒤로 군단병들의 퍼레이드가 시작되었다. 군단장, 대대장, 백인대장, 군단, 대대, 중대별 대열이 따랐다. 군단병들은 미리 정한 구호를 외쳤다.

"시민들이여, 마누라를 숨겨라, 대머리 난봉꾼이 나가신다."

개선식은 신들이 있는 언덕에 올라가 승전보를 올리고, 그 승리에 도움을 아끼지 않은 불사의 신들에게 감사를 드리는 것으로 끝났다. 카이사르는 최고신 유피테르에게 제물을 바쳤다.

개선식이 끝나고, 장병들에게는 포상금을 지급하였다. 구경꾼들에게도 선물을 나누어 주었다. 개선식 후의 잔치는 성대하였다. 잔칫상이 2만 2천 개, 초대받은 손님이 6만 명이나 되었다.

잔치가 끝나고 카이사르는 사람들의 배웅을 받으며 집으로 갔다. 활활 타오르는 횃불을 등에 높이 세운 코끼리 떼가 앞장서서 카이사르를 인도하였다. 코끼리는 카르타고어로 '카이사르' 다.

카이사르는 개선식 사이사이에 연극 공연을 하거나, 해전 연출을 하거나, 검투사 시합을 개최하였다. 400마리나 되는 사자 사냥대회를 주최하였다. 그는 로마의 전통에 따라 자비로 공공건물 건축을 하였다. 개선 기념사업으로 '셈프로니우스 회당'을 개축하였다. 그 회당은 파손이 너무 심해 결국 토대부터 개축하게 되어 '율리우스 회당' 이라고 불리게 되었다. 카르타고는 700년의 역사 뒤에 멸망하였다. 그러나 로마는 카이사르에 의해 700년의 역사 뒤에 다시 태어나고 있었다.

누구에게나 자기의 임무를 다 마치고 사람들의 축하를 받으면서 집으로 가는 것은 가장 행복한 일이다. 마지막에 천국에서 "잘했다." 칭찬받으며 면류관을 받는다면, 그것은 인생 최고의 개선식이다.

14. 달력의 역사

　로마가 사용하고 있던 달력은 B.C. 7세기에 2대 왕 누마가 정비한 태음력이었다. 그 달력에 따르면 1년은 1달이 차고 기우는데 따라 열두 달로 나누고, 1년은 355일이었다. 남는 날수는 삼 년마다 한 달을 더하는 식으로 조정하였다.
　하지만 그렇게 해도 차이는 계속 늘어나, B.C. 1세기 중엽에는 달력상의 계절과 실제 계절 사이에 석 달 가까운 차이가 생겼다.
　카이사르는 이 차이를 없애기 위하여 달력을 개정하기로 결심하였다. 그가 그렇게 한 또 하나의 이유는 정확한 달력을 만들면 로마 세계의 어디서나 그것이 받아들여질 것이고, 그에 따라 생활 리듬도 어디서나 같아질 것이라고 본 것이다. 그는 로마 세계는 로마의 군사적 패권이 미칠 뿐 아니라, 문화는 다양해도 문명은 공통적이어야 한다고 생각하였다. 그는 달력을 공유하는 것을 문명 통합의 첫걸음이라고 보았다.
　카이사르는 이집트에 머무르면서 이집트인 천문학자와 그리스인 수학자를 알게 되었고, 그들이 달력 개정 작업을 맡았다. 그들은 지구가 태양 주위를 한 바퀴 도는데 걸리는 1시간, 즉 1년을 365일 6시간으로 계산했다. 그래서 1년을 365일로 하고, 1년을 열두 달로 나누었다. 그리고 1년마다 생겨나는 6시간을 4년간 모아 4년에 한 번씩 2월 23일과 24일 사이에 하루를 끼워 넣어 청산하였다. 결국 그 해의 2월은 29일이 된다. 이리하여 태양력이 생겼다. 이 달력을 카이사르의 이름을 따 '율리우스력'이라고 하였다.
　그런데 지금까지 생긴 오차를 해결하는 것이 문제였다. 그래서 B.C. 46년 한 해만은 11월과 12월 사이에 남아나는 3개월을 삽입하기로 하였다. 율리우스력은 이듬해인 45년 1월 1일부터 시행하였다.

이 율리우스력은 서기 1582년에 교황 그레고리우스 13세가 다시 개량할 때까지 1627년간 지중해 세계와 유럽 및 중근동에서 사용되었다. 교황 그레고리우스 13세가 다시 달력을 개량한 이유는 16세기에 천문학이 급속히 발전하면서 지구가 태양 주위를 한 바퀴 도는 데 걸리는 시간이 365일 6시간이 아니라 365일 5시간 48분 46초라는 사실을 알았기 때문이다. 11분 14초의 오차를 알아내는데 1627년이나 걸렸다. 율리우스력은 당시로서는 경이로울 만큼 정확하였다. 그레고리우스력은 11분 14초만 해결했을 뿐, 달력의 개념은 율리우스력과 같다. 그레고리우스력은 오늘날까지 온 세계적으로 그대로 사용되고 있다.

카이사르는 이민족에게 율리우스력을 사용하라고 강요하지 않았다. 각 민족은 나름대로 익숙한 옛 달력을 계속 사용하였다. 그러나 율리우스력은 가장 정확한 달력으로 차츰 국제달력이 되었다.

카이사르는 권력을 장악한 후 자기가 목표한 국가 개조작업을 집행하였다. 그것은 통화 개혁, 시민권 문제, 정치 개혁, 금융 개혁, 행정 개혁, 해방노예 등용, 속국 통치, 사법 개혁, 사회 개혁, 수도 재개발, 달력 개정 등이다. 그중에서 달력 개정은 당시는 물론이고 지금까지도 모든 인류의 삶에 지대한 영향을 미친 특이한 사건이다.

위대한 정치가는 넓은 세상을 한눈에 보고, 사람들의 필요를 파악하고 먼 후대에까지 그 효력이 미치는 일을 해낸다. 그러나 대부분의 정치가는 자기 앞만 보고, 자기들 이익만 챙기며 내일이 없는 오늘의 싸움에 골몰한다.

15. 카이사르의 종교정책

　다민족 국가인 로마제국은 당연히 다종교 국가다. 그런데 종교에 대한 카이사르의 생각은 단순히 각자에게 무조건 신앙의 자유를 인정하는 것은 아니었다.
　로마인에게 있어서 신은 인간의 생활방식, 생사화복을 규제, 주장하는 존재가 아니었다. 인간의 생활방식을 규제하는 것은 법률이고, 신은 법률에 따라 생활방식을 스스로 규제하는 인간을 보호하고 그 노력을 돕는 존재였다. 이렇게 생각하는 로마인은 가는 곳마다 자신들의 신을 데리고 갔다. 통치, 군사, 장사를 위하여 속주에 가는 로마인은 계속 늘어났고, 속주에 이주하여 정착하는 로마인도 계속 늘어났다.
　카이사르는 그들을 위하여 로마의 종교를 명확하게 할 필요가 있다고 판단하였다. 그래서 최고신 유피테르와 그 아내 유노와 미네르바를 로마의 주신(主神)으로 정하고, 속주에서도 이 신들의 축일은 휴일로 하기로 결정했다.
　이것은 그리스어권에서는 간단했다. 원래 이 세 신은 그리스의 신이었기 때문이다. 그리스어권에서는 본명으로 되돌려 제우스, 헤라, 아테나를 섬기면 된다. 그리스-로마 종교를 믿지 않는 사람은 이 세 신에게 바쳐진 신전을 참배할 의무는 없다. 그는 이 세 신의 축일에 그냥 휴식을 즐기면 된다. 그러면서 그는 자기의 종교를 믿으면 된다. 카이사르는 그가 직접 정복한 갈리아의 제사장 계급도 그대로 두었다.
　카이사르의 이같은 종교정책에 가장 열광적인 반응을 보인 것은 유대인이다. 유일신 하나님을 믿는 유대인은 로마인이 로마의 종교를 유대인에게도 강요하지 않을까 두려워하였다. 그러나 카이사르의 방침에 따라 아무 제한 없이 신앙생활을 하게 되었으니 얼마나 다행인가? 카이사르의 암살 소식을 듣고 가장 슬퍼한 것은 유대인이었다.

국가는 종교를 주장하는 기관이 아니다. 국가는 국교가 없어야 하고 모든 국민에게 종교 신앙의 자유를 인정해야 한다.

16. 카이사르의 특권-사실상의 황제가 되다

B.C. 45-44년에 55세의 율리우스 카이사르에게 원로원과 민회가 준 영예와 권위와 권력은 엄청나다.
① 종신 독재관: 이제까지 독재관의 임기가 6개월이었는데 이제 무한정으로 되었다. 종신토록 마음대로 할 수 있다.
② 카이사르 자신의 판단에 따라 집정관도 겸임할 수 있는 권리. 왕이면서 우의정 좌의정도 한다.
③ 개선장군에게만 일시적으로 부여되는 '임페라토르'란 칭호를 언제나 사용할 수 있는 권리
④ '조국의 아버지' (파테르 파트리아이)라는 칭호를 받는 영예
⑤ 개선장군이 개선식 당일에만 착용하는 자줏빛 망토를 평소에도 입을 수 있는 권리
⑥ 평소에도 월계관을 쓸 수 있는 권리
⑦ 종신 '프라이펙투스 모룸' (윤리 감찰관)에 단독으로 취임
⑧ 원로원 회의장에서 집정관보다 한 단 높은 곳에 앉을 수 있는

권리

⑨ 극장, 경기장에서 관중석 중앙의 특별석에 앉을 수 있는 영예

⑩ 카피톨리노 언덕에 있는 유피테르 신전 입구에 늘어서 있는 왕정시대 임금들의 입상 사이에 자신의 입상을 세울 수 있는 영예

⑪ 원로원 회의 시 가장 먼저 발언할 수 있는 권리

⑫ 국가 공무원의 임명권: 여태까지 민회의 권한이었는데, 이제 민회는 승인만 한다.

⑬ 거부권과 신체 불가침권: 종래에는 호민관에게만 인정된 권리였다.

⑭ 기념 화폐가 아니더라도 화폐에 자기의 옆얼굴을 새길 수 있는 권리

「⑮ 제 2대왕 누마가 만든 달력을 개혁한 이후, 제5월(퀸틸리스)이라고 불러온 7월이 카이사르가 난 달인 것을 기념하여 그 명칭을 '율리우스'로 바꾸었다. 로마시대에는 1년의 첫 달이 1월이 아니라 3월이라서 7월이 다섯 번째 달이었기 때문에 '퀸틸리스'라고 불렀다. '율리우스'는 이탈리아어로 '룰리오'(Juolio), 영어로는 '줄라이'(July)가 된다.

⑯ 카이사르 정치의 기본 정신인 '관용'을 신격화하여 '카이사르의 관용'(클레멘티아 카이사리스)이라고 명명한 신전의 건립을 인정하다.」(앞의 책, p. 344)

이러한 엄청난 영예와 권위와 권력을 받은 것은 사실상 황제가 된 것을 말한다. 이제 로마에서 사실상 제정이 이루어졌다.

한번은 군중 속에서 카이사르를 '왕'이라고 부르는 소리가 나왔다. 그때 카이사르는 즉시 "나는 왕이 아니다. 그저 카이사르일 뿐이

다."라고 했다.

 반대파는 이것을 위선이라고 하였다. 그러나 카이사르 자신은 한 민족의 우두머리인 왕이 아니라 여러 민족을 통합하는 황제를 구별하여 왕이 아니라고 하였다.

 공화정을 주장하는 세력이 다 살아있음에도 불구하고 카이사르는 그들을 제압하고 실력으로 자신이 추구하는 황제의 자리에 올랐다. 시대는 제정을 요청하고 있었고, 카이사르는 그것을 추진하였고, 민심은 그것을 수용, 인정하였다. 카이사르는 단순한 왕이 아닌 세계 역사상 유례없는 대(大)로마제국의 사실상의 황제가 되었다. 그의 이름 '카이사르'가 '황제'라는 말이 되어버렸다.

 위대한 지도자는 시대의 요구를 잘 안다. 그는 그것을 이루기 위하여 분투한다. 모든 반대세력을 극복하고 포용하면서 그것을 이룬다. 그것을 이룬 후에는 그 결과로 평가를 받는다.

17. 카이사르, 암살되다

 '3월 15일' 또는 '3 · 15'라고 쓰면 서양인들은 이것이 카이사르가 암살당한 날이라는 것을 다 안다. 그만큼 그날은 서양사에서 극적인 하루다.

 B.C. 44년 3월 15일, 이날도 원로원 회의는 평소처럼 오전 10시에 시작되었다. 모든 원로원 의원은 물론 카이사르마저도 비무장으로 회의장에 들어왔다.

 카이사르는 원로원 의원들에게 카이사르를 적대시하는 사람들은 그들에게도 적이고, 그 적과 맞서 카이사르를 지키겠다는 맹세에 서약하게 하였다. 이 서약서에는 키케로, 브루투스, 카시우스도 서약했다. 카이사르는 모든 원로원 의원의 서약을 받은 뒤 호위대를 해산하였다. 그는 '늘상 신변의 안전을 걱정하면서 사는 것은 사는 게 아니다.'라고 생각하였다.

그런데 3·15 원로원 회의 3일 뒤 카이사르는 파르티아 원정에 나서게 되어 있었다. 그 회의에서 자기가 로마를 비우는 2년 동안 통치를 맡을 책임자를 공표하고 떠날 예정이었다.

그런데 반(反)카이사르파인 공화주의자들은 카이사르는 반드시 원정에서 승리할 것이고, 원로원 회의에서 출발하는 카이사르에게 왕위를 주거나 돌아오면 주게 될 것이라고 생각하였다. 그래서 회의가 시작되기 전에 그를 암살해야 된다고 생각하였다.

브루투스를 비롯한 14명의 암살자들은 토가 속에 단검을 감추고 들어왔다. 의원들이 입장하면서 인사하는 어수선한 시간에 그들은 순식간에 단검을 휘둘렀다. 침착성을 잃은 그들은 단검을 겨눠 카이사르에게 달려들다가 실수로 동지를 찌른 사람도 있었다. 광란에 빠진 14명이 한 사람을 마구 찔렀다. 카이사르가 입은 상처는 23군데, 그중 가슴에 받은 두 번째 상처가 치명적이었다.

죽음을 직감한 카이사르는 꼴사납게 자빠지지 않으려고 토가 자락을 몸에 감으면서 쓰러졌다. 그는 브루투스가 있는 것을 보고 "브루투스 너마저!" 하면서 숨을 거두었다. 그곳은 오랜 정적이었던 폼페이우스의 입상 발치였다.

카이사르가 쓰러진 시간에 아무도, 심지어는 그의 오른팔인 안토니우스조차도 달아나버렸다. 암살자들이 정신을 차렸을 때에는 넓은 회당에 자신들 외에는 아무도 없었다. 암살자들은 브루투스를 앞세워 밖으로 나갔다. "자유는 회복되었다. 폭군은 죽었다."고 외치면서 밖으로 나갔지만, 거기에 아무도 응답하지 않았다. 앞서 달아난 의원들이 "카이사르가 살해되었다."고 외쳤기 때문에, 시민들은 이미 변고를 알고 숨어버렸다. 로마의 도심은 무인지경으로 변해버렸다.

처음 계획으로는 시민들 앞에서 브루투스가 연설하기로 되어 있었지만 포로 로마노에도 시민의 모습은 보이지 않았다. 암살자들은 카피톨리누스 언덕으로 올라갔다. 그들은 공포에 사로잡혀 신전에 틀어박혔다.

한편 쓰러진 카이사르의 유해는 방치되었다. 아내 칼푸르니아는 실신해버렸고, 노예들은 허둥대기만 하였다. 오후 늦게 평소에 주인에게 심취한 노예 세 사람이 몰래 유해를 사저로 옮겼다.

암살자들은 시대도, 민심도 읽지 못하고 카이사르만 죽이면 공화정이 유지될 것이라고 생각하였다. 그러나 로마는 카이사르가 바란 대로 제정이 되었다. 시대와 민심을 읽고 그것에 따라 나가는 자만이 진정한 지도자다.

카이사르는 관용과 자비를 베풀고 약속을 믿는 신사도를 지켰다. 그러면서 자기가 그렇게 하면 다른 사람들도, 정적들도 그렇게 하리라 믿었다. 그러나 그 꿈은 깨어졌다. 카이사르는 정직하고 위대하나 그런 점에서 현실 감각이 떨어진다. 그 후임 옥타비아누스는 카이사르와 정반대. 그런 점에서 그는 카이사르보다 덜 도덕적이나 더 현실적이고 확실히 성공하였다.

18. "브루투스 너마저!"

로마의, 아니 세계의 제일영웅, 카이사르(시저)는 원로원과 신사협정을 맺고 호위병도 물리치고 단신으로 원로원에 드나들었다. 그는 너무도 자신만만하였다. 사람들을, 아니 정적들마저도 믿었다.

카이사르는 적극적으로 제정을 주장하고 추진하였다. 거대한 로마는 제정이 아니고는 도무지 움직여갈 수 없다고 판단한 결과였다.

그러나 폼페이우스를 중심한 공화파는 제정을 단순한 왕정으로 이해하고, 결사반대하였다. 그래서 장기적인 내전이 있었다. 그러나 파르살루스 회전에서 카이사르가 승리하므로 제정파가 정국을 주도하였다.

그러나 공화파는 조금도 물러서지 않고 호시탐탐 기회를 노리고 있었다. 그들은 카이사르만 제거하면 된다고 생각하였다.

그런데 브루투스는 공화파로 폼페이우스 휘하에서 싸우다가 그가 패할시 포로가 되었다. 브루투스의 어머니 세르빌리아는 카이사르의 제일애인이었다. 카이사르는 애인의 청탁을 받고 브루투스를 석방하였다. 그를 북아프리카 속주 총독에 임명하였다. 그 후 법무관에 임명하였다.

카이사르 암살범들은 그가 원로원에 단신으로 들어올 때에 마구 단검을 휘둘렀다. 광란하는 14명 중 4명은 카이사르의 충복들이었다. 그런데 칼에 맞아 쓰러지는 카이사르의 눈에 아들처럼 대우해준 브루투스가 들어왔다. 브루투스는 카이사르 암살범들의 우두머리였다. 그것까지는 모르는 카이사르였지만, 그는 "브루투스 너마저!" 하면서 쓰러져 숨을 거두었다.

카이사르가 천하의 영웅임에는 틀림없으나, 사람을 보는 데는 범인에 지나지 않았다. 그는 천하의 명장이었고, 너무도 민심을 잘 파악하여 정치를 잘한 걸출한 정치가였으며, 불후의 명작을 남긴 대(大)문필가였다. 그러나 그는 자기가 잘해주면 모두가 따르리라고 믿어버린 것이다.

세상에는 얼마나 악인이 많은가? 중상모략하는 모리배가 판을 치는 세상이다. 아무리 덕을 보아도 자기에게 안 맞으면, 자기에게 손해가 되면 등을 돌리는 배은망덕의 위인들이 정가를 주름잡는 세상이다. 수틀리면 죽이는 것도 서슴지 않는 사람들이 종교계에도 판을 치고 있다.

그런데 카이사르는 그것을 보지 못한 것이다. 브루투스를 비롯한 수많은 정적을 거저 살려준 그는 아무도 자기에게는 칼을 대지 않으리라고 오판을 한 것이다.

예수님은 사람의 본성을 아셨기에 자신을 아무에게도 의탁하지 아니하셨다. 친히 사람의 검고 악한 속을 다 아셨기에 아무의 증거를 받지 않고, 사람들을 믿고 의지하지 않으셨다(요 2:24,25). "만물보다 거짓되고 심히 부패한 것이 사람의 마음"임을(렘 17:9) 주님은 아시고, 사람들에게 자신을 기대지 아니하셨다.

오늘날도 믿는 도끼에 발등 찍히듯이 당하고 "브루투스 너마저!" 하고 신음하는 사람들이 많다. 교회 안에서도 그러한 신음소리들이 자꾸 자꾸 울리는 세상이다.

어떤 왕은 세상을 떠나면서 왕위에 오를 어린 아들의 귀에 대고 "아무도 믿지 말라. 누구도 믿어서는 안 된다."고 유언을 하였다.

19. 위대한 키케로

로마 고전 문명에서 가장 영향력 있는 인물은 정치가, 연설가, 수필가, 철학자인 키케로(Cicero)이다. 그는 공화정을 옹호하다가 순교했으며 역사상 가장 위대한 연설가이다.

키케로는 소도시 아르피눔에서 기사의 아들로 태어났다. 키케로는 '병아리 콩'이란 말이다. 그는 처음 로마에서 변호사로 명성을 얻었다. 그는 재무관, 조영관을 거친 뒤 B.C. 63년 집정관에 선출되었다. 그는 집정관으로 카탈리나의 음모를 저지하였다.

키케로는 열렬한 공화주의자였다. 그는 카이사르, 폼페이우스, 크라수스가 요청하는 정치 동맹에 참가를 거절하였다. 그는 내전시 공화정을 옹호하는 폼페이우스 진영에 가담하였다. 그러나 폼페이우스파의 폭정을 보고 이내 후회하였다. 그는 그 후 중립을 지키다가 다시 폼페이우스파에 기울어졌다. 승리한 카이사르는 키케로를 살려주었다. 그는 폼페이우스 극장에서 카이사르가 살해당하는 현장을 목격하였다. 그는 끝까지 공화정의 회복을 위하여 노력하였다. 그러다가 그는 제2차 삼두정치에 희생되었다. 안토니우스는 키케로를 죽이고 옥타비아누스는 그것을 묵인하였다. 안토니우스는 키케로의 머리와 두 손을 절단해 로마 광장 연단에 못 박아 전시하였다. 그 연단은 키케로가 14차례 연설에서 안토니우스를 공격한 곳이었다.

키케로는 라틴어를 유연하고 세련된 표현의 도구로 만드는데 큰 기여를 하였다. 지난 2,000년간 유럽과 아메리카에서 제대로 교육 받은 사람이라면 키케로의 작품을 읽었다. 그는 수사학의 달인이었다. 그는 웅변가는 관객의 마음을 움직여야 한다는 점을 강조하였다. 그는 지식과 합리성이 뒷받침되지 않는 연설은 공허하다고 하였다. 그는 풍부하면서도 군더더기 없는 연설문들을 남겼다. 그는 위트로 유명하였다. 그는 돌려 말하거나 대놓고 독설을 퍼붓는 데도 대가였다. 그의 연설, 서한, 에세이는 난국에 처한 공화정 말기의 로마 상황을 잘 밝혀주는 귀중한 사료이다. 카이사르는 키케로의 이러한 업적을 칭찬하며 "로마 제국의 영토를 넓힌 것보다 로마 정신의 영토를 확장시킨 것이 훨씬 나은 일이다."라고 하였다.

"의무에 관하여"(On Duties)는 키케로가 공화정의 몰락으로 정치에서 물러난 뒤 B.C. 44년에 쓴 것으로 삶과 올바른 행동, 공직의 의무에 관한 내용을 담고 있다. 볼테르는 그것에 대해 "이보다 더 현명하고 진실되고 쓸모 있는 책을 쓸 수 있는 사람은 없을 것."이라고 하였다. 암브로시우스는 그것을 자신의 "성직자의 임무에 관하여"(On the Duties of Ecclesiastics)의 모델로 삼았다. 중세 초기의 기독교인들은 키케로를 매우 좋아하였다. 단테는 "의무에 관하여" 1권 13장을 "신곡" 지옥편에 나오는 죄악의 분류의 토대로 활용하였다.

르네상스 시대의 많은 인물들이 키케로의 라틴어를 열렬히 옹호하였다. 에라스무스, 마르틴 루터는 키케로를 매우 좋아하고 존중하였다. 존 애덤스는 평생 키케로를 우상시했다. 그는 "키케로는 능력이 가장 출중하고, 행동이 일관됐으며, 현명하고, 공화국 체제에 대한 충성심이 올곧았다."고 하였다. 제임스 윌슨은 "로마의 법학은 키케로라는 천재에 의해 화려해지고 풍부해졌다. 그것은 마치 모든 것을 금으로 만들어버리는 미다스의 손길 같았다."고 하였다.

키케로의 표현의 독창성이 순교자적인 죽음과 맞물리면서 그것이 그를 서구 역사에서 가장 사랑받는 사상가, 정치인이 되게 하였다.

사람이 유명해지고 역사에 남는 인물이 되려면 먼저 실력이 뛰어나고 탁월해야 한다. 그 다음에 희생적인 극적인 죽음을 죽어야 한다. 그러한 죽음은 그의 실력을 메가톤급으로 극대화시킨다. 그러한 최고의 모델은 예수 그리스도이시다.

키케로

20. 키케로 처형

키케로는 로마에서 가장 영향력 있는 인물로, 서양사에서 많은 영향을 미쳤고, 현대의 많은 정치 사상가들이 존경하는 인물이다. 그는 위대한 정치가, 연설가, 수필가, 철학자이다.

키케로는 원로원 주도의 공화정을 열렬히 지지하고, 그것을 위해 헌신하였다. 그는 내전시 공화정을 위해 싸우는 폼페이우스를 지지하였다. 나중에 승자인 카이사르의 용서를 받았다.

카이사르가 암살된 후 권력을 잡은 안토니우스는 키케로를 죽이려 하였고, 옥타비아누스는 묵인하였다. 적도 용서한 카이사르의 관용으로는 안 된다고 판단한 두 사람은 살생부를 만들었다.

살생부에는 300명의 원로원 의원과 2천여 명의 기사계급 출신이 올랐다. 원로원 의원 300명 가운데 130명은 반역죄로 즉결 처형하기로 하였다. 이들은 반(反)카이사르파로 카이사르의 용서를 받은 자들이다. 나머지 2천여 명의 처벌자에게는 재산 몰수의 운명이 기다리고 있었다.

살생부가 발표된 것은 B.C. 43년 11월 28일이었다. 그날에는 제1진인 16명의 명단이 발표되었다. 그 16명에 이름이 오른 사람은 카이사르 암살에 직접 가담한 브루투스 일당 14명과 키케로 형제였다. 그중에서 키케로의 이름이 맨 처음에 있었다.

키케로는 바다로 탈출하려고 하였으나, 날씨가 나쁘고 뱃멀미가 심해 포르마타이아에 있는 자신의 별장 근처에 상륙하였다. 한편 그는 자기가 사랑하는 퀸투스를 두고 혼자 가는 것이 마음에 걸렸다.

키케로는 죽음을 담담하게 받아들였다. 휘하 노예들한테는 자기를 놓아두고 가서 목숨을 구하라고 명했다. 안토니우스는 키케로의 머리와 두 손을 절단해 로마 광장 연단 위에 못 박아 전시하였다. 그 연단은 키케로가 14차례의 연설에서 안토니우스를 공격한 곳이었다. 안토니우스는 자기를 탄핵한 연설을 쓴 키케로의 손까지 처벌하지 않고는 직성이 풀리지 않았다.

그날은 카이사르 암살에 환호한지 1년 9개월 밖에 지나지 않은 B.C. 43년 12월 17일이었다. 키케로의 나이 63세였다.

충격에 빠진 로마인들은 썩어가는 그의 유해를 보고 "저것은 키케로의 얼굴이 아니라 안토니우스의 영혼"이라고 하였다.

옥타비아누스는 후일 황제 아우구스투스가 된 후 키케로를 손자들에게 "연설에 능하고 박학다식하며 조국을 진정으로 사랑한 인물"이라고 하였다. 그는 키케로의 아들 마르쿠스에게 지방 총독 자리를 주었다. B.C. 30년 집정관이 된 마르쿠스는 안토니우스가 아버지의 머리와 두 손을 전시했던 바로 그 연단에서 안토니우스의 사망 사실을 발표함으로써 아버지의 원수를 갚았다.

역사가 리비우스는 키케로에 대해 "그의 장점보다 단점을 더 중시하는 사람은 그를 그저 위대한 인간, 고결한 영혼의 소유자, 기록할 가치가 있는 인물로 평가할 것이다. 그러나 그를 찬미하려고 한다면 키케로만한 재주를 가진 사람이 또 하나 필요할 것이다."라고 하였다.

아무리 위대한 인물이라 할지라도 때를 잘못 만나면 자기의 재능과 뜻을 펼칠 수 없는 것은 물론이고, 자칫 잘못하면 죽임을 당하기도 한다. 죽을 번하다가 살아나 출세하고 뜻을 펼친 요셉, 다니엘, 이순신 같은 분들은 행운아다. 우리 시대에 내가 살아가는 의의를 찾고 내 할 일을 할 수 있는 것이 얼마나 큰 복인지 깨닫는 지혜가 필요하다. 거기에 대한 감사가 있는 삶은 복되다.

21. 옥타비아누스, 양자의 권리를 쟁취하다

카이사르가 암살된 후 그의 유언장이 공개되었다. 그 유언장은 그가 암살되기 6개월 전인 B.C. 45년 9월 15일에 작성된 것이었다. 그 유언장의 중요 내용은 카이사르의 오른팔이었던 안토니우스는 물론 모든 로마인에게 전혀 뜻밖의 것이었다.

① 카이사르의 소유 재산의 4분의 3은 가이우스 옥타비우스와 아티아의 아들인 옥타비아누스에게 남긴다.
② 옥타비아누스가 상속을 사양할 경우, 상속권은 데키우스 브루투스에게 돌아간다.

③ 옥타비아누스는 상속과 동시에 카이사르의 양자가 되고, 아들이 된 뒤에는 카이사르란 성을 이어받는다.

유언장이 공개될 당시 옥타비아누스는 18세의 청년이었다. 그는 카이사르의 여동생의 외손자이고, 카이사르는 그에게 증조부뻘이었다. 이처럼 핏줄과는 거의 관계가 없는 카이사르의 유언장은 보통 유언장이 아니다. 그것은 옥타비아누스에게 '율리우스 카이사르'라는 성을 주는 것으로 후계자를 지명한 정치적 유언장이었다.

옥타비아누스는 그 유언장의 의미를 알고 그것을 받아들이기로 결심하였다. 그 당시 그리스에 있던 그는 주위의 만류를 뿌리치고 로마로 향하였다. 그를 따르는 자는 아그리파를 비롯한 몇몇 사람이었다.

옥타비아누스는 로마로 가면서 별장에 있는 키케로를 방문하여 돌아가신 '아버지'의 뒤를 잇겠다는 결심을 밝혔다. 키케로는 그를 '어린애 풋내기'로 생각하였다. 로마에 이른 그는 안토니우스를 만나 카이사르의 유지를 계승하겠다는 결심을 밝혔다. 안토니우스는 그를 쌀쌀맞은 태도로 맞았다.

안토니우스는 카이사르가 암살된 후 자신의 지위를 강화하고 권력을 장악하는 데에만 전념하고 있었다. 그는 옥타비아누스가 카이사르의 양자가 되는데 방해하기 시작했다.

옥타비아누스는 안토니우스에게 카이사르의 금고를 돌려달라고 요구하였다. 사회적 신분이 높은 사람이 죽으면, 그 뒤를 잇는 사람은 무료로 고인을 기리는 연극을 상연하고 경기대회를 개최하는 것이 로마의 관습이다. 그렇게 하려면 비용이 많이 든다. 거기다가 카이사르는 로마 시민에게 일인당 300세스테르우스씩 나누어 주라는 유언을 남겼다. 옥타비아누스는 안토니우스가 맡고 있는 돈을 받지 못하면 카이사르의 양자로서의 의무를 다할 수 없다.

안토니우스는 핑계를 대면서 돈을 돌려주지 않았다. 그는 돈이 없으면 후계자의 의무를 다할 수 없고, 거기에 실망한 시민들도 옥타비아누스가 카이사르 가문을 계승하는 것에 무관심해질 거라고 생각하였다.

그러나 옥타비아누스는 포기하지 않았다. 그는 카이사르가 생전에 친한 재력가들을 찾아가 도움을 청하였다. 그 가운데 마티우스라는 사람이 응하였다. 키케로가 낌새를 채고 방해하였으나, 마티우스는 옥타비아누스에게 자금 지원을 하였다. 그러자 여러 재력가들이 협조하였다.

카이사르 추모 경기대회는 카이사르가 태어난 달인 7월에 개최되었다. 안토니우스도 더 이상 방해할 수 없었다. 이 일로 18세의 '어린애'는 '어른'으로 인식되었다. 아들로서의 의무를 다하는 것은 가족을 중시하는 로마 사회에서 성숙한 어른의 모습이다. 18세의 젊은이는 군단의 힘을 빌리지 않고도 첫 번째의 싸움에서 승리하였다.

그 후 옥타비아누스는 많은 방해와 난관을 극복하면서 카이사르의 후계자의 권리를 쟁취한다. 모든 기득권을 가지고 방해하는 안토니우스와 대결하여 끝내 승리하고, 로마의 황제가 된다.

모든 정당한 권리도 저절로 주어지지 않는다. 거기에는 항상 훼방꾼의 방해가 있다. 우리는 그 훼방꾼과 싸워 이겨야 내 권리를 가질 수 있다. 역사는 그러한 투쟁의 승리자가 써가는 기록이다.

22. 카이사르, 로마의 신이 되다

B.C. 42년 1월 1일에 카이사르는 로마의 신이 되었다. 그날 원로원 회의에서 죽은 카이사르를 신격화한다는 결의가 이루어졌다.

당시의 로마인은 다신교 민족으로 열심히 신을 만들었다. 시리아를 속주로 삼고 시리아의 신들을 도입했고, 클레오파트라가 로마에 올 때 이집트의 신들을 받아들였다.

살아있는 인간을 지켜주는 것이 로마인의 신이었다. 그러니 신의 수가 많으면 많을수록 세심한 보호를 받을 수 있으니 더 좋다는 것이 로마인의 사고방식이었다. 그러나 아무나 신이 되는 것은 아니다.

로마 역사에서 신으로 격상된 인물은 건국의 아버지인 로물루스가 유일하였다. 그런데 제2의 건국의 아버지로 여긴 카이사르가 신이 되는 것은 너무도 당연한 일이었다. 카이사르는 이제 로마의 제2의 건국의 아버지이면서 영원히 살아서 로마를 지켜주는 신이 되었다.

그런데 비범한 인물이나 유머 감각이 부족한 옥타비아누스는 신이 된 카이사르에게 어울리지 않는다는 이유로 '갈리아 전쟁기'와 '내전기'를 제외한 모든 카이사르의 저술을 없애버렸다. 카이사르가 쓴 시, 희곡, 수많은 편지가 없어진 것은 너무도 안타까운 일이다.

카이사르의 신격화는 그것을 제안한 옥타비아누스 쪽의 냉철한 전략의 산물이었다. 20세의 옥타비아누스는 속히 복수를 마무리하기로 하였다. 그리스에서 병력을 모으고 있는 브루투스와 카시우스를 단번에 격파하기로 작정하였다. 그러려면 군사적 재능이 뛰어난 안토니우스가 나서주어야 했다. 그러나 그는 자기 세력을 강화하는 데만 열심이었고, 카이사르의 원수를 갚는 일에는 등한하였다. 그런 그를 복수전에 끌어들이려면 대의명분이 필요했다. 카이사르의 신격화는 그 대의명분을 확보하는데 충분했다. 로마인의 수호신이 된 카이사르를 죽인 자는 이제 로마인으로서는 그냥 둘 수 없는 공동의 적이 되었기 때문이다. 카이사르의 신격화는 안토니우스와 옥타비아누스의 공동전선을 확고하게 해주었다. 안토니우스가 더 이상 미적거릴 수 없게 만들었다.

출전을 앞두고 옥타비아누스는 브루투스와 카시우스를 죽이면 '복수의 신'에게 바칠 신전을 세우겠다고 발표하였다. 카이사르가 생전에 세워서 봉헌한 신전은 '관용의 신'에게 바쳐져 있었다.

옥타비아누스는 또 한 번 카이사르 신격화를 정략적으로 활용했다. 그는 클레오파트라를 자살하게 하고 이집트를 점령했다. B.C. 30년 이집트의 그리스계 프톨레마이오스 왕조는 300년의 역사로 끝이 났다. 옥타비아누스는 여왕의 죽음을 공표하고 이집트 왕국을 영유한다고 선언하였다. 국가 로마의 속주로 삼는 것이 아니라 자기 개인의 영지로 삼겠다는 것이다. 신이 아니면 지배자로 받아들이지 않는 이집트에서는 '로마의 원로원과 인민'이 지배자가 될 수 없기 때문이다. 옥타비아누스는 신이 된 카이사르의 아들로서 신이 되었기 때문에 이집트의 지배자가 되는데 문제가 되지 않는다. 이미 '신의 아들'이 신으로서 이집트를 지배한 선례는 알렉산더 대왕이 세워놓았다.

사람이 만든 신을 어리석은 사람들은 믿고 섬기고 복을 달라 한다. 영악한 자들은 그 신을 이용해서 자기 이익을 챙기고 사람들을 착취하고 지배하기도 한다. 그러나 사람을 만드신 참 하나님만이 믿고 섬기고 복을 달라고 빌 진정한 신이시다. 그런 하나님은 아무도 이용해서는 안 된다. 만일에 이용하려고 하는 자는 하나님의 무서운 진노를 살 것이다.

Ⅵ. 로마에 의한 평화

 카이사르의 양자가 된 옥타비아누스는 그것을 통하여 로마의 초대 황제 카이사르 아우구스투스가 된다. 그는 로마 제국의 기틀을 다지고, 카이사르가 이루지 못한 원대한 대로마 정책을 달성하였다. 권력이란 무엇이며 정치는 어떻게 해야 하는가? 그는 '팍스 로마나', '로마에 의한 평화'를 이룩하였다. 많은 이민족이 로마에 복속하였다. 그런데 로마에 의한 평화는 참되고 완전한 평화였는가?

1. 로마에 의한 평화: 팍스 로마나,
   진정한 평화: 팍스 크리스뚜스나

'팍스 로마나.' 이 말은 '로마에 의한(의하여 이루어지는) 평화' 라는 말이다.

나는 로마의 율리우스 카이사르(시저)를 세계의 제1영웅이라고 생각한다. 그는 대기만성의 장군이었으나 연전연승하였다. 그가 가는 곳에는 반드시 승리가 있었다. 그는 정적을 제압하고 공화정 로마를 제정으로 바꾸는 혁명적인 일의 기초를 다 다졌다. 유럽, 소아시아, 북아프리카를 제패하여 로마의 국경을 확립하였다. 그는 속주를 잘 관리하여 대부분의 속주가 스스로 로마에 기대게 하는 탁월한 정치가였다. 그는 비록 반대파에 의하여 암살당하였으나, 탁월한 후계자를 선정하는 혜안이 있었다. 그리하여 그는 당시 세계를 로마에 의하여 평화가 유지되게 하는 '팍스 로마나' 의 기초를 확립하였다.

카이사르의 양자(후계자)가 된 아우구스투스는 그 의미를 잘 살려 19세에 집정관이 되었다. 그는 겉으로는 공화정을 표방하면서 실제로는 황제가 되었다. 그런 그는 즉위한 날도 없는 무관의 제왕이었다. 그러나 그는 당시 세계의 가장 강력한 제왕이었다. 그는 카이사르가 기초를 놓은 평화가 정착이 되게 하였다. 그는 "평화의 제단" 이라는 신전을 세웠다.

그의 뒤를 이은 2대 왕 티베리우스는 대단히 고지식하고 대중적이 못되는 인기 없는 자였다. 그러나 그는 선왕의 유지를 받들어 평화정책이 완전히 뿌리를 내리게 하였다. 그리하여 '팍스 로마나' 의 시대가 되었다.

로마는 속주에 대하여 소득의 10분의 1을 내게 하는 조세원칙을 지켰다. 그리고 사회간접자본인 도로망을 구축하여 경제적인 이익을 얻도록 하였다. 또 많은 속주민에게 본국인과 다를 바 없는 시민권을 얻도록 해주었다. 그들의 출세길도 보장하였다. 그리고 방위의 책임은 철저히 로마가 맡았다. 로마는 보호자로서 속주에 대하여 본토와 다름없이 철저히 지켜주었다. 그러니 대부분의 속주는 로마의 속주로 있는 것을 좋아하였다.

그러나 결코 만족한 평화는 아니었다. 이해가 엇갈리는 부족들은 때때로 반기를 들었다. 특히 유대의 열심당원들은 너무도 집요하게 저항하였다.

그런데 미국의 부시 정부는 강한 정부, 힘에 의한 외교정책을 천명하고 나섰다. 부시는 취임 후 곧 국가미사일방어체체(NMD)를 들고 나왔다. 적국의 미사일 공격을 방어 미사일로 공중에서 무산시키겠다는 것이었다. 그리하여 미국에 평화를 보장하겠다는 것이다.

그런데 거기에 대하여 세계의 여론이 좋지 않자 부시는 그것을 미사일방어(MD)체제로 바꾸었다. 미국이 우방은 물론 지구 전체의 안보를 책임지고 평화를 이룰 계획이라는 것이다. '팍스 아메리카나', 즉 '아메리카에 의한 세계 평화'를 외친 것이다.

그러나 러시아, 중국은 물론 유럽, 아시아의 대부분의 국가들이 거기에 우려를 나타내고 반대 입장을 취하였다.

그런데 미국은 한동안 우방국을 지키고 세계 평화를 위하여 많은 기여를 하였다. 그러나 트럼프가 대통령이 되면서 미국우선주의를 취함으로 그 기초가 흔들리는 것이 아닌가 걱정된다. 그래서 한국은 상당히 어려운 입장에 놓이게 되었다.

이런 현실을 보면서 우리는 우리 주 예수님을 생각하게 된다. 그는 하나님의 아들로서 사람이 되어 오셨다. 이것은 말로 할 수 없는 겸손이다. 인간이 마치 개미가 된 것과 같다.

그런데 예수님은 왕으로 오셨다. 왕 중에서도 가장 좋은 왕인 평화의 왕으로 오셨다. 그러나 헤롯은 그것을 모르고 자기와 경쟁할 왕으로 생각하여 죽이려고 하였다. 그래서 아기 예수님은 애굽으로 피난을 갔다.

예수님은 복음을 전하실 때 항상 비폭력으로 나가면서 평화의 복음을 전하셨다. "화평케 하는 자가 복이 있다. 그는 하나님의 아들이라 일컬음을 받을 것이다." "오른편 뺨을 치거든 왼편도 돌려 대라."

예수님은 십자가를 앞두고 예루살렘에 입성하실 때 새끼 나귀를 타고 가셨다. 말은 전쟁에 이긴 개선장군이 타고 가는 것이다. 그런데 나귀는 평화를 나타낸다. 새끼 나귀는 더욱 그러하다.

예수님은 베드로에게 "검을 꽂으라."고 하시면서 원수에게 스스로 잡혀가셨다. 그리고 아무 변명도 않으시면서 엉터리 재판으로 사형언도를 받고 십자가를 지고 죽으셨다. 이것은 온 천지가 진동하는 놀라운 사건이었다.

예수님은 이 십자가의 죽음으로 진정한 평화를 이루셨다. 하나님과 인간 사이에 죄로 인해 생긴 서로 원수되게 하는 철벽같은 담을 허시고 평화가 이룩되게 하셨다. 서로 원수되어 반목질시하는 인간들이 서로간의 담을 헐고 친구가 되게 하는 화평의 계절이 오게 하셨다. 그리하여 '팍스 크리스투스나'의 역사를 여셨다.

그래서 누군가 평화의 왕이신 예수님을 영접하면, 그는 하나님과 평화를 누리고, 사람들과도 화평을 누리게 된다. 그리고 그는 평화를 만들고 전하는 평화의 사도가 된다.

이 진정한 평화의 왕이신 예수님을 영접하는 곳에는 전쟁이 사라진다. 평화의 종소리가 울려 퍼지게 된다. 미국이 예수 그리스도의 평화의 복음으로 무장하고 나온다면, 또 그것을 분명히 입증한다면, 온 세계는 환영하고 온 누리에 평화의 전원곡이 울려 퍼질 것이다.

"진정한 평화, 팍스 크리스뚜스나."

2. 로마의 초대 황제 아우구스투스의 등극

옥타비아누스는 로마에서 시민들을 열광시킨 화려한 개선식을 거행했다. 33세의 승자를 향한 시민들의 열망은 그의 승리보다 내전이 종식된 데 대한 기쁨에서 나온 것이었다. 옥타비아누스도 그것을 잘 알았다. 그는 야누스 신전의 문을 닫게 했다.

로마가 전시에는 전쟁의 신 야누스에게 바쳐진 신전의 문을 열어 두었다. 그러나 전쟁이 끝나고 평화로운 시대가 되면 그 문을 닫았다. 그 문이 닫힐 기회는 B.C. 30년 이전에도 있었다. B.C. 45년에 벌어진 문다 회전에서 카이사르가 폼페이우스파 잔당을 제압하고 개선했을 때였다. 그러나 연에 카이사르의 암살로 그 문이 열리고 14년 후에야 다시 닫히게 되었다.

옥타비아누스에게는 카이사르가 이루지 못한 신생 로마를 확립하는 막중한 임무가 기다리고 있었다. B.C. 44년 3월 15일, 카이사르의 육신은 죽었다. 그러나 카이사르가 완전히 죽은 것은 B.C. 30년이었다. 이때부터 옥타비아누스의 시대가 열렸기 때문이다. 이제 옥타비아누스는 로마의 초대 황제가 되었다. 초대 황제 아우구스투스에 의해 카이사르가 타도한 공화정 로마를 대신하는 제정 로마가 시작되었다. 카이사르는 제정의 길을 열었고 실제로 황제의 역할을 하였다. 그러나 그는 겉으로는 황제가 아니었다. 이제 옥타비아누스는 정식으로 제정을 열고 황제가 되었다. 카이사르 아우구스투스가 되었다. '카이사르'는 '황제'라는 말이 되었고, '아우구스투스'는 '신성하고 경배를 받아 마땅한 인물'이라는 뜻이다. 그 말은 원로원이 붙여준 명예다.

카이사르의 시정방침은 '관용'(클레멘티아)이었다. 카이사르의 뒤를 이어 로마 세계의 최고 권력자가 된 옥타비아누스의 시정방침은 '평화'(팍스)였다. 로마에 의한 평화, 즉 '팍스 로마나'가 시작되었다.

아우구스투스는 카이사르와 같은 창조적 천재는 아니었다. 그러나 그는 탁월한 정치력을 갖고 있었고, 카이사르가 갖지 못한 두 가지 이점을 누렸다. 그 첫째는 공화주의자들이 B.C. 49년부터 30년까지 계속된 내전에서 모두 죽은 것이다. 그의 정적들은 다 사라졌다. 그 둘째는 아그리파와 마이케나스라는 동년배 협력자를 얻은 것이다. 아그리파는 카이사르가 군사의 일을 맡아 옥타비아누스의 오른팔이 되게 한 인물이다. 마이케나스는 외교를 전담하도록 옥타비아누스가 직접 발탁한 인물이다. 30대 전반의 이 세 사람이 협력하여 '팍스 로마나'의 위업을 달성하였다.

옥타비아누스는 양부 카이사르에게 바치는 신전을 포로 로마노 중심부에 짓겠다고 공표했다. 카이사르가 생전에 기획한 원로원 의사당(쿠리아)을 카이사르의 의도대로 카이사르의 포룸에 잇대어 짓겠다고 공표하였다. 그리고 팔라티노 언덕 위에 아폴로 신에게 바치는 신전도 건립하기로 결정했다. 로마에서 북상하는 폴라미니아 가도의 전면적인 보수공사를 자기 사비로 완성하였다. 이 모든 일은 인심을 얻기 위한 대작전이었다.

옥타비아누스는 안토니우스파에 가담한 자들에 대한 정보를 손에 넣었다. 그러나 그는 술라처럼 숙청을 단행하지 않았다. 그는 카이사르처럼 관용을 베풀었다. 그러나 그는 안토니우스파였던 자들이 은밀한 두려움을 갖도록 하였다.

카이사르 아우구스투스는 황제로서의 예비적인 통치를 시작하였다. 군비 삭감, 국세조사, 영토 건설, 정보 공개, 원로원 재편성 등의 일들을 추진하여 나갔다.

새 시대를 열고 개혁을 하는 것은 참으로 어려운 일이다. 그러나 그것을 해내는 자는 '신성하고 경배를 받아 마땅한 인물' 즉 '아우구스투스'가 된다. 그 일은 혼자가 아니라 여러 사람이 협력할 때 쉽게 될 수 있다.

3. 옥타비아누스의 공화정 복귀 선언

카이사르는 루비콘 강을 건넌 후 폼페이우스와의 내전을 치르면서 승리하고 제정의 길을 열었다. 그는 사실상의 황제의 권력을 행사하였으나 황제가 되지는 못하였다.

카이사르의 양자로 후계자가 된 옥타비아누스는 로마의 초대 황제 아우구스투스가 되었다. 그는 카이사르의 양자의 권리를 획득하고 후계자가 되기 위하여 안토니우스와 내전을 치렀다. 그는 긴 내전에서 승리하고 사실상의 황제 권리를 행사하고 있었다. 원로원과 시민들은 이제 제정이 되었다고 생각하였다.

그런데 B.C. 27년 1월 13일에 35세의 옥타비아누스는 원로원에서 뜻밖의 선언을 하였다. 그것은 공화정 체제로 복귀한다는 것이었다.

"내 한 몸에 집중되어 있는 모든 권력을 여러분 손에 돌려주겠소. 무기와 법률, 로마의 패권 하에 있는 모든 속주를 원로원과 로마 시민의 손에 되돌려줄 것을 선언하는 바이오."

옥타비아누스는 마치 싸움에 승리한 전사가 무기를 내려놓고 갑옷을 벗어던지기라도 하듯 의사당에 줄지어 앉은 원로원 의원들에게 자기가 그동안 행사했던 권리들을 포기한다고 선언하였다. 군사와 내정과 외치 모두를 원로원과 로마 시민에게 되돌려 준다고 선언하였다.

순간 의사당은 얼어붙은 듯이 조용해졌다. 하지만 곧 의사당은 환호의 소용돌이에 말려들었다. 원로원 의원들은 어린 아이들처럼 기뻐뛰면서 좋아하였다.

공화정 복귀로의 선언은 원로원이 정책을 세우고 민회가 승인하는 체제로의 선언이다. 원로원 체제는 율리우스 카이사르가 국법을 어기고 루비콘 강을 건너면서까지 타도를 결심하고, 실제로 타도한 정치체제다. 그런데 그런 카이사르의 후계자가 공화정 복귀를 선언하였으니 원로원 의원들은 환성을 지르며 기뻐하지 않을 수 없었다.

그런데 옥타비아누스는 이미 필요 없어지고 거추장스러운 삼두정치권, 이탈리아 서약, 세계적 합의 등만 내놓았다. 최고 권력자가 된 그가 모든 기득권을 완전히 포기하고 일개 원로원의 의원이 되겠다고 선언한 것은 아니었다.

옥타비아누스는 집정관직을 사임하지 않았다. 공화정 체제에서 국가의 최고위직인 집정관직에 연임되는 것은 위법일 수 있다. 그러나 그는 공화정 복귀를 선언할 당시에 일곱 번째로 집정관직을 맡고 있었고, 그 후에도 B.C. 23년까지 해마다 집정관으로 선출되었다.
 옥타비아누스는 '임페라토르'라는 칭호를 항상 사용할 수 있는 권리를 내놓지 않았다. 임페라토르는 개선장군을 부르는 경칭이었다. 이 임페라토르라는 명칭을 사용하는 것은 종신 군통수권과 그것을 후계자들에게 물려줄 세습권을 가지는 것을 말한다. 이것만으로도 실제로는 제정이다.
 옥타비아누스는 '프린켑스'(제일인자)라는 칭호를 내놓지 않았다. 프린켑스는 로마에서 공화국 시민 가운데 으뜸이라는 의미였다. 또한 지도자라는 의미로도 쓰였다. B.C. 29년에 원로원은 안토니우스를 무찌르고 돌아온 34세의 옥타비아누스에게 이 칭호를 부여하였다. 옥타비아누스는 그 칭호를 즐겨 사용하였다. 이 말은 차츰 황제를 가리키는 말로 사용되었다.

 35세의 옥타비아누스는 노련한 정치가로 동시대 로마인들, 원로원 의원들을 속이고, 후세의 고지식한 역사 연구자들까지도 속였다. 노회한 의원들은 깊이 생각지 않고 어리석게 환호하였다. 항상 정치가의 말을 곧이곧대로 들으면 안 된다. 깊이 생각하고 의심해보아야 한다.

4. 옥타비아누스, 아우구스투스 황제가 되다

 '아우구스투스'는 '옥타비아누스'의 로마 초대 황제로서의 이름이다. 옥타비아누스는 아우구스투스 황제가 되었다. 그 이름은 로마의 원로원이 붙여준 것이다.

공화정 복귀가 선언된 날부터 사흘밖에 지나지 않은 B.C. 27년 1월 16일, 로마의 원로원은 옥타비아누스에게 '아우구스투스' 라는 존칭을 부여할 것을 만장일치로 결의하였다. 그리고 다른 명예도 추가하였다. 그것은 옥타비아누스의 집 현관 양쪽에 서 있는 기둥을 월계수로 장식하고, 현관문 위에는 시민관을 놓으며, 그의 결단, 관용, 공정, 자애에 감사하는 마음을 새긴 황금 방패를 원로원 의사당에 안치한 것이다.

이러한 사실은 실제로는 옥타비아누스 자신이 조종한 것이다. 그는 공화정 부활을 선언한 뒤 아직 그 흥분이 채 가시지 않은 사흘 뒤에 그것을 성사시켰다. 그는 권력에 아부하지 않는 결백한 인물로 소문이 나있는 폴리오를 시켜 그것을 제안토록 하였다. 그래서 아무도 옥타비아누스가 조종하는 것을 눈치채지 못하였다.

'아우구스투스(Augustus)' 라는 말은 신성하고 경배를 받아 마땅한 인물이나 장소를 의미한다. 그 말은 무력이나 권력을 연상시키는 의미는 전혀 없었다. 신성하다는 뜻일 뿐 다신교 세계인 로마에서는 유일무이한 절대적 권위를 나타내는 말이 아니었다. 길가에 서 있는 사당조차도 신성하고 경배를 받아 마땅한 존재라고 보는 것이 로마인이었다. 원로원 의원들은 '아우구스투스' 라는 존칭이라면 권력과는 전혀 결부되지 않는다고 믿어 다 찬성표를 던졌다.

그러나 원로원이 만장일치로 가결한 '아우구스투스' 라는 존칭은 실제로는 권력과 무관하지 않았다. 아우구스투스라고 불리게 됨으로써 옥타비아누스가 얻은 것은 권위다. 그것은 14년의 권력투쟁에서 승리한 최고 권력자에게 위신을 세워준 것이다. 그로 인하여 말한 마디를 하더라도 무게가 달라지게 하였다. 사실상 옥타비아누스는 포기하면 유리한 권리만 포기했을 뿐이고, 집정관 자리에 계속

연임하면서 군통수권도 전혀 포기하지 않았다. 황제의 권리를 그대로 쥐고 있었다. 그런 인물에게 권위까지 더해지면 어떻게 되겠는가? 의사당에서 발언하는 모든 말은 다른 의원들과는 전혀 다른 무게를 가지고 힘을 발휘할 것이다. 옥타비아누스는 30대의 청년답지 않은 노련한 정치인으로 아주 절묘한 용어를 선택하였다.

옥타비아누스는 하나하나에서 합법성을 띄고 민중을 앞세웠다. 그러나 그는 그 하나하나를 연결해가면 공화정 치하에서는 비합법이 될 수밖에 없고 제정이 되는 길을 택하였다. 그는 이렇게 탁월한 수완을 발휘하였다. 이러한 모든 것을 노회한 원로원 의원들이 눈치 채지 못하게 하였으니, 참으로 그 수완이 탁월하다.

B.C. 27년은 당시의 대부분의 로마인들이 공화정 복귀를 경축하고 기뻐 환호한 해였다. 그러나 불과 반세기쯤 뒤에 살았던 후세인들에게 그 해는 제정이 본격적으로 시작된 해다. 그해부터 옥타비아누스는 '임페라토르 율리우스 카이사르 아우구스투스'(Imperator Julius Caesar Augustus)라는 명칭을 사용하였다.

옥타비아누스는 매사에 신중한 성격이었다. 서두르지 않고 숙고하여 묘안을 만들어 냈다. 그는 살해되기라도 하면 아무리 좋은 대사업도 수포로 돌아갈 수밖에 없는 사실을 카이사르 암살에서 배웠다. 그는 연설, 저술에서 자신은 카이사르에 필적할 만한 설득력을 갖고 있지 못하다는 것을 깊이 자각하고 있었다.

그는 그렇게 함으로 천재의 뒤를 이은 천재가 아닌 인물로서 천재가 이르지 못한 목표에 도달하였다. 그는 능력 면에서 카이사르와 비교할 수 없으나, 업적 면에서는 카이사르와 비교할 수 있는 인물이 되었다.

아우구스투스 조상

5. 사실상의 황제 옥타비아누스의 권력

옥타비아누스는 카이사르가 닦은 터 위에서 사실상의 로마 황제가 되었다. 그러나 그는 공화정 복귀를 선언하고 철저히 위장하였다. 때문에 일반 시민은 물론 노회한 원로원의 의원들마저 속아 넘어갔다. 그들은 제정이 시작되었으나 새로 공화정이 되었다고 기뻐하였다.

옥타비아누스는 갖고 있어봤자 아무 의미도 효력도 없는 권한을 반납하여 사람들을 기쁘게 해놓고, 그 대신 얼른 보기에는 의미도 효력도 거의 없어 보이지만 장래에 대한 포석으로는 대단히 중요한 권한을 획득하는 방법을 택하였다. 하나하나씩 따져보면 합법이지만, 그것들을 합하면 로마식 공화정 체제에서는 비합법이 될 수밖에 없는 제정으로 서서히 바꾸어갔다. 한참 뒤에 보니 그는 황제의 권한을 다 가진 황제였다. 그 권력은 다음과 같다.

○ '카이사르' – 이것은 17세의 옥타비아누스를 카이사르가 양자로 삼아 후계자로 삼겠다고 유언했기 때문에 얻은 성이다. 옥타비아

누스는 양자가 되는 절차를 다 밟아 양자가 되어 그 성을 획득하였다. 그런데 그것은 제정이 집행됨에 따라 '황제'의 대명사가 되었다.

o **'제일인자'** (프린켑스) - 원로원이 옥타비아누스에게 이 칭호를 주었을 때는 로마 시민 가운데 '으뜸'이라는 의미에 불과하였다. 이 말은 사실상의 제정이 시작된 것을 숨기고 싶은 아우구스투스에게는 참으로 편리한 명칭이었다. 그러나 이 말은 차츰 '지존'의 의미로 쓰이게 되었다.

o **'아우구스투스'** - 이 말은 '신성하고 경배를 받아 마땅한 인물'이라는 뜻이다. 이 말은 다신교 사회인 로마에서 그냥 존경받는 존재로 인정하는 말이다. 권력 냄새가 전혀 나지 않는 존칭이며, 권력 투쟁을 초월한 지위를 의미한다. 그러나 이 말이 옥타비아누스에게 권위를 더해주었고, 그 권위는 군통수권을 가진 그에게 황제의 모습으로 빛나게 하였다.

o **'임페라토르'** - 이 말은 원로원 의원들이 보기에는 개선장군에 대한 존칭에 불과하였다. 그래서 원로원은 별 거부반응 없이 이 말을 사용케 해달라는 옥타비아누스의 요청을 허락하였다. 그런데 이 말이 옥타비아누스가 이미 인정받고 있던 군통수권을 의미하는 '임페리움 프로콘술라레 마이우스'와 연결되면 전군 총사령관이 된다. 거기다가 옥타비아누스는 전통적으로 군사력을 두지 않는 수도 로마까지 이 군통수권이 미치도록 법을 개정하였다.

o **'호민관 특권'** (트리부니키아 포테스타스) - 호민관은 공화정 시대에 가장 민주적이고 자유주의적인 공직이었다. 호민관은 신변불가침권, 평민집회 소집권, 정책 입안권, 거부권이 있었다. 거부권은 원로원 결의나 집정관이 입안한 정책도 백지로 돌릴 수 있는 막강

한 권한이다. 이 호민관 특권으로 옥타비아누스는 평민집회를 통하여 정책을 입안하고, 자기 뜻에 맞지 아니한 원로원과 집정관의 뜻을 거부할 수 있었다.

'호민관 특권'을 가지므로 옥타비아누스는 황제로서의 공적 지위를 확립하였다. 그 이후 황제들의 공식 명칭은 아우구스투스의 명칭을 계승하였다.

'임페라토르 카이사르 아우구스투스 트리부니키아 포테스타스 (Imperator Caesar Augustus Tribunicia Potestas)'

아우구스투스는 유일한 승자가 된 뒤에도 남들이 눈치 채지 못하도록 오랜 시간을 들여 한 가지씩 권력을 수중에 넣어 결국 모든 권력을 장악하였다.

그런데 평범한 황제라면 이제 다 되었다고 생각하며 호화로운 궁전 건설에 착수했을 것이다. 그러나 40세의 아우구스투스는 극히 소박한 집에 살면서, 제국의 경제를 살리기 위하여 화폐개혁을 비롯한 여러 가지 제도개선에 나섰다. 그는 로마제국의 기초를 멋지게 다졌다.

6. 아우구스투스의 선거제도 개혁

아우구스투스는 B.C. 23년을 선거제도를 개혁할 좋은 기회로 삼았다. 서서히 대권을 손에 잡은 아우구스투스가 대대적으로 선거를 벌이는 것이 위선이라는 것은 많은 사람들이 알고 있었다. 그러나 자유롭게 선거권을 행사할 수 있다는 것은 일반 민중에게 즐거운 일이다.

카이사르가 건설하기 시작한 '사이프타 율리아'(율리우스 투표소)는 아우구스투스가 완성하였다. 판테온 동쪽에 인접한 이 투표소는 세로 120m, 가로 300m의 회랑으로, 주위에는 원기둥이 늘어서 있었다. 선거는 이 회랑을 선거구별로 칸막이하여 이루어졌다. 선거 방식은 공화정 때와 같았다. 그것은 유효표 전체의 집계로 당락을 결정하는 것이 아니라, 각 선거구의 결과가 그 선거구의 표가 되고, 그 표를 집계하여 결정하는 방식이었다. 이러한 선거방식은 미국 대통령 선거의 모델이 되었다.

아우구스투스는 수도 이외의 시민들도 투표하는 것을 인정하였다. 이것은 로마 역사상, 아니 세계 역사상 처음 있는 일이었다. 현대에서는 각 지방자치단체에 사는 유권자가 거주지역에서 투표하고, 그 결과가 수도로 전달되는 방식을 당연하게 생각한다. 하지만 고대인들은 도시국가의 역사의 특성상 선거는 수도에서 이루어지는 것이 당연하다고 생각하고 그렇게 하였다. 그런데 유권자가 400만이 넘는 그 시대에 종전처럼 수도 로마에 올 수 있는 시민만 선거권을 행사한다면 그 결과는 전체 시민의 뜻이라고 볼 수 없다. 그래서 아우구스투스는 아주 획기적인 개혁을 하였다.

선거는 활기차고 역동적인 일이나 그대로 두면 선거법 위반과 부정 사건이 생기기 마련이다. 아우구스투스는 선거법 위반에 대한 벌칙을 법제화하였다.

후보자는 의무적으로 공탁금을 내게 하였다. 선거법을 위반하면 공탁금은 몰수되어 국고로 들어가게 하였다. 후보자에게 선거자금을 지원하는 것은 인정되었다.

이러한 제도적 개혁은 거의 현대 민주국가의 선거제도에 가깝다. 이러한 개혁은 효과를 봐 선거법 위반이 거의 사라졌다. 그런데 실제는 표를 사면서까지 얻은 공직이 아무런 이권도 없어지는 식으로 개혁된 원인이 더 크게 작용하였다. 그러나 공직이 아무리 이권이 없어도 그것은 '명예로운 경력'을 추구하는 사람에게는 매력적인 것이어서, 선거는 활기차게 진행되었다.

로마의 선거에서는 후보자의 선거운동은 물론이고, 최고 권력자인 황제의 선거운동도 허용되었다. 그것은 '추천'이라는 형식으로 이루어졌다. 이것을 잘 활용한 사람은 비민주적인 제정을 추진한 카이사르와 아우구스투스였다.

카이사르는 다음과 같은 추천문을 보냈다.

"독재관 카이사르가 A선거구의 유권자 여러분에게. 여러분이 던지는 한 표로써 후보자 B와 후보자 C가 그들이 바라는 관직에 당선될 수 있기를 바란다."

아우구스투스는 추천서를 보내지 않고, 선거 때가 되면 넓은 '사이프타 율리아'를 자파 후보자를 거느리고 돌아다니면서 표를 던져달라고 호소하였다. 그런데 나중에는 아우구스투스도 카이사르식으로 바꾸었다.

이러한 황제의 선거운동은 현대국가로 보면 관권선거이며 통치자가 선거에 개입하는 것으로 금지하는 사항이다. 그러나 로마의 제정은 선거제도를 가진 제정이었다. 카이사르와 아우구스투스는 제정을 추진하면서도 민의를 반영하려고 노력하였다. 선거에서 황제의 선거운동은 당시로서는 겸손으로, 애교로 볼 수 있는 측면도 있다. 권력으로 강력하게 개입하지 않고 지지를 호소한 것은 당시로서는 파격적인 겸손으로 볼 수 있다.

7. 로마의 '노멘클라투라'

　로마의 유력자들은 옛날부터 외출할 때에 '노멘클라투라'라고 부르는 노예를 데리고 다녔다. 유력자가 포로 로마노를 걸어가면 다가와서 인사를 하는 사람이 많다. 유력자는 그 많은 사람의 이름을 다 기억할 수 없다. 그래서 저쪽에서 사람이 다가오면 노멘클라투라가 얼른 주인에게 그의 이름을 알려준다. '노멘'은 '이름', '클라투라'는 '알려주는 자'라는 뜻이다. 상대의 이름을 알게 된 유력자는 반갑게 그의 이름을 부르면서 인사한다. 그러면 상대는 기분이 좋아지고 서로 좋은 관계를 만들 수 있다.
　선거운동 중에는 노멘클라투라는 이름뿐만 아니라 상대에 관한 많은 정보를 파악하고 있다가 순간적으로 주인에게 알려준다. 그렇게 하려면 노멘클라투라는 평소에 사람들에 대한 정보수집을 열심히 해야 하고, 머리는 컴퓨터처럼 되어야 한다.
　로마 시민 중에는 유력자들 외에 재산이 없기 때문에 날품팔이로 살아가는 무산자(프롤레타리아)도 있었다. 원래는 노예였으나 자유를 얻어 해방노예라고 부르는 사람도 있었다. 해방노예도 어느 정도의 재산이 있고 자식이 있으면 로마 시민권을 받을 수 있었다. 이렇게 다양한 사람을 상대로 선거운동을 하려면 유권자의 보다 많은 정보를 알아야 한다. 유력자는 노멘클라투라를 통하여 그러한 필요를 충족시킨다. 선거에 승리하기 위해서는 유능한 노멘클라투라가 반드시 있어야 한다.
　선거에 출마한 사람은 노멘클라투라로부터 만나는 사람의 신상정보를 받았으므로 전혀 모르는 사람한테도 마치 친구인 것처럼 이야기할 수 있다.

"○○○씨, 오리엔트에서 장사를 하신다고 들었는데, 잘 되고 있습니까? 이번에 제가 회계 감사관에 입후보 하였는데 잘 부탁합니다."

"○○○씨, 반갑습니다. 여기서 당신을 만나게 될 줄은 꿈에도 몰랐습니다. 내가 남프랑스 속주에 근무할 때에 당신 아들한테 많은 신세를 졌습니다. 인사가 늦었습니다. 이번에 내가 법무관에 입후보 했으니, 잘 부탁드립니다."

"○○○씨, 당신 아들이 아테네에 유학을 갔다고 들었습니다. 언제까지 거기 있습니까? 내가 집정관을 지내면, 그 다음에는 그 지역 총독을 희망할 작정입니다. 그때는 당신 아들한테도 여러 가지 도움을 줄 수 있습니다."

유권자들이 입후보자의 이런 인사를 받을 때에 노멘클라투라가 정보를 주어서 하는 헛 인사라는 것을 안다. 그러나 유권자는 기분이 좋아지고 한 표 던질 가능성이 높아진다.

오늘날 무조건 다수에게 연설을 하거나, 모르는 사람에게 돈을 건네거나, 길거리에서 큰절 하는 것보다 얼마나 고상하고 현대적인가?

노멘클라투라에게는 또 하나의 임무가 있었다. 로마인은 침대 같은 받침대 위에 옆으로 누어서 식사한다. 연회가 열릴 때는 손님들의 자리를 결정해야 하는데, 그것을 결정하는 것이 그것이다. 유력자와 친해지고 싶은 사람은 노멘클라투라에게 팁을 주고 좋은 자리를 주선 받았다.

노멘클라투라는 노예이나 유력자에게 정보원장이며 비서실장이다. 그는 종이나 실제로는 막강한 힘을 가지고 있었다. 공산국가에서는 특권층을 '노멘클라투라' 라고 하였다. 문고리를 잡은 청와대 비서가 대통령 다음가는 권력을 행사하는 세상이다.

8. 황제 아우구스투스의 관용, 인내

옥타비아누스는 로마의 초대 황제 아우구스투스가 되었다. 그는 황제가 된 것을 숨기고 로마가 제정이 아닌 공화정인 것처럼 위장하였다. 그는 황제로서의 권위를 과시하지 않고 모든 사람에게 관용을 베풀고 인내하였다.

술라가 원로원 회의에 참석했다면, 의사당은 쥐 죽은 듯이 조용하고, 누구도 감히 술라를 비난하지 못했을 것이다. 술라가 차가운 시선으로 노려보면 한기가 돌았고, 그것은 '살생부'에 그 이름이 오르는 것을 의미했다. 그 살생부에 이름이 오르면 그의 정치 생명은 물론 육체적인 생명도 끝났다.

카이사르가 원로원 회의에 참석했다면, 유명한 '카이사르의 관용' 덕분에 무슨 말을 해도 제거될 염려는 없었다. 그러나 카이사르를 비난하거나 반론을 제기했다가는 재치있고 날카로운 카이사르의 경구를 뒤집어쓰고, 다른 의원들의 폭소 속에서 난감한 꼴을 당하는 것을 각오해야 했다.

아우구스투스는 위의 두 사람이 가지고 있던 카리스마는 가지고 있지 않았다. 그는 신체적으로도 미남이기는 하나 다른 사람에게 위압감을 주는 당당한 체구는 아니었다.

이런 아우구스투스가 원로원에서 법안을 설명하고 있었다. 의원 한 사람이 거침없이 야유를 퍼부었다. "무슨 말을 하는지 도무지 모르겠다."

말로 설득하는 재능이 없었던 아우구스투스에게는 뼈아픈 타격이었고, 난감한 일이었다. 그런데 거기에 더하여 또 한 의원이 큰 소리로 빈정거렸다. "나에게 발언만 허용해주면 당신에 대한 반론을 전개해 보이겠습니다."

아우구스투스는 도저히 더 이상 참을 수 없었다. 그는 의사당 밖으로 뛰쳐나왔다. 그의 뒤에서 누군가가 소리쳤다.

"국정은 원로원 의원끼리 토의해서 결정해야 돼."

"감히 어떻게 그런 말들을 지껄이냐? 세상 돌아가는 것을 그렇게도 모르나? 너희들이 빈정대고 비난하는 그가 황제가 된 줄도 모르고, 이 멍청한 것들아. 어쩌려고 그런 짓을 하나? 너희들은 목이 몇 개라도 되는 줄 아느냐? 옆에서 웃는 너희들은 무슨 코미디를 보는 줄 아나? 사태의 심각성을 깨달아라. 황제의 최소한의 위신이라도 세워주어야 되지 않나? 그러면 출세할 기회도 올 텐데."

그러나 처벌받은 사람은 물론이고, 좌천당하거나 불이익 당한 사람도 없었다. 그러한 분위기 속에서 원로원 의사당에는 자유로운 토론과 활발한 반론이 진행되었다. 따라서 국정은 활성화되었다.

아내 리비아가 데리고 온 티베리우스는 젊은 나이에 이런 현실을 보고 분개하였다. 그런 그에게 아우구스투스는 편지를 보냈다.

「"나의 티베리우스여, 젊은 너로서는 무리가 아니라고 생각하지만 나를 나쁘게 말하는 사람이 있더라도 분개해서는 안 된다. 그들이 우리에게 칼을 들이대지 않는 것만으로도 만족해야 하지 않겠느냐?"」(시오노 나나미 저, 김석희 역, 로마인이야기 6, p.103)

이러한 아우구스투스가 동방을 재편성하고 돌아올 때 원로원은 대대적인 환영을 하였다. 집정관, 의원들, 법무관, 호민관이 캄파냐(나폴리)까지 마중 나와 영접하였다. 명예와 용기를 찬양하는 신전에 그의 귀환에 경의를 표하며 귀환을 도운 여신에게 바치는 제단을 세웠다. 그 제단에 해마다 그의 귀환을 기념하는 산 제물을 바쳤다. 아우구스투스는 로마제국, 아니 당시 세계의 존경받는 황제가 되었다.

"온유한 자는 복이 있나니, 그는 땅을 기업으로 받을 것이다"(마 5:5).

9. 아우구스투스의 출산장려정책

B.C. 1세기 말에 이탈리아 반도의 주민은 본국 국민의 수는 그대로 있고, 해방노예의 비율이 높아졌다. 그러면서 지도층에서 자식을 적게 낳는 풍조가 뚜렷해졌다. 겨우 2,3명 낳게 되고 아예 결혼하지 않는 사람이 늘어났다. 그렇게 된 이유는 사정이 어려워서가 아니라 쾌락을 즐기기 위함이었다.

독신으로 지내도 불편한 점이 별로 없었다. 집안일은 노예가 다 해주었다. 내전이 끝나 결혼으로 인척 관계를 강화하여 보신책을 마련할 필요도 없었다. 이권이 사라져 장인의 후원으로 출세하는 것도 매력이 없어졌다. 여자가 독신으로 살아도 불편한 점은 거의 없었다.

아우구스투스는 이런 문제를 해결하기 위하여 '윤리 대책'(쿠라 모룸)을 내놓았다. 이것은 출산장려정책이다. 그 구체적인 내용은 '간통 및 혼외정사에 관한 율리우스법'과 '정식 혼인에 관한 율리우스

법'으로 나타났다.

　간통은 사적 문제였으나 공적인 범죄가 되었다. 모든 시민이 간통한 자를 고발할 수 있게 되었다. 기혼자가 여자 노예나 창녀 외에 다른 여자와 성적 관계를 맺으면 범죄가 되었다. 이렇게 간통죄가 성립되어야 부부간의 관계가 잘 되고 출산으로 이어질 수 있다.

　25-60세까지의 남자, 20-50세까지의 여자가 결혼하지 않으면 불이익을 당했다. 과부인 경우도 자녀가 없으면 1년 안에 재혼해야 하고, 그렇지 않으면 독신 취급을 받았다.

　독신 여성은 50세가 넘으면 상속권도 인정받지 못하게 되었다. 그 여성이 5만 세스테르우스 이상의 재산을 갖고 있으면 몰수되어 국고로 들어갔다. 2만 세스테르우스 이상을 가진 여성으로 독신이면 53세 이전이라도 그 수입의 1퍼센트를 세금으로 내야 했다. 이 세금은 그 여성이 결혼 후에 세 번째 아이를 낳아야만 면제되었다.

　로마 시민권자인 남자도 자녀가 없으면 경제적인 불이익을 당했다. 첫 아이가 태어나야만 법적 상속인이 아닌 다른 사람에게도 유산을 상속할 권리를 가질 수 있고, 법적 상속인이 아니라도 유산을 상속 받을 권리를 가질 수 있었다.

　독신자나 자식이 없는 사람은 사회적, 경제적 불이익 외에 경력에서도 불이익을 당했다. 예를 들면 민회에서 선거로 뽑는 공직자가 획득한 표가 동수인 경우 독신자보다 기혼자, 기혼자 중에도 자녀를 가진 사람, 자녀를 가진 사람 중에서도 더 많은 자녀를 가진 사람이 우선권을 가졌다. 원로원 의원, 총독에게도 같은 규정이 적용되었다.

　자식을 셋 이상 낳은 여자는 친정 아버지의 '가부장권'에서 해방되고 상속에서도 제한이 없어졌다. 자식을 많이 낳은 해방노예는 옛 주인과의 고용관계를 끊을 수 있었다.

이혼을 금하지는 않았으나 어렵게 하였다. 원로원 의원으로 구성된 위원회의 허가를 받도록 하였다. 유부녀가 불륜관계를 맺으면 재산의 3분의 1을 몰수하고 외딴 섬으로 종신 추방하였다.

아우구스투스는 한 노인을 로마로 초대하였다. 그 노인은 8명의 자식과 35명의 손자, 18명의 증손자를 다 데리고 아우구스투스를 만났다. 황제는 그 가족을 개선장군처럼 환영하였다. 이 노인이야말로 로마 시민이 귀감으로 삼아야 할 사람이라고 칭찬하였다.

오늘날 출산장려정책은 모든 선진국의 공통된 과제다. 세금을 공제해 주거나 가족수당을 늘려주는 정도의 대책으로는 이 문제를 해결할 수 없다. 적어도 아우구스투스의 정책 정도는 되어야 한다. 그러나 그렇게 한다면 기본권 제한, 인권유린 등으로 반란이 일어날 것이다.

10. 아우구스투스의 오른팔 아그리파

아우구스투스는 로마의 초대 황제로서 로마제국을 반석 위에 올려놓은 위대한 정치가다. 그는 카이사르보다 탁월하지 못했으나, 아그리파와 마이케나스 두 협력자들 얻어 역사에 길이 남을 위업을 이루었다.

아그리파는 카이사르가 군사의 일을 맡겨 옥타비아누스의 오른팔이 되게 한 인물이다.

「카이사르는 옥타비아누스에게 군사적 재능이 부족하다고 판단하여, 그 방면의 재능이 탁월한 아그리파를 협력자로 발탁하였다. 아우구스투스가 거둔 군사적 승리는 모두 다 아그리파의 전략과 지휘 덕분이었다.」(앞의 책, p. 244)

아그리파는 시종일관 아우구스투스의 생각이 실현되도록 협력하였다. 그것은 군사 외에 건설에서도 이루어졌다.

로마의 도로망은 아그리파의 전략적 안목과 그가 지휘하는 군단병의 노력으로 이루어졌다. 아그리파가 건설한 로마의 방어망은 제국의 서방만이 아니라 동방에까지 미쳤다. 아테네의 신전 복구와 예루살렘의 유대교 성전 재건도 전략망 구축에 포함되었다.

로마의 도심 중의 도심인 포로 로마노 일대는 아우구스투스가 기획자인 카이사르의 생각을 이어받아 정비하였다. 그 외에 그 북쪽에 있는 마르스 광장은 아그리파가 맡아 정비하였다. 그 지역은 서쪽으로 휘도는 테베레강에 안겨있는 곳으로, 폼페이우스 극장과 거기에 딸린 회랑, 밀을 나누어주는 배급소인 '공청'(빌라 푸블리카) 같은 공공건물이 늘어선 구역이었다.

아그리파는 스토아 철학의 봉사정신을 평생 몸소 실천하였다. 그는 개인 재산도 공공을 위해 써주기를 바라는 정신으로 모두 아우구스투스에게 남기고 죽었다.

아그리파는 사적 면에서도 아우구스투스에게 적극 협력하였다. 아우구스투스는 자신은 카이사르의 양자로 황제가 되었으나 핏줄에 집착하였다. 그는 조카이자 사위인 마르켈루스가 자식도 없이 일찍 죽자, 미망인이 된 외동딸 율리아의 재혼 상대로 아그리파를 택하였다. 아그리파는 자기 딸과 재혼해 달라는 그의 요청을 듣고 이혼까지 하면서 거기에 응하였다. 아그리파와 율리아는 3남 2녀를 두었다. 아우구스투스는 매우 기뻐하면서 두 외손자에게 가이우스 카이사르와 루키우스 카이사르라는 이름을 지어주고 양자로 삼았다. 그것은 후계자로 인정한 것이다.

아우구스투스는 이 시기에 아그리파에게 자기가 갖고 있던 두 가지 특권을 인정하였다. 그것은 거부권을 행사할 수 있는 '호민관 특권'과 군에 대한 '절대 지휘권'(임페리움)이었다. 또한 당시의 내각인 '제일인자 보좌위원회'에 자기와 같이 출석하게 하였다.

이러한 대우는 병약한 아우구스투스가 동갑이나 건강한 아그리파에게 대를 잇게 하고, 그 뒤에 자기의 핏줄인 외손자(아그리파의 아들)가 이어받게 하는 처사다.

그러나 굳게 믿고 있던 아그리파에게 갑자기 죽음이 찾아왔다. 말타기를 싫어하고 늘 가마를 타고 다닌 아우구스투스였으나, 그 소식을 듣고 아그리파가 머물고 있던 나폴리까지 말을 타고 달려갔다. 아우구스투스는 17세부터 30년이 넘도록 항상 곁에 있어준 특별한 사람을 잃었다.

대업을 이루려는 사람에게는 반드시 협력자, 조력자가 필요하다. 탁월하지 못한 사람은 물론이고, 아무리 탁월해도 마찬가지다. 모세에게 조력자 여호수아가 있었다. 다윗에게도 요압을 비롯한 많은 충신이 있었다. 예수님에게도 열두 제자와 바울 같은 인물이 있었다. 좋은 협력자를 얻는 것은 가장 큰 행운이다.

11. 아우구스투스의 왼팔 마이케나스

아그리파가 아우구스투스의 '오른팔' 이면, 마이케나스는 '왼팔' 이었다. 활동적인 오른팔도 필요하지만 그보다 덜 활동적인 왼팔도 필요하다.

마이케나스는 로마에서 태어난 로마 상류층이 아니었다. 그는 에트루리아 지방의 유서깊은 가문에서 났으나 기사계급에 속하였다. 그는 아우구스투스보다 한두 살 위였다.

아그리파는 카이사르가 아우구스투스에게 붙여준 사람이다. 마이케나스는 옥타비아누스가 직접 택한 사람이다. 옥타비아누스는 21세경에 필리피 회전에서 마이케나스를 처음 만났다. 두 젊은이는 전쟁터에서 처음 만나 의기투합하였다.

아우구스투스는 아그리파에게는 군사를 맡기고 마이케나스에게는 외교를 맡겼다. 아그리파는 국방부 장관이었고 마이케나스는 외교부 장관이었다.

로마는 철저한 법치국가였다. 법치국가는 모든 공직에 각각 법이 정한 고유한 임무가 있다. 그런데 황제의 뜻을 받들어 여러 방면에 활동하려면 어떤 공직을 갖는 것이 불편한 경우가 많았다. 공직이 없으면 종횡무진 활동하는데 편리한 경우가 많았다. 그래서 마이케나스는 어떤 공직도 갖지 않았다. 그는 개인 고문 같은 형태로 늘 아우구스투스 곁에서 자문에 응하였다.

로마인들은 공직 경험을 최고의 가치로 생각하였다. 그래서 그것을 '명예로운 경력' 이라고 불렀다. 그런데 마이케나스는 그 모든 공직을 희생하고 아우구스투스의 그림자로 살기로 작정하고 평생 그렇게 하였다. 그의 그러한 결심은 옥타비아누스가 아직 아우구스투스가 되기 전, 아무 것도 확실한 것이 하나도 없는 때부터 시작되었다.

마이케나스는 독립할 만한 세력을 갖지 못한 아우구스투스를 도와 안토니우스와의 관계를 개선하려고 노력하였다. 안토니우스를 견제하기 위해 폼페이우스의 아들과 타협을 시도하였다. 아우구스투스가 안토니우스를 쳐부술 때까지 10년간 마이케나스가 맡은 비밀교섭은 큰 성과를 거두었다.

건강이 좋지 않은 아우구스투스는 휴양을 한다면서 에스퀼리스 언덕에 있는 마이케나스의 저택에서 시간을 보낼 때가 많았다. 교양, 현실인식, 실행의 균형 감각을 두루 갖춘 마이케나스는 그에게 좋은 의논 상대, 상담자였다.

아우구스투스는 비밀교섭 역할이 끝난 마이케나스에게 문화와 홍보를 맡겼다. 마이케나스는 문화부 장관이 되었다. 현대에 와서 문화 예술을 옹호하는 것을 '마이케나스', 불어로는 '메세나'라고 한다.

이집트에 토지를 사서 부자가 된 마이케나스는 그 재산을 문화 육성에 쏟아 부었다. 그의 주변에는 시인이 많았는데, 그중에 유명한 베르길리우스와 호라티우스가 있다. 마이케나스는 그들을 도와 예술, 문화를 발전시켰다.

마이케나스의 살롱에 드나드는 문인들이 아우구스투스가 수행하는 '팍스 로마나'의 홍보를 맡았다. 그들은 아우구스투스가 건설해 가는 신생 로마제국을 기쁨과 긍지를 담아 노래하였다. 베르길리우스가 쓴 시의 고결함, 강건함, 호라티우스가 쓴 시의 생동감은 아우구스투스가 확립한 로마제국의 번영을 반영하였다.

아그리파가 죽고 얼마 지나지 않아 마이케나스도 죽었다. 아우구스투스는 병약하였으나 장수하면서 강건한 두 협력자를 잃었다. 그러나 그의 '불굴의 의지'는 조금도 죽지 않았다. 그가 추진하는 '팍스 로마나'는 계속 확립되어 가고 있었다.

아우구스투스는 오른팔인 아그리파, 왼팔인 마이케나스를 존중하고 잘 사용하여 최대의 협조를 받아 대업을 이루었다. 로마제국의 기초는 세 사람의 멋진 협력으로 다져졌다. 사람을 잘 쓰는 자는 승리하고 성공한다.

12. 아우구스투스의 건강유지법

아우구스투스의 오른팔인 아그리파나 왼팔인 마이케나스는 건강하였으나 중년에 세상을 떠났다. 반면에 아주 허약한 아우구스투스는 장수하여 대업을 이루었다. 그러면 그의 건강 비결은 무엇인가?

국정을 관장하는 일은 정신적, 육체적으로 중노동이다. 더욱이 공화정인 것처럼 하면서 실제로는 제정을 확립하는 일은 너무도 큰 스트레스를 주는 일이었다. 거기다가 아우구스투스는 선천적으로 허약체질이면서 소화기관이 약했다.

그렇지만 아우구스투스는 건강에 별 신경을 쓰지 않았다. 평소에 의사를 대기시키지 않았다. 식사는 배가 고프면 언제 어디서나 먹었다. 간식만 하다가 정작 식사시간에는 음식에 손도 대지 않는 경우가 많았다. 저녁식사에 초대 받았을 때도 종종 그런 일이 있었다.

아우구스투스는 소박한 서민음식을 좋아하였다. 집에서 구운 빵, 작은 생선, 치즈, 과일, 야채만 있으면 충분하였다. 이런 음식을 언제 어떻게 먹었는지를 알려주는 편지가 있다.

"마차 안에서 빵, 대추야자 열매를 몇 개 먹었다."

"가마를 타고 가는 동안 빵, 포도를 조금 먹었다."

"친애하는 티베리우스, 오늘 내가 온종일 뱃속에 집어넣은 것이라고는 저녁에 목욕을 끝내고 마사지를 받기 전에 먹은 빵 두 조각뿐이다."

아우구스투스는 배가 고프지 않으면 먹지 않았다. 배가 고프면 빵 한 조각과 수박 한 쪽, 상추의 줄기 부분을 조금 먹었다. 포도주를 퍼마시는 일은 결코 없었다. 건강을 위해서가 아니라, 위가 받아들이지 않았기 때문이다.

아우구스투스는 언제 어디서나 드러누웠다. 그는 드러누울 수 있는 공간만 있으면 옷도 벗지 않고 신도 벗지 않은 채 거기에 드러누워, 눈을 한 손으로 가리고 쉬었다. 그는 가마를 타고 가면서도 커튼을 치고 드러누워서 가기를 좋아하였다.

아우구스투스는 아주 불규칙하게 수면시간을 가졌다. 자고 싶을 때에는 언제 어디서나 가마 안으로 들어갔다. 일찍 일어나는 것이 로마인의 습관이지만, 그는 잠을 제대로 못 잤을 때는 해가 중천에 뜬 뒤에도 일어나지 않았다.

아우구스투스는 추위에 아주 약하였다. 북풍이 몰아치면 두꺼운 모직 토가 밑에 짧은 상의(투니카)를 네 겹씩 껴입고, 그 위에 다시 모직 셔츠와 면셔츠를 껴입었다. 노출된 다리에는 헝겊을 각반처럼 둘둘 감고 있었다.

그는 여름에는 문을 활짝 열어젖힌 방에서 자거나, 안뜰에 침대를 내놓고 잤다. 바람이 너무 잘 통하면 감기에 걸리고, 햇빛이 너무 강하면 두통에 시달렸다. 그래도 그는 여자들처럼 양산을 쓰지는 않았다.

아우구스투스는 이렇게 살았으나, 아그리파보다 26년, 마이케나스보다 22년 더 오래 살았다. 그의 삶은 항상 소식하고, 자연의 섭리에 맡기는 삶이었다. 긴장하거나 서두르지 않고 쉴 때는 무조건 쉬는 삶이었다. 이것은 참으로 좋은 건강유지법이다.

아우구스투스는 지도자에게 요구되는 다섯 가지 자질, 즉 지성, 설득력, 지구력, 자제력, 불굴의 의지를 두루 갖춘 사람이었다. 그러나 그는 병약하였다. 자타가 다 오래 살지 못할 것이라고 생각하였다. 그러나 그는 나름대로 건강을 잘 관리하여 장수하고 대업을 이루었다.

우리는 주님 안에서 큰 뜻을 품어야 한다. 그 뜻을 이루기 위해서는 건강이 필수다. 건강을 잃으면 모든 것은 수포로 돌아간다. 다른 것은 다 다른 사람의 도움을 받을 수 있다. 그러나 건강은 아무도 지켜줄 수 없고 내가 스스로 지켜야 한다.

13. 로마인의 생사관

생사관은 그 인간의 사고, 인생 자체를 가장 잘 반영한다. 로마인의 생사관은 비(非)종교적이고 비(非)철학적이다.

로마인은 죽음을 싫어하지 않았다. 로마인은 '인간'이라고 말하는 대신 '죽어야 할 자'라고 하였다. 죽는다는 사실을 사실 그대로 잘 받아들였다.

로마인은 묘지를 산 사람의 구역과 먼 곳에 만들지 않고 근방에 두었다. 교회 주택의 마당 한쪽에 묻히는 사람도 있었고, 마당이 있는 산장 주인이 일부러 길 가에 무덤을 만들기도 하였다. 로마식 가도를 따라가다 보면, 도시를 벗어나자마자 온갖 계층에 속하는 사람들의 무덤이 가도 양쪽에 여러 가지 모양으로 늘어서 있는 것을 볼 수 있다. 가도는 산 사람들이 왕래하는 곳이다. 길 가에 무덤을 만드는 것은 죽은 자와 산 자가 가까운 곳에 있고 싶은 마음의 표현이다.

사람의 왕래가 많은 도시 근방의 가도는 양쪽에 무덤이 즐비하게 늘어서 있다. 그래서 그 길은 무덤 사이를 걷는 것이나 마찬가지다. 그 무덤들은 각양각색의 구조로 설계되어 있고, 묘비에 새겨진 문장도 다양했기 때문에, 지나는 자들에게 좋은 볼거리가 되었고, 좋은 휴식처가 되었다. 묘비에 새겨진 글 중에는 유쾌한 것이 적지 않았다. 그것은 로마인의 건전한 생사관을 엿보게 한다.

「"오오, 거기 지나가는 길손이여, 이리 와서 잠시 쉬었다 가게. 고개를 옆으로 흔들고 있군. 아니, 쉬고 싶지 않은가? 하지만 언젠가는 그대도 여기에 들어올 몸이라네."

"행운의 여신은 모든 이에게 모든 것을 약속한다. 하지만 약속이 지켜진 적은 한 번도 없다. 그러니 하루 하루를 살아가라. 한 시간 한 시간을 살아가라. 아무 것도 영원하지 않은 산 사람의 세계에서는."

"이 글을 읽는 이에게 말하노라. 건강하고 남을 사랑하라. 그대가 여기에 들어올 때까지의 모든 날을."」(앞의 책, pp. 287, 288)

이러한 로마인의 생사관은 부활과 영생의 소망이 없기는 하나 죽음 자체를 있는 그대로 담담히 받아들이는 점에서 기독교와 유사하다. 서구의 교회가 무덤을 교회 마당에 만들고, 심지어는 예배당 지

하나 예배실 옆에 관을 두는 것은 로마의 장례법에 많은 영향을 받은 것 같다.

아우구스투스는 건강 대책을 세우느라 광분하지 않고 자연의 섭리에 따르므로 장수하였다. 그는 '평화의 제단'에 가족 초상화를 새겼는데, 이미 죽은 아그리파도 새기게 하였다. 그는 죽은 자도 산 자와 같이 있다고 생각하였다. 그리고 산 자의 초상화도 머지않아 묘비가 될 것을 알았다.

아우구스투스의 의붓아들로서 젊은 장수인 드루수스는 게르마니아 정복 전쟁에서 많은 공을 세웠다. 그런 그가 눈보라를 무릅쓰고 행군하다가 낙마 사고를 당하였다. 그는 중상을 입고 사망하였다. 그를 존경하는 부하 장병들은 그의 시신을 게르마니아 땅에 묻기를 원하였다. 그러나 그의 형 티베리우스는 동생의 유해를 로마로 가져갔다. 그는 가면서 말도 타지 않고 계속 관 옆에서 걸어갔다. 아우구스투스는 몸소 북이탈리아 파비아까지 나가서 맞이하고 로마로 운구하였다.

로마인은 죽음을 담담하게 받아들이고 죽은 자를 산 자와 같이 있다고 생각하였으나, 안타까운 죽음, 공을 세운 자의 멋진 죽음에 대하여 최대한 경의를 표하였다. 그리고 묘비에 새겨 길이길이 기억하였다.

14. 로마를 따르는 미국

로마는 지금까지 나타난 수많은 나라 중에서 가장 긴 역사를 가지며 가장 강대한 제국이었다. 지금까지도 인류에게 수많은 영향을 미쳐 수많은 사람들이 로마의 후예가 되어 있다. 정치체제도 독특하여 현대의 가장 강대국이면서 민주국가의 모범인 미국이 로마의 제도를 많이 따르고 있다.

로마인은 법을 사랑하였고 철저한 법치국가를 지향하였다. 모든 제도를 법으로 규정하였다. 미국도 철저한 법치국가다. 모든 것을 법으로 규정하고 법에 따라 나라를 다스린다.

로마는 원로원과 민회의 두 의결기구가 있었다. 원로원은 특수한 사람들로 구성되었고, 민회는 로마 시민 전체의 집회로 직접민주주의 기구였다. 두 기구는 각기 의결권을 가지고 중대사를 결정하며 서로 견제하였다. 미국의 하원, 상원은 국민이 뽑은 의원으로 구성되는 의결기구이나, 그 역할에 있어서 로마의 민회, 원로원과 유사한 면이 많다.

공화정 로마는 임기 1년의 집정관을 뽑아 대권을 맡겨 국정을 전담케 하였다. 집정관은 원로원이 추천한 자 중에서 민회에서 투표로 결정하였다. 임기가 1년이어서 독재는 꿈도 꿀 수 없었다. 미국은 국민이 투표하여 뽑은 임기 4년의 대통령이 국정을 총괄한다. 미국의 대통령은 여러 면에서 로마의 집정관과 유사하다.

로마는 여러 주로 구성되었다. 아우구스투스는 이탈리아 반도, 즉 로마제국의 본국을 11개 '주'(州)로 분할하였다. 이 '주'의 분할은 중앙집권의 효율적 기능을 지향하는 동시에 지방분권을 확립하려는 의도로 한 것이다. 중앙집권과 지방분권을 공존시키면서 효율을 극대화하려고 하였다.

아우구스투스는 주 제도를 확립하여 주 내부의 정치는 시민이 스스로 자치하게 할 뿐만 아니라, 더 나아가 수도 로마에서 국가 요직을 맡는 사람을 뽑는 민회에서는 각 주별로 투표 결과를 집계하도록 하였다. 이렇게 하여 유권자의 정치참여 욕구를 충족시켰다.

11개 '주'로 분할된 본국 이탈리아는 각기 자치권을 가진 주의 연합체였다. 이것은 오늘날 자치권을 가진 여러 주로 구성된 연합체인 미합중국의 모델이다. 이 점에서 미국은 철저히 로마를 따르고 있다.

아우구스투스는 수도 로마를 14개의 '구'(區)로 분할하였다. 그런데 '주'와 '구'는 라틴어로 똑같이 '레기오'(Regio)이다. 이렇게 한 것은 구에도 자치권을 준 의미도 있지만, 주와 구가 같은 단위의 선거구였기 때문이다.

로마는 유권자의 표를 한꺼번에 집계하여 당선자를 결정하는 것이 아니라, 각 주와 각 구의 표를 집계하여 많은 표를 얻은 사람이 그 주나 구의 표를 독점하였다. 미국은 대통령 선거에서 이 로마의 선거방식을 따르고 있다. 유권자 전체의 표를 많이 얻었으나, 주별로 집계하다 보니 낙선되는 경우가 생겨도 그 방법을 고수하고 있다.

아우구스투스는 황제로서의 권한는 내놓지 않고 강화하였다. 그러면서 별 의미도 없는 권한들을 내놓고 공화정으로 간다고 선언하였다. 그는 공화정 때의 죽은 제도들을 정비하고 강화하였다. 그것이 주와 구의 정비이고 선거제도의 활성화다. 그로 인하여 대부분의 사람들은 공화정으로 착각하였다. 당시의 광대한 로마는 공화정으로는 더 이상 다스릴 수 없었다. 제정으로 가는 길목에서 아우구스투스 같은 합리적이고, 나라와 국민을 사랑하는 위대한 군주가 나오므로 로마는 현대의 가장 민주국가인 미국이 황제 외의 대부분의 중요한 제도를 따르는 위대한 국가가 되었다. 미국은 로마를 따르는 최고의 모범생이다.

15. 아우구스투스의 소년단 창설

아우구스투스는 B.C. 5년, 58세가 되었을 때 소년단(유벤투스)을 창설하였다. 그 해는 첫 손자 가이우스 카이사르가 성년식을 올리는 15세가 되는 해였다. 아우구스투스는 그 해에 가이우스를 예비 집정관이 되게 하고 원로원 의원, 제사장이 되게 했다. 이러한 조치는 세습을 위한 준비였다. 아우구스투스는 두 손자의 존재를 일반 시민들에게 알리고 싶어서 소년단을 창설하고 총재와 부총재가 되게 하였다.

'유벤투스'는 신체단련과 협동정신 습득을 목표로 내건 9-17세 소년들로 구성된 단체의 이름이었다. 현대 이탈리아의 한 축구단이 이 이름을 쓰고 있다. 아우구스투스는 개인적인 필요에서 이 소년단을 시작하였지만, 공적인 필요성도 충족시키는 형태로 제도화하였다.

'유벤투스'는 9-13세의 '유베네스 미노레스'와 14-17세의 '유베네스 마요레스'로 나뉘어 있었다. 유벤투스는 두어 명의 교관과 회계 감사관이 지도했다. 소년단은 작은 그룹으로 나누어지고, 그 그룹마다 리더를 선출하였다.

단원들은 오전 수업을 마치고 나서 소년단 활동을 시작하였다. 소년들은 점심을 먹자마자 각 소년단이 소유하고 있는 체육관이나 경기장에 모여 신체를 단련하고 팀웍을 배웠다.

소년단 조직은 정부가 운영하지 않고 민간인이 후원하는 방식으로 운영되었다. 소년단 후원이 명예로운 공공봉사가 되게 하였다. 소년단의 명칭은 설치된 지방의 이름을 붙이는 경우가 많았지만, 후원자의 이름으로 불리는 경우도 많았다.

각지의 소년단은 1년에 한 번 모이는 전국체전에서 평소에 갈고닦은 기량을 겨루었다. 응원단이 열렬히 응원하였다. 때로 도가 지나쳐 응원단까지 가세한 난투극이 벌어지기도 하였다.

아우구스투스가 창설한 소년단은 그의 독창적인 발상이 아니다. 소크라테스 시대의 아테네에도, 공화정 시대의 로마에도 이와 비슷한 조직은 있었다. 아우구스투스는 그것을 일반화하고 상설화하였다. 그것은 그 밖의 많은 제도와 마찬가지로 제정시대가 끝날 때까지 유지되었다. 처음에는 본국 이탈리아에 사는 소년들의 조직이었다. 그런데 그것은 곧 식민도시로 퍼졌고, 속주에도 널리 보급되었다. 그때에는 로마 시민권 소유자의 자제라는 입단 자격도 없어졌다.

황제인 할아버지는 두 손자를 소년단 전체의 총재와 부총재로 앉혀 대중에 대한 지명도를 높이려고 하였다. 그것이 소년단 창설의 주도 목적이었다. 그러나 가이우스와 루키우스는 별로 두각을 나타내지 못하였다. 그럴지라도 제국 전체의 소년들을 하나로 묶고 신체적, 정신적으로 단련시키며, 애국심을 고취시키는 좋은 결과를 가져왔다.

현대에 이르러 이태리의 무솔리니가 이것을 흉내내었다. 무솔리니에게서 많은 것을 배운 히틀러도 이것을 흉내냈다. 우파 파시스트뿐만 아니라, 좌익 공산국가들도 흉내냈다. 그러나 그들은 경례나 행진 방식, 소년단 같은 것은 흉내냈으나, 패자조차도 동화시키는 고대 로마의 정신은 배우지 못하였다.

오늘날의 청소년들은 자유가 강조되면서 사실상 방치되고 있다. 보이 스카우트, 걸 스카우트 등의 조직과 운동이 있으나 그 역할은 미미하다. 과거 시대와는 그 조직과 형태가 달라도 청소년을 한 데

묶고 단련시키는 제도와 노력이 이 시대 지도자들에게 절실히 요구된다. 기독 청소년들에게 예수 정신으로 무장시키는 조직과 훈련이 무엇보다 시급하다.

16. 아우구스투스의 딸 율리아 유배

아우구스투스의 외동딸 율리아는 첫 부인 스크리보니아와의 사이에서 태어났다. 율리아는 아우구스투스의 피를 이어받는 아들을 낳기 위해 이 남자에게서 저 남자에게로 돌림을 당하였다.

아우구스투스는 율리아가 14세가 될 때에 누나 옥타비아가 첫 결혼에서 낳은 아들 마르켈루스와 결혼시켰다. 그런데 마르켈루스는 2년 뒤에 자식도 없이 죽어버렸다.

과부가 된 16세의 율리아는 아버지의 오른팔인 42세의 아그리파와 재혼하였다. 아그리파는 율리아와 결혼하라는 아우구스투스의 요청을 자기 아내와 이혼하면서까지 받아들였다. 그 결혼생활은 무난하였고 3남 2녀를 낳았다. 그러나 이 결혼은 아그리파가 갑자기 죽음으로 끝났다.

아우구스투스는 더 많은 손자를 얻을 욕심으로 율리아를 자기의 의붓아들 티베리우스와 결혼시켰다. 티베리우스는 자기가 사랑하는 빕사니아와 강제 이혼 당하고 율리아와 억지 결혼을 하였다. 전처를 잊지 못한 티베리우스는 율리아와 별거하였다. 그러다가 그는 아우구스투스와 의견이 맞지 아니하자 은퇴하고 도로스 섬으로 가버렸다.

율리아는 자유분방하였다. 율리아의 행실이 나쁘다는 소문이 사람들의 입에서 오르내렸다. 아우구스투스는 이 문제로 고민하게 되었다.

　아우구스투스는 B.C. 18년에 로마의 지도층을 건전한 가정인으로 만들기 위해 '정식 결혼에 관한 율리우스 법'을 성립시켰다. 이 법은 정식 결혼을 장려하고, 이혼을 미풍양속에 어긋나는 행위로 단정하였다. 그러니 아우구스투스는 딸이 아무리 별거해도 이혼시킬 수 없었다. 그 다음에 '간통 및 혼외정사에 관한 법'도 성립시켰다. 이 법은 유부녀가 불륜관계를 맺으면 재산 3분의 1을 몰수하고 외딴 섬으로 종신 추방하도록 하였다. 로마 시민권자의 재혼도 금하였다. 그러니 아우구스투스는 아무리 딸이라 해도 그녀의 불륜을 봐줄 수 없었다. 법치국가인 로마에서 스스로 만든 법을 집행하지 않는 것은 있을 수 없는 일이었다.

　아버지는 딸을 재판정에 앉히지는 않았으나, 법률에 규정된 처벌은 엄격하게 집행하였다. 율리아의 개인 재산 3분의 1은 몰수되어 국고로 들어갔다. 율리아는 유산을 상속할 권리도 박탈당했다. 그녀는 나폴리에서 서쪽으로 70km 떨어진 외딴 섬 판다탈리아(오늘날의 벤토테네)에 종신 유배되었다.

　율리아와 불륜관계를 맺은 남자들은 다 추방당했다. 그중에 한 사람 율루스 안토니우스는 사형선고를 받고 자결하였다. 그는 아우구스투스의 많은 후원을 받는데도 그런 짓을 했으니, 아우구스투스의 강한 분노를 샀다.

　판다탈리아 섬은 오늘날도 외딴 섬이다. 면적은 $1.3km^2$밖에 안 되고, 섬 전체가 황무지이다. 작은 배만 접안할 수 있는 선착장 근방에 나무 그늘이 있고, 거기에 국유지 감독 공무원의 관사만 있다. '벤토테네'라는 오늘날의 지명의 뜻은 '강풍'이다. 겨울철에 북쪽에서 불어오는 바람은 작은 섬을 뒤흔들 정도다.

 아우구스투스는 율리아가 유배지로 남자 노예를 데리고 가는 것도 금했다. 자진해서 따라간 어머니 스크리보니아 외에 몇몇 하녀가 따라가 시중들었다.

 몇 년 뒤에 율리아의 유배지는 판다탈리아 섬에서 레조로 옮겨졌다. 그곳은 장화처럼 생긴 이탈리아 반도의 발부리에 있는 도시다. 율리아는 거기서 시내에서 멀리 떨어진 산장에 연금되었다. 뒤에 아우구스투스는 황손이며 양자인 포스투무스, 외손녀 율리아도 유배보내었다.

 아버지 아우구스투스는 A.D. 14년에 별세하였다. 몇 달 뒤에 율리아도 죽었다. 그녀는 16년에 걸친 유배생활 끝에 53세의 나이로 생을 마감하였다.

 이천 년 전의 고대 세계 최강 제국의 황제가 불륜 때문에 딸을 유배 보낸 것은 대단한 결단이고 공정성의 표현이다. 솔선수범하는 자만이 진정한 지도자가 될 수 있다.

17. 복귀한 티베리우스 장군 환영

 아우구스투스는 핏줄에 연연하여 율리아가 낳은 외손자 가이우스와 루키우스를 양자로 삼고 후계자로서의 지위를 굳혀갔다.
 티베리우스는 아우구스투스의 의붓아들이었으나, 귀족 출신이고, 유능한 장군으로 게르마니아에서 많은 전공을 세웠으며, 헬라어도 구사하는 지식인으로 교양도 갖추고 있었다.

티베리우스는 아우구스투스의 강요로 자기의 사랑하는 아내와 이혼하고 아우구스투스의 딸 율리아와 결혼하였다. 그러나 둘 사이는 좋지 않았고 별거하였다. 그런 와중에 게르마니아 정복 문제로 아우구스투스와 뜻이 맞지 아니하자, 은퇴하고 도로스 섬으로 가버렸다

그런데 아우구스투스가 양자로 삼고 후계자로 지목한 가이우스와 루키우스가 젊은 나이로 죽게 되었다. 핏줄로 후계자를 삼을 수 없게 된 아우구스투스는 할 수 없이 티베리우스를 후계자로 삼기로 하였다. 그는 7년 만에 도로스 섬에서 돌아온 티베리우스를 양자로 삼고 그에게 10년 기한의 '호민관 특권'을 인정하고, 내각인 '제일인자 보좌 위원회'의 상임위원으로 임명했다. 이러한 조치는 아우구스투스가 티베리우스를 자기의 후계자로 인정하고 황제수업을 시키는 것이었다.

그런데 티베리우스는 로마에서 황제수업을 하고 있을 수 없었다. 게르마니아 전선이 위험해지고 한시라도 빨리 진두지휘를 맡을 사람을 기다리고 있었다. 티베리우스는 게르마니아 전선에 복귀하였다.

티베리우스가 도로스 섬에서 복귀하여 아우구스투스의 후계자가 되자, 원로원 의원들도 기뻐하고, 일반 시민들도 기뻐하였다. 그런데 가장 크게 기뻐한 사람들은 게르마니아 전선에서 근무하는 병사들이었다. 자기들이 존경하는 멋진 장군이 다음 황제가 될 사람으로 확정된 가운데 자기들을 지휘하러 왔으니, 그들은 너무도 기뻤다.

당시 기병대장이었던 발레리우스 파테르굴루스는 20년 뒤에 쓴 「로마사」에서 티베리우스의 전선 복귀를 병사들이 어떻게 맞이했는가를 다음과 같이 서술한다.

「"내 문장력으로는 현장에 없었던 사람들에게 그것을 제대로 전달할 수 없다는 것을 안다. 하지만 내 문장이 아무리 서툴러도, 알아주는 사람이 적어도 몇 명은 있을 것이다. 어쨌든 자기네 앞에 모습을 나타낸 티베리우스를 보고, 병사들은 기쁜 나머지 눈물을 흘리기 시작했다. 병사들은 대열이 흐트러지는 것도 아랑곳하지 않고 모두 티베리우스에게 달려가, 저마다 입으로 기쁨을 표현하고, 티베리우스의 손을 만지려고까지 하는 모습은 엄격한 규율로 알려진 로마 군단에서는 좀처럼 볼 수 없는 광경이었다. '이게 꿈은 아니겠지요, 총사령관 각하. 우리가 다시 각하의 지휘를 받으며 싸울 수 있다니…'. '저는 각하 밑에 있었습니다, 총사령관 각하. 아르메니아에서 싸울 때였지요.' '저는 라이티아 전선에서 각하의 부하였습니다.' '저는 도나우 강 전선에서 각하한테 훈장을 받은 사람입니다.' '판노이아 전선에서 각하에게 칭찬을 들은 게 바로 접니다.' '저도 게르마니아 전선에서 각하의 부하였습니다.'"」(앞의 책, p.330)

티베리우스와 병사들은 무려 10년 만에 다시 만났다. 45세의 원숙한 장군은 병사들 앞에 영웅으로 나타났다. 병사들은 열광적으로 환영하고 따랐다. 그들은 하나 되어 게르마니아를 정복하였다.

이순신 장군도 백성들의 존경을 받고, 부하 장병들의 존경을 받았다. 부하들의 존경을 받는 사람이 진정한 장군이다. 부하들에게 열렬히 환영받는 사람은 진정한 영웅이다.

18. 티베리우스의 부하 사랑

이탈리아 본국과 가까운 판노니아와 달마티아는 티베리우스가 제패한지 12년이 되었다. 그동안 그곳은 로마화가 착실히 진행되었다.

그런데 그 지방이 반란을 일으켰다. 반란군은 보병이 20만 명, 기병이 9천이나 되었다. 이들의 대부분은 로마군에서 복무하였고, 이들을 통솔하는 자들도 로마 보조부대 지휘관을 경험한 자가 많았다.

반란군은 그 땅에 사는 로마인을 피의 제물로 바치고, 이어서 로마군의 주둔지를 습격하였다. 반란군은 삼분하여 전선을 확산시켰다.

아우구스투스는 반란군 진압의 총사령관으로 티베리우스를 임명하였다. 반란군 진압에 나선 티베리우스에게 강력한 원군이 나타났다. 트리키아 왕이 몸소 기병을 이끌고 참전하였다.

판노니아와 달마티아 지역은 지형이 복잡하여 회전에 적합지 않고 게릴라전에 유리하였다. 티베리우스는 쉽게 반란군을 진압할 수 없고 장기전이 될 것을 예상하였다. 전투는 반란군의 분투로 인해 처참하고 잔혹한 양상을 띠게 되었다.

위기를 느낀 아우구스투스는 15만 명에 이르는 대군을 파병하였다. 그런데 티베리우스는 대군이 되면 통솔에 문제가 있고 병참이 어려워지므로 그들의 대부분을 돌려보내고 정예병 6만 명만 남겼다.

티베리우스는 싸우기 어려운 지형과 형편에서 필사적으로 맞서는 적을 상대해야 하는 병사들을 사랑하고 아주 소중하게 다루었다.

전사자는 방치하지 않았다. 사회적 지위가 어떠하든지 관계없이 정중히 로마식 장례를 치러주었다.

부상자는 최고 사령관 전속 군의관이 조직한 의료진이 치료해 주었다. 최고 사령관 전용 마차와 가마가 부상자 수송에 사용되었다. 티베리우스 자신은 전쟁이 끝날 때까지 말을 타고 다녔다.

최고 사령관 전용 목욕시설도 부상병들에게 제공되었다. 전속 요리사들도 부상병의 식사를 맡았다. 로마군 병사들은 직접 음식을 만들어 먹도록 되어 있었다.

티베리우스는 휘하 지휘관들을 초대하여 식사할 때도 의자에 앉아 식사하였다. 로마인은 식사시 침대식 의자에 비스듬히 누워서 한쪽 팔꿈치로 몸을 받치고 음식을 먹었다. 그런 로마인이 의자에 앉아서 식사한다는 것은 오늘날의 사람들로선 선 채로 식사하는 것과 같다. 티베리우스는 스스로 모든 로마식 쾌적함을 포기하였다.

자기에게 엄격한 사람은 남에게도 엄격하게 대하기 쉽다. 그러나 티베리우스는 그렇지 않았다. 규칙을 어긴 병사도 그 규칙 위반이 다른 병사에게 해를 끼치지 않았으면 으레 용서하였다. 벌을 주기보다는 경고를 주는 경우가 많았다. 싸움에 졌다는 이유로 처벌받은 대대장, 백인대장, 병사는 한 사람도 없었다.

반란 진압의 첫해인 A.D. 7년과 2년째인 A.D. 8년은 판노니아, 달마티아 전역으로 확산된 수많은 전선에서 20만 명의 반란군과 6만 명의 로마군이 격전을 벌였다. 수는 적으나 병참에 유리한 로마군은 점점 승리를 거듭하고 반란을 완전히 진압하였다.

부하들을 지극히 사랑하고 탁월한 전략을 구사한 티베리우스는 전쟁에서의 승리는 물론이고 인간관계에서도 승리하였다. 부하들이 진정으로 존경하는 참된 지도자가 되었다.

일에는 성공하나 아랫사람들로부터 존경을 받지 못하는 사람은 불행하다. 일에는 실패하나 아랫사람들의 존경을 받는 사람은 불행하지는 않다. 일에도 성공하고 아랫사람들의 존경도 받는 사람은 가장 행복한 사람이다.

19. 아우구스투스의 시인 오비디우스 추방

오비디우스는 아우구스투스 시대에 세 번째로 위대한 시인이다. 그는 북이탈리아 중부 산악지역 솔모에서 태어났다. 로마에서 동쪽으로 140km 떨어진 곳이다. 그러나 그는 청소년 시절부터 로마에서 살았다. 그의 시는 도시적이고 세련미가 넘친다. 베르길리우스와 호라티우스 다음 세대에 속하는 오비디우스는 가볍고 경쾌하고 생동감 넘치는 운문을 썼다.

그런데 오비디우스가 쉰 살이 넘었을 때, '변신 이야기'를 거의 끝냈을 무렵에 그에게 난데없는 날벼락이 떨어졌다. A.D. 8년에 아우구스투스로부터 흑해 연안의 토미스(지금의 루마니아 콘스탄차)로 추방하는 유배형을 받았다. 그 무렵 아우구스투스는 손녀 율리아도 유배형에 처했다.

오비디우스가 유배형을 받은 죄목은 '사랑의 기술'(아르스 아마토리아)이라는 시집을 발간한 것이다. 그 시집은 3권으로 되어 있다. 1권과 2권은 어떻게 하면 여자를 정복할 수 있는가를 남자들에게 가르쳐준다. 3권은 어떻게 하면 남자를 정복할 수 있는가를 여자들에게 가르쳐준다. 이 작품은 실례를 들어가면서 구체적으로 씌어있다.

아우구스투스는 오비디우스가 국민의 도덕심을 향상 시키려는 자신의 정책과 충돌하는 '사랑의 기술'을 발표한 이후 그를 싫어하였다. 나중에는 오비디우스가 손녀의 간통을 돕기까지 했다고 봤다. 오비디우스는 혐의를 부인했으니, 간통 사실을 알고 있었고, 황제에게 보고하지 않았다는 사실은 부인할 수 없었다.

그런데 로마에서는 아우구스투스의 아버지 카이사르의 정적이었던 키케로의 작품집이 카이사르를 암살한 브루투스의 편지까지 포함한 전집으로 당당히 출간되었다. 그런 로마에서 언론 통제는 전혀 없었다. 그런데도 불구하고 아우구스투스는 저작물을 빌미로 당대의 유명한 시인에게 유배형을 내렸다. 아우구스투스는 딸과 손녀를 간통죄로 유배 보내면서 마음이 너무 격앙되어 평상심을 잃은 것 같다.

'사랑의 기술'은 포르노그래피가 아니다. 로마에서 실용적인 기술을 가르치는 고전은 대개 인간성에 대한 깊고 해박한 통찰 때문에 냉소적인 재치와 유머로 가득 차 있는데, '사랑의 기술'도 그런 부류에 속하는 걸작품이다. 남자와 여자의 실체는 이러저러하고, 따라서 여자나 남자에 대하여 성공하려면 이러저러한 기술을 사용해야 한다고 주장하고 있다.

오비디우스는 결백을 탄원하는 작품 '한탄'과 '흑해에서 쓴 편지'를 잇달아 발표하고, 황가를 찬양하는 시를 썼다. 그러나 아우구스투스는 그를 다시 불러들이지 않았다. 아우구스투스의 후계자 티베리우스도 마찬가지였다.

오비디우스는 "나의 삶은 훌륭했으나 뮤즈 신이 나를 놀려먹었다. 책은 한 인간의 영혼을 그대로 보여주는 증거가 아니다."는 말로 자기의 억울함을 피력했다. 그리고 그는 "나의 재능은 어디를 가든 나와 함께 할 것이고, 나를 기쁘게 할 것이다. 황제도 그에 대해서는 뭐라 할 권리가 없다."고 함으로 황제의 처사를 비난하였다.

오비디우스의 '변신 이야기'는 예술적 성취와 영향력 면에서 헤시오도스의 '신통기'를 훌쩍 넘어섰다. 오비디우스는 시로써 개인의 창조성과 자유를 입증하는데 집중하였다. 그는 로마는 물론 그 이후 서구 세계에서 시문학의 아름다움과 힘을 보여준 모범이었다.

역사적으로 시대마다 많은 예술인들이 정치인들의 독단과 횡포에 의하여 희생되었다. 때를 잘못 만나면 아무리 선한 것도 악이 된다. 그러나 진정으로 선한 것은 결국 선인 것으로 빛난다.

20. 로마의 게르마니아 정복 실패

　카이사르는 지금의 유럽의 대부분인 갈리아를 정복하고, 지금의 독일의 라인 강에 이르는 지역까지 정복하여 로마화 하는데 성공하였다. 그는 라인 강을 방어선으로 하고 지금의 독일의 대부분인 게르마니아는 정복하지 않았다. 그 이유는 그 지역은 늪지가 아니면 울창한 숲이었고, 게르마니아인들은 야만족이면서 게릴라전을 펼쳤기 때문에 정규적 회전을 주로 하는 로마군이 정복하기 어렵다고 판단했기 때문이다.
　그런데 아우구스투스는 욕심을 부려 라인 강에서 엘베 강에 이르는 게르마니아 전체를 정복하여 로마화 하려고 하였다. 그의 명을 받고 출전한 티베리우스와 게르마니쿠스는 게릴라전의 온갖 고난을 겪으면서 대부분의 게르마니아 지역을 평정하였다. 그 후 티베리우스는 판노니아와 달마티아 반란을 진압하기 위하여 게르마니아를 떠났다.
　아우구스투스는 게르마니아의 전후 통치를 위하여 퀸틸리우스 바루스를 파견하였다. 바루스는 로마의 명문 귀족 출신으로 B.C. 13년에 집정관을 지냈고, 그 후 아프리카 속주와 시리아 속주 총독을 역임한 노련한 정치가였다.
　바루스는 전후 처리, 즉 로마화 하는 작법을 카이사르의 방식이 아니라 아우구스투스의 방식을 따랐다. 카이사르는 미개지역을 정복한 후에는 로마의 직접 통치를 시행하기 전에 먼저 중간 단계인 현지인에게 자치를 주는 방식을 택하였다. 그러나 아우구스투스는 그러한 단계를 거치지 않고 바로 직접 통치를 하였다. 전자는 현지인 지도급의 불만을 사지 않았고, 후자는 큰 불만을 샀다.

갑자기 로마의 직접 통치를 받게 된 게르만 부족의 지도자들은 로마의 군사력에 굴복한 굴욕감에다 그때까지 누려온 모든 권력을 빼앗긴 불만이 크게 일어났다. 거기다가 전투력에서 자기들보다 훨씬 못한 관료에게 지배당하고 있다는 분노까지 일어났다. 마침 그때에 게르만족 지도자들의 이런 감정에 불을 붙이는 인물이 나타났다. 그는 아르미니우스라는 자였다.

아르미니우스는 로마군의 보조부대에서 복무하였고, 그 기간에 로마 시민권을 받았다. A.D. 7년에 게르마니아 총독에 부임한 바루스에게 그는 충실한 보좌관이 되었다. 이 아르미니우스가 반란 음모를 꾸몄다. 그런 제보가 바루스에게 들어왔으나, 바루스는 무시하였다.

A.D. 9년 겨울이 가까워질 때에, 게르마니아 중부 순행을 마친 바루스와 그의 군대는 라인강 연안으로 가기 위해 서쪽으로 향하였다. 그들 일행은 아르미니우스에게 속아 안전한 길을 버리고 삼림지대로 들어갔다. '숲은 게르만의 어머니'라는 말대로 숲은 게르만의 은신처고 활동무대였다. 3만 5천 명의 바루스 군대는 아르미니우스가 지휘하는 게르만 병사들의 매복에 걸려 전멸하였다. 바루스는 자살하였다.

아우구스투스는 크게 상심하였고, 그의 탄식 소리가 사람들에게 들렸다. 그러나 그는 반격할 결단을 내리지 못했다. 그의 후임 티베리우스는 게르마니아 땅에서 로마군의 완전 철수를 단행했다. 그러나 그는 공식적으로 발표하지 않고 게르마니아 전선 사령관인 게르마니쿠스의 임지를 오리엔트로 바꾸는 방식으로 하였다. 패전하고 그것을 설욕하지도 않고 철수하는 것은 로마인에게 큰 불명예였기 때문이다.

이러한 로마의 실패를 현대의 초강대국 미국이 월남에서 되풀이하였다. 미국은 월맹 베트콩의 게릴라전에 손을 들고 철수하였다. 적을 모르고 싸우면 지기 십상이다. 나를 알고 적을 알아 분투하면 승리한다.

Ⅶ. 성경과 로마제국

 마태복음부터 요한계시록까지 신약성경은 전체가 로마제국과 연관되어 있다. 예수님의 일생은 로마제국과 관련되어 시작하고 끝난다. 사도들도 로마제국의 영향권에서 활동하였다. 우리는 로마제국을 이해해야 성경을 보다 더 잘 알 수 있다. 로마를 모르고는 성경을 완전히 이해할 수 없다.

1. 신약 전체가 로마제국과 연관되어 있다

마태복음부터 요한계시록까지 신약성경은 전체가 로마제국과 연관되어 있다. 우리나라의 1910년부터 1945년 역사가 일본제국과 연관되어 있는 것과 비슷하다.

마태복음에 나오는 마태의 직업인 '세리', 요한계시록에 나오는 요한이 유배 간 밧모 섬의 '채석장'이 로마제국과 깊은 관련이 있다. 사도 바울의 로마 시민권, 그의 전도여행도 로마와 깊은 연관이 있다. 우리는 신약성경에 나오는 대부분의 일들이 로마제국과 연관되어 있고, 그 배경 속에서 되어진 일임을 알고 그것을 읽어야 한다. 그러므로 로마의 역사와 문화, 풍습을 알면 신약성경을 이해하는데 많은 도움이 된다.

예수님이 나시기 전에 요셉과 마리아가 호적하기 위하여 베들레헴에 간 것은 로마 황제의 명령이 있었기 때문이다(눅2:1-7). 예수님의 십자가 처형은 로마의 사형법이었다(마27:26). 이렇게 예수님의 일생도 로마제국과 아주 깊은 관련이 있다. 그러므로 예수님의 일생을 연구하는데도 로마의 역사를 아는 것은 필수적이다.

예수님은 로마제국의 속국인 유대 나라에서 태어나셨다. 당시 예루살렘에는 로마에 의하여 세워진 분봉왕 헤롯이 있었고, 로마제국에서 파송한 총독도 있었다. 헤롯은 자기의 왕위에 대하여 늘 불안하게 생각하였고, 총독은 예루살렘이 소란하게 될까 걱정하면서 늘 긴장하고 있었다. 그런 예루살렘에 동방 박사들이 와서 "유대인의 왕으로 나신 이가 어디 계시냐?"고 물었다. 그러자 헤롯 왕과 온 예루살렘이 듣고 소동하였다(마2:1-3).

그 후 예수님은 로마와 관련된 여러 가지 일들을 겪으시면서 사셨고, 복음을 전하셨다. 예수님은 마지막에 로마 총독 빌라도에게서 사형언도를 받고, 로마의 사형틀인 십자가에 못 박혀 돌아가셨다(마 27:26, 35, 50). 유대인의 전통적인 사형법은 돌로 쳐 죽이는 것이었다.

예수님이 십자가형을 선고 받았을 때에 총독의 군병들이 예수님을 데리고 관정 안으로 들어가서 온 군대를 그에게로 모으고, 그의 옷을 벗기고, 홍포를 입히며, 가시관을 엮어 그 머리에 씌우고, 갈대를 그 오른손에 들리고, 그 앞에서 무릎을 꿇고 희롱하여 "유대인의 왕이여, 평안할지어다."라고 하였다. 그리고 그에게 침 뱉고 갈대를 빼앗아 그 머리를 쳤다. 그 후 홍포를 벗기고 도로 예수님의 옷을 입혀 십자가에 못 박으려고 끌고 갔다(마27:27-31). 이것은 로마의 십자가형 처형 방식이다.

신약성경에 '가이사랴'라는 도시가 나온다. 이 말은 '카이사르의 도시'라는 뜻으로, 헤롯이 세운 신도시이다. 헤롯은 신도시를 건설하여 '가이사랴'라 명명하고, 그것을 카이사르에게 바쳤다. 로마의 총독과 군단이 이 도시에 머물렀다. 그 가이사랴에 로마의 백부장 고넬료가 살았다(행10:1-2).

예수님은 십자가에서 죽으신 후 삼일 만에 부활하셨다. 제자들은 예수님이 살아나 승천하시기 전에 자신들에게 나타났다고 주장하였다(행2:23, 24). 많은 사람들이 이 주장을 믿었다. 그 이유 중의 하나는 당시 로마 군대의 경계 근무는 아주 철저한데, 로마 군인이 경계를 소홀히 하여 시체를 도난당했다는 것은 상상할 수 없기 때문이었다.

로마 역사에 대한 자료는 풍부하고, 많은 학자들에 의하여 많은 연구가 되어 있다. 우리는 그것을 잘 살피므로 신약성경을 보다 더 잘, 폭넓게 이해하고, 하나님의 뜻을 깨달을 수 있다.

2. 로마 황제 가이사

로마는 B.C. 8세기 로물루스, 레무스 쌍둥이와 늑대의 신화로 시작된 나라다. 아모스, 호세아, 이사야, 미가 등의 선지자들이 유대 나라에서 활동하던 때에 로마의 시조는 늑대 젖을 먹고 있었다.

그 후 로마는 왕정으로 내려오다가 공화정을 거친다. 공화정시 카르타고와의 3차에 걸친 120 년간의 포에니 전쟁을 거치고 승리하면서 큰 나라로 급성장하였다.

그 후 제정이 된다. 제정 시 로마의 황제를 '카이사르' 라고 하였다. '카이사르' 를 성경에는 '가이사', 영어로는 '시저' 라고 한다.

B.C. 100년에 '율리우스 카이사르' 가 태어났다. 그는 뛰어난 장군, 문필가, 정치가로 세기를 초월하는 영웅이다. 그는 공화정의 로마가 체제의 수명을 다했음을 알고, 황제가 다스리는 제국이 되어야 한다고 판단했다. 그러나 공화주의자들은 반대하였다. 그러나 카이사르는 정치력으로 종신 독재관이 되어 사실상의 황제가 되었다.

기회를 노리던 공화주의자들은 카이사르를 암살하였다. 그럼에도 불구하고 로마는 너무 강대해져서 공화정으로는 다스릴 수 없고 제정이 되어야만 했다. 카이사르를 암살한 원로원은 아이러니하게도 암살당한 카이사르의 뜻대로 제정을 받아들이고 카이사르의 양자 옥타비아누스를 초대 황제로 세웠다. 그때부터 '카이사르' 란 말이 '황제' 로 통하게 되었다. 성경에서는 여러 '가이사' 들이 등장한다.

카이사르는 동전에 자기 얼굴을 새겨 넣어 로마제국 전체에 자신의 얼굴을 알렸다. 오늘날도 모든 나라의 돈에 사람의 얼굴을 새긴다. 돈에 사람 얼굴을 새기므로 PR해서 그 사람을 알리는 것은 카이사르가 그 시초다. 2천 년이 지나도 모든 나라가 따라하는 좋은 방법이다.

한 번은 바리새인들이 예수님을 궁지에 몰아넣기 위해 로마에 세금을 바쳐야 합니까? 바치지 말아야 합니까? 하고 물었다. 만약 예수님이 로마에 세금을 바쳐야 한다고 하면, 종교적, 경제적 관점에서 반대하던 유대인들이 예수님에게 등을 돌릴 것이었다. 열혈당 신학을 따른 유대인들은 로마에 세금을 바치는 것을 우상숭배로 보았다. 만약 예수님이 세금을 바치지 말아야 한다고 하면 로마제국에 반기를 든 것이기 때문에 예수님은 로마에 잡혀갈 수밖에 없었다.

이렇게 곤란한 입장에서 예수님은 동전 하나를 가져오라고 하셨다. 그리고 "동전에 무엇이 그려져 있느냐?"라고 물으셨다. 모두 카이사르의 얼굴이 그려져 있다고 하였다. 그러자 예수님께서 말씀하셨다. "가이사의 것은 가이사에게, 그리고 하나님께 바쳐야 할 것은 하나님께 바쳐라."고. 이 말씀을 들은 모든 사람들은 놀랍게 여기고 예수님을 떠났다(마22:15-22).

성경에는 가이사 아구스도(아우구스투스)가 나온다. 그는 초대 황제로 예수님이 나실 때 천하로 호적하라고 한 자이다. 그래서 예수님은 요셉의 고향인 베들레헴에서 나시게 되었다(눅2:1-7).

그 다음에 가이사 디베료(티베리우스)가 나온다. 그는 2대 황제로 예수님을 재판한 본디오 빌라도(폰티우스 필라투스)를 유대 총독으로 파송한 자이다(눅3:1).

그 다음에 가이사 글라우디오(클라우디우스)가 나온다. 그는 4대 황제로 로마에서 유대인들을 추방한 자이다. 그래서 아굴라, 브리스길라 부부가 로마에서 쫓겨나 고린도에서 바울을 만났다(행18:1-3).

카이사르는 죽은 후에, 로마에서 신격화 되었다. 열혈당원 유대인들은 로마에 세금을 바치는 것을 우상숭배로 보았다. 반면 많은 유대인들은 카이사르의 통치를 받으면서 로마에 붙어 실리를 챙겼다. 여러 가이사들은 신약성경 역사에 많은 영향을 미쳤다.

3. 헤롯가와 로마제국

헤롯 가문은 하스몬 왕조와 로마제국 사이에서 이두매, 즉 에돔족임에도 불구하고 정치력을 발휘하여 유대를 통치하는 가문이 되었다. 유대는 로마의 다른 속국들과는 달리 총독이 있으면서도 분봉왕이 있는 독특한 정치형태가 되었다. 총독은 치안과 국방을 담당하고 왕은 내치를 담당하였다.

헤롯 안티파터는 B.C. 63년에 유대의 하스몬 왕조가 끝나게 하고 나라를 로마의 예속국이 되게 하였다. 그는 카이사르와 폼페이우스가 내전을 할 때 카이사르 편에 섰다. 그 후 그는 유대의 총독이 되었다.

그 후 안티파터의 아들이 헤롯 대왕(B.C. 37-4)이 된다. 헤롯 대왕은 친유대적이기도 했고, 반유대적이기도 했다. 그는 하스몬가의 딸인 마리암네와 결혼하였다. 그는 가이사랴(카이사레나: 카이사르의 도시)라는 신도시를 건설하여 카이사르에게 바쳤다. 그리고 예루살렘 성전 건축을 하였다. 그 성전은 완성하는데 46년이 소요되었고 그

규모가 엄청났다. 헤롯 성전은 세계적으로 유명했고, 유대인들의 환심을 샀다. 헤롯 대왕은 예수님이 나실 때 죽이려 하였고, 아기 예수님은 애굽으로 피난갔다(마2:12).

헤롯 대왕 외에도 신약성경에 여러 명의 헤롯왕이 나온다.

o **헤롯 아켈라오:** 아기 예수님이 피신했던 애굽에서 돌아올 때의 왕이다. 요셉은 이 아켈라오의 눈을 피해 갈릴리 나사렛으로 갔다(마2:20,22). 그는 헤롯 대왕 사후 유대 예루살렘, 사마리아, 에돔 지역을 분할 받았다. 그는 폭압적이어서 유대 귀족들의 탄핵을 받았고, A.D. 6년에 왕위에서 쫓겨났다. 그때부터 유대지역은 로마 총독이 통치하였다.

o **헤롯 안티파스:** 예수님이 사역할 당시 갈릴리와 베뢰아 지방의 분봉왕이었다. 그는 처음에 나바티안 왕의 공주와 결혼했으나 이혼하고, 동생 빌립 1세의 아내 헤로디아를 빼앗아 아내로 삼았다. 세례 요한은 그 부도덕함을 질책했다가 목 베임을 당했다(마14:3-12). 예수님은 그 헤롯을 "저 여우"라고 불렀다(눅13:32). 예수님이 체포당하신 후 갈릴리 사람이라는 이유로 이 헤롯 안티파스에게 심문을 당하셨다(눅23:6-12).

o **헤롯 빌립 2세:** 이두래와 드라고닛 지방을 다스렸다. 이곳은 요단강 상류 지역으로 갈릴리 동북부 지역이다. 그는 로마 황제에게 잘 보이려고 파이데온을 재건립하여 황제와 자신의 이름을 합성하여 '가이사랴 빌립보'라고 불렀다. 거기서 예수님은 베드로의 신앙고백을 받으셨다(마16:13-20).

o **헤롯 아그리파 1세:** 헤롯 대왕의 손자이며, 헤롯 안티파스의 조카이다. 그는 로마의 3대 황제 칼리굴라와 친분이 있는 덕에 빌립 2세의 후계자가 되었다. 그리고 헤롯 안티파스가 쫓겨났을 때 그 땅

까지 받았다. 그는 사도 야고보를 처형하였고, 베드로를 옥에 가두었고, 큰 핍박을 하였다. 그는 백성이 환호할 때 하나님께 영광을 돌리지 않다가 벌레에게 먹혀 죽었다(행12:21-23).

o **헤롯 아그리파 2세:** 헤롯 아그리파 1세가 죽자, 그의 아들 헤롯 아그리파 2세가 17세의 어린 나이로 왕위에 올랐다. 이때부터 유대는 거의 총독이 관할하였다. 그는 헤롯 가문의 마지막 왕으로 A.D. 70년 예루살렘이 파괴된 후 로마에서 살다가 죽었다. 그는 바울 보고 "나를 권하여 그리스도인이 되게 한다.", "가이사에게 호소하지 않았다면 석방될 수 있을 번하였다."고 한 인물이다(행26:24-32).

헤롯 가문은 에돔족이면서도 로마의 지원을 받아 유대를 통치하였다. 힘 있는 자의 지원은 큰 힘이 된다. 신자는 예수님의 지원으로 하나님의 자녀, 천국 백성이 된다.

4. 가이사 아구스도(아우구스투스)의 호적 명령

'가이사'는 카이사르, 즉 율리우스 카이사르의 성으로 '황제'라는 말이 되었다. '아구스도'는 아우구스투스로 '존엄한 자'라는 뜻이다. 그러니 '가이사 아구스도'는 '존엄하신 황제'라는 뜻이다. 이 '아구스도'라는 말은 로마 초대 황제 옥타비아누스에게 원로원이 바친 존칭이다. 가이사 아구스도는 B.C. 26년부터 A.D. 14년까지, 예수님이 나시기 한참 전부터 어린 시절까지 장기간 황제로 있었다.

가이사 아구스도는 여러 차례 국세조사를 하였다. 그것은 주로 인구조사로 세금징수와 군대 징집의 자료를 얻기 위함이었다. 그는 로마가 다스리는 모든 나라에 호적하라고 명하였다. 그 중에 성경에 나오는 것은 구레뇨가 수리아 총독이 되었을 때에 처음 한 것이었다. 호적 등록은 고향에서 하게 되어 있었다. 그래서 명절도 아닌데 많은 사람들이 고향으로 오게 되었다. 그 명령은 아주 엄하여 임산부도 가지 않을 수 없었다.

요셉은 다윗의 족속이기 때문에 다윗의 고향 베들레헴이 고향이었다. 그는 잉태한 마리아와 함께 갈릴리 나사렛에서 베들레헴으로 갔다. 거기 갔을 때에 해산할 날이 되었으나, 여관을 구하지 못하고, 어느 집의 마구간에 유하게 되고, 결국 거기서 해산하였다. 그래서 아기 예수님은 날 때부터 큰 고생을 하셨다. 가이사 아구스도는 땅 위에 오시는 예수님에게 큰 고통을 주었다(눅2:1-7). 그러나 그것은 미가 선지자의 예언대로 된 것이다(미2:6).

예수님은 하나님의 아들이시나 인류 구원을 위하여 이 세상에 오셨다. 예수님은 세상에 오시되 낮고 천한 자리에서 나셨으며, 세상의 법의 지배를 받았다. 그가 나신 유대는 로마의 속국이었고, 로마의 지배를 받는 유대에서 나신 예수님은 날 때부터 로마법의 지배를 받았다. 가이사 아구스도는 호적 명령을 통하여 자신도 모르게 세상에 나시는 예수님과 깊은 관계를 가지게 되었다.

'팍스 로마나'(Pax Romana)라는 말이 있다. '로마에 의한 평화'라는 뜻이다. 팍스 로마나는 가이사 아구스도의 시정방침이었다. 가이사는 '관용'을 시정방침으로 내걸었는데, 가이사 아구스도는 '평화'를 시정방침으로 내걸었다.

옥타비아누스가 나이 들어 어느 날 바닷가를 거닐다 어떤 어부들을 만났다. 그 어부들이 옥타비아누스께 이렇게 감사의 인사를 드렸다.

"감사합니다. 요즘은 해적들도 안 나타나고 마음껏 고기를 잡을 수 있습니다. 이게 다 당신 덕분입니다."

이 말에 옥타비아누스는 매우 뿌듯해하고 감격하였다. 그리고 그는 "이것이 로마에 의한 평화로구나."라고 했다.

이런 일로 인해 '팍스 로마나'라는 말이 나왔다고 한다. 그런데 이 말은 맞지 않다고 본다. 옥타비아누스는 황제에 오르면서 평화를 강조했다고 보인다. 팍스 로마나는 옥타비아누스 황제 때부터 5현제 시대까지 200년간 계속되었다. 이후 '팍스 브리태니카나', '팍스 아메리카나'라는 말도 생겼다.

그러나 팍스 로마나는 단지 로마 국민들의 평화였다. 그 평화가 속국민들에게도 같이 시행되지는 않았다. 로마 국민이라 해도 전쟁은 멈췄으나 많은 고통이 따랐다. 그것도 그리 오래 가지 않았다.

그런데 참된 평화는 옥타비아누스가 호적하도록 만들어 날 때부터 큰 고통을 겪은 예수 그리스도에 의하여 이루어졌다. 그 예수를 믿는 자는 하나님과의 평화를 이루고, 사람들과의 평화도 이룬다. 그는 화평의 사신이 되어 세상에 평화를 전하는 자가 된다. 진정한 평화는 '팍스 크리스뚜스나'이다. 그리스도에 의한 평화는 온 세상에 평강을 준다.

그래서 아기 예수님이 나실 때 베들레헴 들에서 양치던 목자들에게 하늘의 천군천사들이 찬송하였다.

"지극히 높은 곳에서는 하나님께 영광이요, 땅에서는 기뻐하심을 입은 사람들 중에 평화로다."(눅2:14)

5. 가이사 디베료와 총독 본디오 빌라도

　로마의 두 번째 황제는 디베료(티베리우스)로 A.D. 14년부터 37년까지 통치하였다. 티베리우스는 황제가 된 지 15년째에 본디오 빌라도(폰티우스 필라투스)를 유대의 총독으로 보냈다. 그 당시 유대는 헤롯 안티파스가 갈릴리, 헤롯 빌립 2세가 이두래와 드라고닛, 루사니아가 아빌레네의 분봉왕이었다(눅3:1).
　디베료 황제의 별명이 '테러블 티베리우스' 이다. '테러블'(terrible)은 '무서운, 소름끼치는' 이란 뜻이다. 디베료는 왜 이런 무서운 황제가 되었을까?
　티베리우스는 초대 황제 옥타비아누스의 의붓아들이었다. 옥타비아누스는 카이사르의 누나의 손자로서 카이사르의 양자가 되어 황제가 되었다. 그런데 양자로 황제가 된 옥타비아누스는 아이러니하게도 혈연에 매우 연연하였다. 그는 카이사르의 후계자로 발표될 당시 18세의 소년이었다. 그는 놀라운 정치력을 발휘하여 33세에 로마의 최고 통치자가 되었다. 그는 23세에 첫 부인과의 사이에 율리아라는 딸 하나를 두고 난 후 이혼하였다. 그는 24세가 된 해에 19세지만 이미 유부녀이고, 3살 된 아들을 두고, 둘째를 임신한 리비아라는 여인을 사랑하였다. 그는 리비아의 남편에게서 강제로 리비아를 빼앗아 결혼하였다. 그리고 그 의붓아들들을 황궁에서 키웠다.
　옥타비아누스는 자기의 혈육으로 황제를 물려주려 하였으나 아들이 나지 않았다. 그는 율리아의 아들, 즉 외손자에게 황위를 물려주려 하였으나, 두 명의 외손자도 죽고 말았다. 그때까지 티베리우스는 군사적 면에서 많은 업적을 세웠다. 그럼에도 옥타비아누스는 어떻게든 티베리우스에게 후계를 물려주려 하지 않았다. 그러나 자기의 핏줄이 모두 죽자, 할 수 없이 티베리우스에게 황위를 물려주었다.

옥타비아누스는 후계를 물려주면서 티베리우스에게 강제로 아내와 이혼하고 과부인 자기의 딸 율리아와 결혼하게 하였다. 그 후 율리아는 간통죄로 유배형을 받았고, 그 후 티베리우스는 혼자 살았다. 이러한 배경이 티베리우스를 '테러블'(terrible)이 되게 하였다.

티베리우스는 황제가 된 뒤에 얼마 지나지 않아 로마를 떠나 카프리 섬에 은둔하면서 문서정치를 시작하였다. 말 많은 원로원 의원들을 만나지 않고 보고서만 받고 답신을 해주는 독특한 정치를 하였다. 그 문서정치는 10년 이상 계속되었으나 의외로 정치를 잘 했다고 한다.

티베리우스 황제 15년째 되는 해에 폰티우스 필라투스가 유대의 총독으로 파견되었다. 폰티우스 필라투스는 유대를 다스리기가 매우 힘들었다. 분봉왕 헤롯과 예루살렘 성전을 장악하고 있는 대제사장, 그리고 바리새파와 사두개파, 서기관들로 대표되는 유대의 고위급들은 너무도 까다로운 존재들이었다. 게다가 가난한 민중의 민란이라도 발생했다가는 보고서가 바로 카프리 섬으로 갈 판이었다. 황제를 만나 해명하고 설득할 형편이 아니고 오직 문서로만 보고해야 했던 필라투스는 많은 심리적 압박을 받았다. 그리고 속주 총독은 임기가 끝난 후 속주민의 여론이 좋지 못하면 다음 임지에 갈 수 없었다.

이러한 로마의 정치상황을 유대의 지도급들이 예수님의 숙청에 절묘하게 이용하였다. 필라투스는 예수님의 무죄를 확신하였으나, 아무 성과도 없이 도리어 민란이 나려는 것을 보고 예수님에게 십자가형을 선고하였다(마 27:11-26). 그는 정의를 실천하기 보다는 자기의 영달을 택하였다.

대부분의 세상 정치가들은 정의를 택하기 보다는 자기의 이익을 택한다. 오늘날의 교회 지도자들도 마찬가지다. 서슴지 않고 본디오 빌라도가 된다. 자기의 작은 이익, 자리, 명예를 얻기 위하여 정의를, 진리를 헌신짝처럼 버린다. 그 결과, 교회는 부패하고 암흑시대가 된다.

티베리우스

6. 로마의 유대 유월절 특별사면

유월절은 오순절, 장막절과 함께 유대의 3대 명절 중의 하나이다. 유대는 모든 명절을 하나님을 중심하여 지켰다. 유대인의 모든 삶은 하나님과의 관계 속에서 이루어졌다.

유월절은 애굽에서 시작되었다. 그 뜻은 '넘어갔다' 는 것으로, 영어로는 'Pass Over' 이다. 하나님은 모세를 통하여 이스라엘 백성을 구원코자 하였다. 그러나 강퍅한 바로는 하나님의 명령을 거역하였다. 그래서 하나님은 애굽에 10가지 재앙을 내렸다. 마지막 열 번째 재앙은 장자를 멸하는 것이었다. 하나님은 그때에 유대인들에게 양을 잡아 그 피를 문에 바르고 문 안에 있으면 장자를 멸하지 않겠다고 하셨다. 그 약속대로 문에 양의 피를 바른 집은 죽음의 사자가 넘어갔다. 그러나 애굽인의 장자는 다 죽임을 당하였다. 그러자 바로는 유대인들에게 해방을 선포하였다. 첫 번째 유월절은 애굽에서 출애굽을 앞둔 그 긴박한 밤에 이루어졌다. 유월절 규례는 하나님이 직접 정하여 알려주셨다(출12:1-14).

왕정시대에 유월절을 잘 지킨 왕과 지키지 않은 왕에 대한 하나님의 평가는 완전히 달랐다. 후자는 하나님의 은혜를 잊어버리고 제멋대로 나가는 악한 왕으로 간주되었다. 유월절이 시작된 후 1,400여 년이 지난 예수님 시대도 유월절은 여전히 성대히 지켜졌다. 예수님은 12살 될 때에 처음으로 유월절을 지키기 위해 예루살렘에 가셨다(눅2:41-51). 예수님의 십자가 처형도 유월절에 이루어졌다.(눅22:1-2,7).

그런데 로마제국은 그들의 통치에 정치적 안정을 꾀하기 위하여 유월절을 이용하였다. 유대인들이 유월절에 예루살렘에 모여 하나님께 제사를 드리고 나면, 뒤에 소동을 일으키는 경우가 많았다. 그래서 미리 정치범 중 한 명 정도 특별사면을 하여 놓아주면 로마제국에 대한 불만을 좀 감소시킬 수 있으리라 판단하여 시행하였다. 명절이 되면 로마 총독이 무리의 청원대로 죄수 한 사람을 놓아주었다. 예수님을 죽여야 된다고 소리 지르는 유대인들에게 빌라도가 물었다.

"너희는 내가 누구를 너희에게 놓아주기를 원하느냐, 바라바냐, 그리스도라 하는 예수냐."(마27:15-17)

빌라도는 노련한 정치가였다. 유대의 지배계급이 민중을 동원하여 죄 없는 예수님을 죽이려 하자, 빌라도는 '유월절 전례' 라는 카드를 써서 예수님을 구해주려 하였다. 그는 유대인들이 아무리 악해도 바라바 보다는 예수님을 택하리라 생각하였다.

그러나 유대인들은 바라바를 택하고 예수님을 죽이게 하였다. 그들은 유월절을 이용하여 많은 민중의 힘으로 빌라도를 압박하고, 그의 제안을 교묘히 악용하여 예수님을 십자가에 못 박게 하였다.

그런데 유월절을 가장 잘 활용하신 분은 예수님이시다. 유월절에 제물이 되는 양은 십자가에서 죽으실 예수님을 예표한다. 예수님은 영적 유월절의 제물이 되기 위해 오셨다. 그는 십자가에서 죽으심으로 제물이 되셨다. 그리하여 우리의 구원을 이루셨다. 그러니 예수님이 십자가에 못 박히는 사건이 유월절에 된 것은 가장 적합하고 그 의미를 가장 잘 드러낸다. 그리고 유월절에 디아스포라 유대인들이 각국에서 모이고, 그 명절이 지나면 각국으로 돌아가 예루살렘의 소식을 전한다. 예수님은 유월절에 십자가에 못 박히시므로 그 소식, 즉 복음을 순식간에 온 세상에 전하셨다.

사람들은 성경마저도 자기 이익을 위하여, 자기의 정치적 목적을 위하여 이용한다. 그러나 우리는 언제나 하나님의 뜻에 맞게 이용하여 하나님께 영광을 돌려야 한다.

7. 예수님 십자가 처형

유대의 전통적인 사형법은 돌로 쳐 죽이는 것이었다. 아간이 범죄하였을 때에 이스라엘은 그를 돌로 쳐 죽이고 돌무더기를 만들었다 (수7:16-26).

빌라도에게 예수님을 고소하면서 유대인들은 "우리에게는 사람을 죽이는 권한이 없다."고 하였다(요18:31). 그러나 그것은 틀린 주장이다. 유대인들은 회개를 외치는 스데반을 돌로 쳐 죽였고(행7:54-60), 로마의 총독은 묵인하였다.

그런데 유대의 대제사장 세력들은 예수님을 빌라도 총독에게 끌고 가서 십자가 처형을 해달라고 요구하였다. 그들은 로마인들의 손을 빌려 예수님을 처형하려 한 것이다. 이것은 예수님의 죽음을 로마에 전가시키는 작전이다.

검과 몽치를 든 자들은 예수님을 체포하였다. 그들은 대제사장들, 장로들이 보낸 하수인들이었다. 예수님은 공회 앞에서 대제사장의 심문을 받았다. 그러나 대제사장은 예수님에게서 아무 죄도 찾지 못하였다. 대제사장은 예수님에게 "네가 하나님의 아들 그리스도냐?"고 물었다.

예수님은 대답하였다. "네가 말하였다. 이후에 인자가 권능의 우편에 앉아 있는 것과 하늘 구름을 타고 오는 것을 너희가 보리라."(마26:64)

이 말을 들은 자들은 "사형에 해당된다." 하면서 예수님을 구타하고, 총독 빌라도에게 끌고 갔다(마27:1-2). 그러자 빌라도는 예수님을 심문하였다. 빌라도는 예수님이 '유대인의 왕'이라고 하는데도 놀라긴 했으나 유죄로 단정하지 않았다. 빌라도는 유대인들이 자기들 종교문제로 고소하는 것이지 예수님에게 아무 죄도 없음을 간파하였다. 그래서 '유월절 전례'에 따라 예수님을 유월절 특사로 석방하려고 하였다.

"바라바와 예수 둘 중에 누구를 너희에게 놓아주기를 원하느냐?"(마 27:21)

그런데 무리들은 즉시로 바라바라고 하였다. 빌라도의 계획은 완전히 빗나갔다. 유대인들은 예수님을 시기한 나머지 예수님을 '죽이라'고 하였다. 그들은 빌라도의 제안을 교묘히 악용하여 예수님을 십자가에 처형하도록 빌라도를 압박하였다. 그들은 무조건 '십자가 처형'의 구호를 외치며 요구하였다. 대제사장 세력에 의해 동원된 군중들은 자기들의 요구가 관철되지 않으면 민란을 일으킬 태세였다.

빌라도는 디베료(티베리우스) 황제에 의해 파송된 총독이었다. 디베료는 '테러블'(무서운, 소름끼치는)한 황제였다. 그는 황제가 된 지 얼마 되지 않아 로마를 떠나 카프리 섬에 은둔하면서 문서정치를 하였다. 만약 유대에 민란이 일어난다면 빌라도는 디베료에게 만나서 해명할 수 없고 단지 보고서로만 설명할 수밖에 없으니 너무도 답답하고 곤란한 일이다.

그래서 빌라도는 아무 성과도 없이 도리어 민란이 나려는 것을 보고 자기의 안전과 이익을 위하여 자기가 누누이 무죄라고 강조한 예수님에게 십자가 처형의 판결을 내렸다. 그러면서 "이 사람의 피에 대하여 나는 무죄하니 너희가 당하라."고 하였다. 그러자 유대인들은 "그 피를 우리와 우리 자손에게 돌릴지어다."라고 대답하였다(마 27:24-26).

총독의 군병들은 예수님을 끌고 가서 모욕하고 희롱하였다. 그 후 십자가에 못 박으려고 끌고 나갔다(마27:27-31). 그들은 예수님을 골고다 언덕에서 십자가에 못 박았고, 예수님은 6시간의 모진 고통을 받고 운명하셨다(눅23:26-49). 십자가 처형은 로마의 중죄인을 처형하는 방법이었고, 인류 역사상 가장 잔인한 사형법이었다.

예수님은 로마의 중죄인 사형법인 십자가 처형을 받아 운명하셨다. 유대 지도자들과 빌라도는 자기들의 목적에 따라 예수님이 십자가 처형을 받도록 하였다. 예수님은 당시 세계의 중심인 로마의 중죄인 취급을 받고 죽으셨다. 그는 온 세계적으로 흉악범 취급을 받으셨다.

십자가 위의 예수

8. 예수님은 로마 군대보다 더 많은 군대의 사령관이시다

　예수님은 잡히시기 전날 밤에 겟세마네 동산에 기도하러 가셨다. 그런데 가룟 유다가 예수님을 찾아 넘겨주기 위하여 산헤드린 공회에서 보낸 큰 무리를 이끌고 그곳에 나타났다. 그는 자기가 입 맞추는 자가 "예수니 체포하라."고 하고(마26:48), 예수님에게 "선생님, 안녕하세요?" 하면서 입을 맞추었다. 그러자 약속한대로 무리가 순식간에 예수님을 잡았다. 그 긴박한 순간에 베드로가 갑자기 칼을 뽑아 대제사장의 종인 말고의 귀를 쳐서 떨어뜨렸다. 베드로는 말고를 쳐 죽이려고 하였는데 말고가 피하므로 귀만 떨어졌다고 보인다. 그는 그 순간에 칼을 뽑아 예수님을 붙잡는 무리들과 한판 승부를 겨루려고 한 것이다.

　그때에 예수님은 베드로에게 "네 칼을 도로 칼집에 꽂으라. 칼을 가지는 자는 다 칼로 망한다. 너는 내가 내 아버지께 구하여 지금 열두 군단 더 되는 천사를 보내시게 할 수 없는 줄로 아느냐?"고 하셨다. 그리고 자기를 잡으러 온 무리들에게는 "내가 낮에 성전에서 가르칠 때에 잡아가지 않고, 왜 강도를 잡는 것처럼 칼과 몽치를 가지고 나를 잡으러 왔느냐?"고 하셨다(마26:52-55).

예수님은 자기를 죽이려는 자들에게도 비폭력으로 나가셨다. 세상에는 힘이 없으면서도 악을 쓰면서 폭력으로 나가는 자가 많다. 힘이 없는 자들이 폭력이 아니라 평화적으로 자기주장을 할 때 사람들이 칭찬한다. 그런데 예수님은 힘이 있으면서도 비폭력으로, 평화적으로 나가면서 자기에게 가하는 모든 핍박을 당하시려 한다. 주님은 그 시간에 열두 군단 더 되는 천사를 동원할 수 있다고 하셨다. 이 말은 그때 자기를 붙잡는 자들은 물론 로마제국도 물리칠 수 있음을 말씀하신 것이고, 그러나 자기는 그 힘을 쓰지 않고 스스로 십자가를 지심을 말씀한 것이다.

그렇게 하심은 하나님 아버지의 뜻을 이루시기 위함이었다. 주님은 다시 베드로에게 "이렇게 된 것은 다 선지자의 글을 이루려 함이니라."고 하셨다(마26:56). 선지자의 글(예언)은 하나님 아버지의 뜻이다. 주님은 율법과 예언의 완성을 위하여 오셨다. 즉 하나님 아버지의 뜻을 이루기 위하여 오셨다. 주님의 잠시 전의 기도도 아버지의 뜻을 이루기 위하여 십자가를 지겠다는 것이었고, 그 기도대로 스스로 잡혀가 십자가를 지셨다.

예수님이 말씀한 천사들 열두 '군단'은 로마군의 군대 용어다. 로마군대에서 1군단은 6,000이었고, 로마의 총사령관은 6개 군단까지 지휘할 수 있었다. 24세에 해적단을 무찔러 '마그누스(위대한) 폼페이우스'라고 불린 폼페이우스 장군은 6개 군단을 지휘하였다. 그런데 율리우스 카이사르가 총사령관이 되어 갈리아 지방을 정복하러 갈 때에는 준비가 부족해 우선 4개 군단이라도 데리고 출정하라는 원로원의 명령을 받았다. 그러자 카이사르는 빚을 내서 2개 군단을 더 모집하여 기어이 6개 군단을 이끌고 출정하였다. 예수님이 말씀한 12군단은 로마 총사령관 2명이 한꺼번에 지휘할 수 있는 군대의 수다. 예수님은 사람보다 탁월한 천사 군단을 12군단보다 더 동원할 수 있는 분이시다. 즉 로마 군대 전체보다 더 탁월하고 더 많은 군대를 동원할 수 있는 분이시다. 로마도 능히 무력으로 쳐부술 수 있는 하나님의 아들이다.

그러나 주님은 그 힘을 조금도 쓰지 않고 스스로 잡혀 십자가를 지셨다. 그리하여 하나님 아버지의 뜻을 다 이루시고 우리의 구원을 이루셨다. 우리의 구주가 되셨다.

9. 디아스포라 유대인

'디아스포라'는 '분산' 또는 '유배'라는 의미다. '디아스포라 유대인'은 바벨론으로 끌려가서 각국에 흩어져 살게 된 유대인들을 말한다. 그들은 페르시아 시대에 많이 귀환하였다. 그러나 헬라, 로마 시대까지도 귀환하지 않고 계속 그대로 사는 사람들도 상당히 많았다.

그들은 각자 사는 나라에서 회당을 짓고, 주로 상업에 종사하며 살았다. 그들은 토요일마다 회당에 모였고, 유월절, 오순절, 장막절 같은 유대의 3대 명절에는 예루살렘을 방문하였다. 그들은 장사하는 데 특별한 재능이 있었다.

디아스포라 유대인들은 명절에 예루살렘을 방문하여 1년 치의 십일조를 바치고, 막대한 기부금과 성전세를 내었다. 그리고 약 한 달간 머물면서 소비를 하였다. 그 결과 예루살렘의 경제는 활성화되었다.

"그 때에 경건한 유대인들이 천하 각국으로부터 와서 예루살렘에 머물러 있더니"(행2:5).

디아스포라 유대인과 함께 회자되는 사람들이 있는데, 그들은 '디아스포라 그리스인'이다. 알렉산드로스 대왕이 마케도니아에서 출정하여 정복전쟁에 나설 때에 수많은 그리스인들이 함께 이집트로 들어갔다. 그들은 거기서 경제적으로 성공하였다. 또한 그리스인들은 로마제국시 로마 귀족의 가정교사로 들어간 경우가 많았다. 로마는 그리스를 정복하였으나 그리스의 문화와 학문을 존중하였다.

그런데 디아스포라 유대인들과 디아스포라 그리스인들은 다같이 장사를 잘 하였다. 그래서 그들은 로마에 많은 세금을 바침으로 인해 보호를 받았다. 그러나 두 집단 사이에는 마찰이 자주 일어났다. 그리스인들은 신도시가 생길 곳을 미리 알아내고 먼저 시장을 개척하였다. 그러나 어느 사이에 시장의 노른자위는 유대인들이 차지하였다. 그러니 큰돈은 항상 유대인들이 만졌다. 이런 일이 자주 발생하다보니 두 집단 사이에는 자꾸 마찰이 일어났다.

두 집단이 마찰을 일으킬 때마다 유리한 쪽은 대부분 디아스포라 그리스인들이었다. 그들은 다신교를 믿기 때문에 역시 다신교인 로마와 상당 부분 서로 통했다. 그러나 유일신을 믿는 유대인들은 그리스인과 종교와 장사에서 충돌을 일으켰다. 아울러 그러한 사실은 로마인들에게도 좋은 인상을 주지 못하였다.

그런데 두 집단을 두고 디아스포라 유대인 쪽의 손을 확실하게 들어준 로마의 통치자는 율리우스 카이사르였다. 그의 생전에 유대인들은 가장 안전하고 평화롭게 생업에 종사할 수 있었다. B.C. 44년 카이사르가 암살당했을 때에, 예루살렘에 있는 유대인들까지도 그의 죽음을 크게 안타까워했다.

오순절 성령 강림시 천하 각국으로부터 디아스포라 유대인들이 예루살렘에 와서 유월절을 지키고 있었다. 그 때에 베드로가 성령 충만하여 그들을 상대로 설교를 하였다. 그런데 그 설교를 각각 자기들의 방언으로 듣게 되는 기적이 일어났다. 그래서 그들은 놀라고 "다 우리의 각 언어로 하나님의 큰일을 말함을 듣는도다."라고 하였다. 베드로는 계속 설교하였고, 그들은 마음에 찔려 "형제들아, 우리가 어찌할꼬." 하였다. 그 때에 베드로는 "회개하여 각각 예수 그리스도의 이름으로 세를 받고 죄 사함을 받으라."고 하였다. 그날에 회개하고 믿은 자가 3천 명이나 되었다(행2:). 그날에 회개한 유대인들은 각각 자기 나라로 돌아가서 생명의 복음을 전하였다.

우리는 다 모두 세계 각국에 흩어진 '디아스포라 천국시민' 이다. 우리는 항상 천국을 사모하면서 우리가 사는 이 땅에서 하나님을 잘 섬기고 복음을 전하며 기쁨으로 살자.

10. 가이사 글라우디오에 의해 추방된 브리스길라와 아굴라

글라우디오(클라우디우스)는 칼리굴라 황제에 이어 네 번째의 로마 황제가 되었다. 칼리굴라는 재위 4년 만에 근위대장과 소수의 근위병에 의해 살해되었다. 그때 숨어있던 그의 숙부인 글라우디오는 근위대에 의해 50세에 황제로 옹립되었다. 그것은 전혀 뜻밖의 일이었다.

글라우디오는 황제가 되기 전에 아무런 야망이 없었기 때문에 정치적 인맥이 전혀 없었다. 그는 황궁으로 가면서 그리스인 해방노예 3명을 데리고 갔고, 그들은 비서로서 보좌하였다.

글라우디오가 황제로서 유대에 시행한 것은 35년 만에 유대인 왕에게 통치를 맡긴 것이다. 그 유대인 왕이 헤롯 아그리파이다. 그러나 아그리파가 왕이 된 지 3년 만에 죽으므로 유대는 다시 총독 체제가 되었다.

그리고 글라우디오는 로마 총독과 군단이 예루살렘이 아니라 가이사랴에 머물게 하였다. 그것은 유대인들을 자극하지 않기 위함이었다.

그런데 글라우디오는 황제가 되기까지 세 번 결혼하고 두 번 이혼하였다. 그리고 황제가 된 후 세 번째 이혼을 하였다. 네 번째 결혼은 비서 팔라스가 추천한 아그리피나와 하였다. 아그리피나는 결혼하면서 전(前) 남편과의 사이에서 낳은 네로를 데리고 갔는데, 그 아들이 폭군 네로가 된다. 아그리피나는 팔라스에게 감사를 표하기 위해 팔라스의 동생 펠릭스(벨릭스)를 유대의 총독이 되게 하였다. 이 펠릭스가 가이사랴 감옥에 2년간 연금되어 있던 바울을 자주 만나 바울의 이야기를 듣고, 은연중에 뇌물도 요구한 인물이다(행24:24-27).

글라우디오는 황제가 된지 9년째에 유대 통치에 새로운 시도를 하였다. 그는 유대를 3등분 하여 3분의 1은 아그리파 2세가, 3분의 2는 두 명의 로마 총독이 다스리게 하였다. 그러다가 얼마 후에는 유대를 양분하여 아그리파 2세와 로마 총독이 나누어서 다스리게 하였다.

그런데 그때 로마의 디아스포라 유대인 공동체에서 내분이 일어났다. 이를 귀찮게 생각한 글라우디오 황제는 일시적으로 유대인들을 로마에서 추방하였다. 그때 추방된 브리스길라와 아굴라 부부가 로마와 가까운 고린도에 와 있었다. 그때 아덴을 떠나 고린도에 온 바울 사도가 그들을 만났다. 바울은 신앙도 좋고 생업(천막 제조)이 같은 그들을 만나 함께 살며 교회를 개척하였다(행18:1-3).

브리스길라와 아굴라 부부는 알렉산드리아에서 에베소에 온 디아스포라 유대인 아볼로라는 사람을 만났다. 아볼로는 언변이 좋고 성경에 능통하였다. 그는 일찍이 주의 도를 배워 열심히 예수에 관한 것을 자세히 말하고 가르치나 요한의 세례만 알았다. 브리스길라, 아굴라 부부는 그를 데려다가 하나님의 도를 더 자세하게 풀어 가르쳤다. 그에게 예수님 이야기까지 업그레이드 시켜 고린도의 유능한 목회자가 되게 하였다(행18:24-28).

브리스길라, 아굴라 부부는 나중에 로마로 다시 돌아갔다. 브리스길라, 아굴라 가정은 신약에 나타나는 그리스도인 가정들 중에서 최선의 가정이었다. 그들은 바울의 복음사업에 적극적으로 협조하면서 자기들의 집을 교회가 되게 하였다(고전16:19).

우리는 다 '디아스포라 천국시민'이다. 이곳저곳을 다니나 천국을 향하여 가고 있다. 우리는 어느 곳에서나 하나님을 섬기면서 복음사업에 힘쓰는 크리스천 가정이 되어야 한다.

11. 가이사를 위한 도시 가이사랴

예루살렘은 세계적인 명성을 지닌 도시로 이스라엘에게는 더욱 특별하다. 예루살렘은 여부스족의 거주지로 여호수아 때도 차지하지 못한 난공불락의 성이었다. 출애굽한 이스라엘이 가나안에 거주하면서도 400년간이나 차지하지 못하였다.

그 예루살렘을 다윗이 600 명을 데리고 가서 점령하고 이스라엘의 수도로 삼았다(삼하5:6-10). 그 후 다윗은 그곳에 성전을 지어 '여호와의 이름을 두려고 택한 곳'이 되게 하려고 하였다. 하나님은 그 마음을 기뻐하시고, 성전 건축을 다윗의 아들 솔로몬에게 하도록 하셨다. 하나님은 다윗의 가문이 계속 왕으로 통치를 이어갈 것이라는 약속도 하셨다(삼하7:15-16).

예루살렘은 이스라엘의 역사와 함께 많은 수난을 겪었다. 성전도 파괴되었다. 첫 번째 성전은 솔로몬 때 지어진 것이었다. 그 성전은 바벨론에 의하여 파괴되었다. 두 번째 성전은 바벨론 포로에서 돌아온 스룹바벨이 지었다. 그것은 규모가 작았다. 세 번째 성전은 헤롯 대왕이 지은 것으로 46년이나 걸렸다. 그것은 스룹바벨 성전을 확장한 것으로 솔로몬 성전을 능가하는 웅장한 규모로 유대인의 환심을 샀다. 장식에 금과 은을 입히므로 막대한 자원이 사용된 이 성전은 수많은 여행자들의 방문이 끊이지 않았다.

예루살렘은 이스라엘, 유대의 수도로 정치적 중심지였다. 아울러 성전이 자리 잡은 유대교의 중심도시, 종교적 중심지였다. 신약시대 로마제국 하에서도 그 중요성은 줄어들지 않았다. 그러나 로마제국 입장에서는 그 예루살렘에서의 직접적인 통치가 쉽지 않았다. 유대인들과 뜻밖의 마찰이 자주 일어나는 것을 피할 수 없었다.

그런 때에 헤롯 대왕은 또 하나의 건축 공사를 벌였다. 그것은 예루살렘과 100km 떨어진 곳에 항구도시를 건설하는 것이었다. 그는 대대적인 공사를 벌여 거대한 신도시를 건설하였다. 그리고 그 도시를 '가이사랴'(카이사레아)라고 명명하였다. '가이사랴'의 뜻은 '카이사르를 위한 도시'이다. 그는 그 신도시를 로마 황제에게 바쳤다.

이렇게 헤롯 대왕이 건설하여 로마 황제에게 바친 가이사랴는 로마 황제를 크게 만족시켰다. 그곳에 어마어마한 규모의 카이사르 동상이 세워졌다. 로마제국은 그 가이사랴에 총독과 군단이 거주하게 하였다. 그곳에서 유대인들과의 직접적인 마찰을 피하면서 총독 총치를 하게 되었다.

가이사랴에 고넬료라는 로마 군대 백부장이 있었다. 그는 로마의 백인대장이다. 그가 하나님의 사자의 지시에 따라 욥바에 있는 베드로를 청하여 말씀을 듣고 믿게 되었다(행10:1-48).

유대인들이 바울을 암살하려고 하였다. 그래서 로마의 천부장이 바울을 예루살렘에서 총독이 있는 가이사랴로 호송하면서 470명의 군인을 동원하였다. 닷새 후에 대제사장 아나니아 일행이 총독 벨릭스에게 바울을 고발하였다. 바울은 적극적으로 변명하고, 가이사에게 상소하였다(행23:12-25:12). 그 후 바울은 가이사랴에서 배를 타고 로마로 갔다.

신약성경에는 '가이사랴 빌립보'라는 도시도 나온다. 그 도시는 갈릴리 동북부인 이두래와 드라고닛 지방의 분봉왕인 헤롯 빌립 2세가 로마 황제에게 잘 보이려고 파이네온을 재건립하여 로마 황제와 자신의 이름을 합성하여 명명한 도시다. 거기서 예수님이 베드로의 신앙고백을 받으셨다(마16:13-20).

대부분의 도시들은 자연적으로 생성, 발전한다. 그러나 가이사랴는 인위적으로 분명한 목적을 갖고 건립되었고, 그 목적에 맞게 운용되었다. 무엇이나 좋은 목적을 갖고 나가고 그 목적이 이루어진다면 최선이 될 수 있다.

12. 로마 총독 벨릭스와 바울 사도

벨릭스는 로마의 글라우디오 황제가 파송한 유대의 총독이다. '벨릭스' (펠릭스)는 '행운아' 라는 뜻이다. 그는 해방노예 출신이었다. 그의 형인 팔라스가 글라우디오 황제의 비서로 황실에 들어가 황후를 추천한 결과 그 황후가 보은의 뜻으로 벨릭스를 유대 총독이 되게 하였다.

바울이 3차 전도여행을 마치고 예루살렘을 방문했다가 과격한 유대인들로부터 목숨이 위태로워지자, 천부장이 470 명의 군인을 동원하여 바울을 총독이 있는 가이사랴로 호송하였다. 그때의 총독이 벨릭스였다(행21:27-23:24).

벨릭스는 천부장이 보낸 편지를 보고 사태를 대강 파악하였다. 그는 바울을 헤롯 궁에 구금하였다. 바울이 가이사랴로 이송되자, 대제사장 아나니아 일행이 변호사 더둘로와 함께 찾아와 바울을 벨릭스에게 고발하였다. 그 죄목은 바울이 디아스포라 유대인들에게 예수를 전파함으로 그것이 너무 퍼져 전염병처럼 번진다는 것이었다 (행3:25-35; 24:1-9).

벨릭스는 고발하는 말을 들은 후 바울에게 스스로 변명할 기회를 주었다. 그때 바울은 변명하였다.

"내가 내 사건에 대하여 기꺼이 변명합니다. 내가 예루살렘에 올라가서 있을 때 그들은 내가 회당 또는 시중에서 무리를 소동하게 하는 것을 보지 못하였습니다. 그들은 고발하는데 대하여 아무 것도 증명할 수 없습니다. 나는 조상의 하나님을 섬기고 성경을 다 믿으며, 그들이 기다리는바 하나님께 향한 소망을 가지고 있습니다. 그 소망은 의인과 악인의 부활이 있으리라는 것입니다. 이것에 대하여 나는 하나님과 사람에 대하여 항상 양심에 거리낌이 없기를 힘씁니다. 내가 성전에서 결례를 행할 때에 어떤 소동도 없는 것을 그들이 보았습니다. 나를 반대할 사건이 있으면 나를 본 자들이 당신 앞에 와서 고발하였을 것입니다. 내가 무슨 옳지 않은 것을 보았는가 말하라 하십시오. 오직 나는 죽은 자의 부활을 주장할 뿐입니다."(행24:10-21).

바울이 이렇게 주장하자, 벨릭스는 재판을 연기하면서 바울을 구금하였다. 그는 "천부장 루시아가 내려오거든 너희 일을 처결하리라."고 하였다. 그리고 백부장에게 바울을 구금하되 "잘 지키며 자유를 주고 친구들이 그를 돌보는 것을 금하지 말라."고 지시하였다.(행24:22-23)

그런데 벨릭스는 "이 도에 관한 것을 더 자세히 안다."고 하였다(행24:22). 벨릭스가 어떤 경로를 통하였는지는 알 수 없으나, 그는 이미 복음을 들을 기회가 있었고 그 복음에 대하여 상당히 이해하고 있었다. 그래서 유대인들의 고발이 있어도 바울을 상당히 존중하고 도와주기까지 하였다.

수일 후에 벨릭스가 그 아내 유대 여자 드루실라와 함께 바울을 불러 그리스도 예수 믿는 도를 들었다. 바울은 의와 절제, 장차 오는 심판을 강론하였다. 그때 벨릭스는 두려워하면서, "지금은 가라. 내가 틈이 있으면 너를 부르리라."고 하였다(행24:24-25). 벨릭스는 복음을 듣고 상당히 이해도 하였고 두려움도 느꼈으나, 결단하여 믿지 않고 다음으로 미루었다.

그러면서도 벨릭스는 바울에게서 돈을 받을까 바라고 더 자주 바울을 불러 이야기하였다(행24:26). 그는 영적인데 관심을 기울이지 않고 뇌물을 바라는 천박한 인물이었다.

벨릭스는 유대인의 마음을 얻기 위하여 바울을 장기간 구류하여 두었다. 거의 2년이 지나 후임 베스도가 부임하기까지 그렇게 하였다(행24:27). 그는 자기의 인기를 관리하는 정치적 목적을 위하여 그렇게 하였으니, 빌라도의 수법을 흉내 낸 것이다.

아무리 복음에 가까이 가도 완전히 믿지 않으면 아무 소용이 없다. 많은 사람들은 안타깝게도 욕심, 명예 때문에 영생의 기회를 놓친다.

13. 로마 총독 행정과 유대 산헤드린 행정

로마제국 전체에서 유대는 특별한 곳이었다. 다른 곳은 다 로마와 같이 다신교 지역이었으나, 유대만은 유일하게 유일신인 하나님을 믿었다. 이런 종교를 가진 유대는 로마 총독이 다스리기에 매우 까다롭고 힘든 곳이었다. 그래서 유대에 파견된 총독은 상당한 정치력을 가진 자들이었다.

유대는 바벨론에 멸망당하면서 왕 제도는 없어졌다. 바벨론에서 귀환한 후는 종교 지도자들과 백성의 장로들이 지배하는 독특한 형태를 취하고 있었다. 페르시아로부터 귀환한 후는 페르시아의 총독이, 헬라제국에서는 헬라의 통치자가 정치, 군사, 외교를 장악하였다. 그러나 종교에 관하여는 어떤 제국도 유대를 조정하지 못하고 유대의 지도자들이 자치적으로 다스렸다.

이러한 사실은 로마제국에서도 마찬가지였다. 어떤 제국이든 유대의 종교를 간섭하면 유대인들은 폭동을 일으켰다. 그렇기 때문에 유대의 통치는 상당한 기술을 요하였다. 당시 세계최강국 로마도 이러한 사실을 수용하지 않을 수 없었다.

로마제국 하에서 유대는 나름대로 생활의 대부분을 차지하는 종교를 중심으로 한 자치적인 규율을 가지고 유지되었다. 그것을 주장하는 기구가 산헤드린 공회였다.

산헤드린 공회는 페르시아에서 시작되었다. 바벨론 포로시 유대인들은 공식적인 지도부를 가질 수 없었다. 그러나 페르시아가 바벨론을 점령하고 관대한 정책을 펼치자, 유대인 공동체는 지도부를 만들었다. 그 지도부가 산헤드린 공회의 시작이다. 산헤드린 공회의 주체는 유대인 출신 페르시아 총독들(스룹바벨, 느헤미야)과, 제사장 가문, 평민 귀족들이었다. 그들은 페르시아에서 유대로 귀환한 직후에 산헤드린 공회를 출범시켰다. 그 공회는 71명으로 구성되었고, 고위 사제들, 율법학자, 원로들이 대제사장들을 통해 주도권을 행사하였다.

예수님도 산상보훈에서 산헤드린 공회를 언급하셨다.

"형제에 대하여 라가라 하는 자는 공회에 잡혀가게 되고"(마5:22)

예수님께서 십자가를 지시기 전, 잡혀가셔서 대제사장의 뜰에서 재판을 받으셨다. 그 모임은 산헤드린 공회였다.

"대제사장들과 온 공회가 예수를 죽이려고 그를 칠 거짓 증거를 찾으며"(마26:59).

산헤드린 공회는 예수님께 유죄, 사형 판결을 내리고, 그를 처형하기 위해 빌라도에게 끌고 갔다(마27:1-2). 이것은 그러한 끔찍한 일의 책임을 로마 총독에게 전가시키는 술책이었다.

예수님이 십자가에서 죽으신 후 총독 빌라도에게 시신 인도를 요구하고 자기의 바위를 판 무덤에 장사지낸 사람은 아리마대 사람 요셉이었다. 그는 존경받는 산헤드린 공회원이었다(막15:43-46).

사도 바울은 청년 사울 시절에 다메섹으로 예수 믿는 사람들을 체포하러 갈 때에 산헤드린 공회가 인정하는 공문을 받아가지고 갔다

(행9:2).

사도 바울은 가말리엘의 수제자였다. 가말리엘은 유대 3대 율법학자 중에 한 사람이다. 유대의 3대 율법학자는 에스라, 힐렐, 힐렐의 손자 가말리엘이다. 그 가말리엘은 산헤드린 공회의 의장이었다. 그는 율법교사로 모든 백성의 존경을 받았고, 대단한 지도력을 가지고 있었다(행5:34-40).

유대인들은 유일신 하나님을 믿는 독특한 신앙을 가졌다. 그들은 나라가 망하여도 산헤드린이란 독특한 자치기구를 가졌다. 그들은 그를 통하여 자신들의 정체성을 확실히 유지하였다. 우리는 어떤 경우에나 우리의 정체성을 잃지 않도록 노력해야 한다.

14. 유대인의 바울 방해와 로마 천부장, 총독의 보호

사도 바울은 예수님을 만나기 전에 복음의 방해자, 믿는 자의 핍박자였다. 그는 예수 믿는 자들을 붙잡아 오기 위하여 대제사장의 공문을 가지고 다메섹으로 가고 있었다. 그는 그 길에서 예수님을 만났다. 그는 즉시로 주님을 영접하고 복음 전도자가 되었다(행 9:11-22).

그러자 바울은 과거 그의 친구들, 예수를 메시야로 받아들일 수 없다고 생각하는 유대인들의 극심한 방해를 받았다. 그들은 바울을 죽이려고까지 하였다.

그 후 바울은 복음을 전하기 위하여 비시디아 안디옥에 갔다가 유대인의 방해로 쫓겨나 이고니온으로 갔다(행13:14, 50, 51). 그는 한 번은 유대인들에게 돌에 심하게 맞아 죽은 것처럼 되기도 하였다(행 14:19). 유대인들의 방해는 극에 달해 바울을 죽이기 전에는 먹지도 마시지도 않겠다는 암살단까지 생겼다(행23:12,13).

로마는 다민족, 다종교 국가로 다른 민족의 종교에 간섭하지 않고 자유를 주며 보호하기까지 하였다. 로마의 천부장은 위기에 처한 바울을 구출하여 데리고 가면서 백성에게 말할 기회를 주고(행21:27-22:21), 바울의 로마 시민권을 인정하고 정중히 대하였다(행22:22-29). 그는 바울을 가이사랴로 호송하면서 그를 보호하기 위하여 백인대장 2명과 470명의 군인을 동원하였다(행23:12-32).

바울이 가이사랴로 이송된 후에도 유대인들은 바울을 죽이려는 음모를 포기하지 않았다. 대제사장 일행은 변호사 더둘로와 함께 벨릭스 총독 앞에서 바울을 고발하였다. 그때 벨릭스는 바울에게 자신을 변명할 기회를 주었다. 바울의 변명을 들은 벨릭스는 처결을 미루면서 바울을 구금하였다. 그는 바울에게 자유를 주고 친구들의 접견을 허락하였다(행24:1-23). 수일 후에 벨릭스는 바울을 불러 예수 믿는 도를 들었다. 그는 당장 믿지는 않았으나 복음을 듣고 두려워하기까지 하였다(행24:24-27).

바울이 2년여 동안 가이사랴에서 구금되어 있은 후 총독 벨릭스의 후임 베스도가 부임하였다(행24:27). 베스도는 부임한 지 삼일 후에 가이사랴에서 예루살렘에 올라갔다. 대제사장 일행은 베스도에게 바울을 예루살렘으로 이송하기를 청원하였다. 그들은 도중에 매복하였다가 바울을 죽이려고 그렇게 하였다. 베스도는 그 청원을 거절하고 자기와 함께 가이사랴에 가서 고발하라 하였다(행25:1-5).

그 후 유대인들은 가이사랴에 가서 베스도 앞에서 바울을 고발하였다. 바울은 변명하였고, 가이사에게 상소하였다. 베스도는 배석자들과 상의하고 가이사에게 갈 것을 허락하였다(행25:6-12).

베스도는 아그립바 왕에게 "피고가 원고들 앞에서 고소 사건에 대하여 변명할 기회가 있기 전에 내주는 것은 로마인의 법이 아니라."고 하였다. 그리고 그는 바울의 무죄를 인정하였다. 또 그는 "죄목도 밝히지 아니하고 죄수를 (황제에게) 보내는 것은 무리한 일이라."고 하였다(행25:13-27).

바울은 총독 베스도와 아그립바 왕 앞에서 자신을 변명하였다. 그 변명은 자신의 무죄를 주장하고 고소당한 이유를 설명하는 것이었다. 그는 그것은 자기가 예수님의 복음을 전하기 때문이라 하면서, 복음의 진수, 즉 그리스도의 죽음과 부활로 구원받는 도리를 말하였다(행26:1-23). 그 말을 다 들은 후 베스도는 바울에게 "네가 미쳤도다."고 외쳤다. 아그립바는 "네가 적은 말로 나를 권하여 그리스도인이 되게 하려 한다."고 하였다(행26:24-29).

벨릭스, 베스도 총독은 바울을 재판하면서 함부로 대하지 않고 재판의 절차를 잘 지켰다. 구금하면서도 자유를 주고 접견을 허용하였다. 구금 그 자체가 보호하는 의미도 있다. 가이사에게 상소할 때 그 권리를 인정하였다. 그들은 나름대로 바울을 잘 보호하였다.

15. 바울의 로마 황제 재판 청구

사도 바울은 가이사랴에 2년간 구금되어 있으면서 벨릭스, 베스도 총독의 재판을 받았다. 그는 베스도에게 자기의 무죄를 주장하면서 가이사의 재판을 청구하였다. 그는 자기를 변호하면서 "나는 유대인의 율법이나 성전이나 가이사에게나 죄를 짓지 않았습니다. 나는 가이사에게 재판을 받겠습니다."라고 하였고, 베스도는 그것을 허락하였다(행25:8-12).

바울의 이러한 황제 재판 청구는 일찍이 3대 황제 칼리굴라를 만나 유대인들의 억울함을 호소한 알렉산드리아 출신 유대인 철학자 필로의 행동에 힘입은 바가 크다.

로마제국은 '셈프로니우스 법'(B.C. 122)이라는 좋은 법을 가지고 있었다. 그 법은 그라쿠스 형제 중 동생 가이우스가 제출한 것으로, 그 집안의 명칭을 따라 명명하였다.

그라쿠스 형제의 친할아버지는 한니발과의 전쟁에서 전사한 로마의 장수이고, 외할아버지는 한니발 전쟁을 로마 쪽의 승리로 이끈 유명한 '스키피오 아프리카누스'이다 그들의 어머니는 스키피오 아프리카누스의 딸로 남편을 잃고 난 후 재혼도 하지 않고 혼자서 두 아들을 훌륭하게 길러냈다. 당시 로마에서는 아이를 낳은 과부의 재혼이 장려되고 있었다. 그녀는 애굽의 프톨레미 왕가의 왕에게 청혼을 받았음에도 그것을 거절하고 두 아들의 교육에 전념하였다. 그라쿠스 형제의 집안은 로마의 명문 중에 명문 가문이었다.

그런데 두 형제는 일찍이 관직에 나갔다. 그런 그들은 농민의 권익을 위해 힘쓰다가 둘 다 살해당하였다. 형인 티베리우스는 약 7개월 공직에 있다가 겨우 30세에 죽었고, 동생 가이우스는 2년 정도 공직에 있다가 32세에 죽었다. 그들은 농민들을 위한 '농지법' 정책을 입안하다가 원로원을 포함한 기득권 세력에게 살해당했다. 그런데 그 짧은 기간에 동생 가이우스가 '셈프로니우스 법'을 입안하여 제출하고 성립시켰다.

'셈프로니우스 법'은 '로마 시민 가운데 어떤 죄를 지은 사람도 재판을 하지 않고, 항소할 기회도 주지 않은 채 처벌할 수 없다'는 법이다. 로마 시민은 누구나 정당한 재판을 받고 그 후에 황제에게 항소할 수 있었다.

그러나 로마 원로원은 그라쿠스 가이우스가 만든 그 '셈프로니우스 법'을 시행하지 않고 철저히 무시하였다. 두 형제를 죽이면서 오히려 집정관이 비상시에는 '원로원 최종 권고'라는 법으로 재판도 없이 반역자를 죽이는 법을 실행하였다.

율리우스 카이사르는 공화정을 종식시키고 황제가 다스리는 로마 제국을 이룬 사람이다. 그는 황제라는 칭호를 쓰지 않았으나 사실상의 황제가 되었다. 그러나 그는 국가를 재건하기 위하여 많은 개혁을 추진하였다. 그 중에 한 가지는 그가 '셈프로니우스 법'을 되살린 것이다. 그리하여 그는 로마 시민에게 정당한 재판을 받을 권리를 되돌려주었다.

로마 시민권자인 사도 바울은 그 법에 따라 유대에서 총독 재판을 청구할 수 있었고, 더 나아가 로마에서의 황제 재판도 청구할 수 있었다. 가이사랴에서 벨릭스, 베스도 총독은 바울의 권리를 인정하고 정당한, 합법적인 재판을 하였다. 그리고 가이사에게 항소하는 것을 인정하였다. 바울은 로마에 가서 재판을 기다리면서 전도하였고(행 28:16-31), 옥중서신을 써서 보냈다.

바울이 로마 황제에게 상소한 이유는 로마에 기독교를 전하고, 황제도 믿도록 권하고, 당시의 유대교와 기독교의 갈등을 법적으로 정리해 놓으려는 것이었다. 그러나 그는 전도한 것 외에는 뜻을 이루지 못하고, 네로의 박해로 순교하였다.

16. 로마제국의 노예제도와 노예에 대한 바울의 태도

로마에는 노예가 많았다. 전 인구의 20%가 노예였다. 로마인들은 노예가 없는 생활을 상상할 수 없었다. 로마는 법의 민족을 자처했지만, 노예제도는 당연하게 생각하였다.

로마의 노예에 관한 글라우디오 황제시의 기록을 보면 그 실상을 짐작할 수 있다.

"어떤 저택에 400명의 노예가 있었다. 그런데 그 노예들의 주인이 암살당하자 주인의 암살을 막지 못했다는 죄목으로 모두 처형당하였다." "유산으로 3,600마리의 소와 25만 마리의 작은 가축과 4,116명의 노예를 남긴다."

'스파르타쿠스의 난' 이라는 영화에 보면, 마지막에 당시의 고속도로인 아피아 가도(Appian Way) 양쪽으로 3,000개씩 6,000개의 십자가에 노예들을 매달아 죽이는 장면이 나온다. 노예들이 반란을 일으키면 어떤 결과가 오는지를 본보기로 보여준 것이다.

사도 바울이 빌레몬에게 보낸 편지에는 오네시모라는 노예 이야기가 나온다. 그는 로마에 구금되어 있으면서 같이 구금되어 있는 노예를 한 명 만난다. 그는 오네시모라는 자였고, 바울은 그를 만나 전도하였다. 오네시모는 복음을 받아들여 신자가 되었다. 그런데 그 오네시모가 주인을 배신하고 도망 나온 노예였고, 그 주인은 바울이 잘 아는 골로새 교회의 지도자 빌레몬이었다. 바울은 깜짝 놀랐고 세상은 넓고도 좁다고 생각하였다.

그런데 바울은 빌레몬서에서 노예제도 자체에 대해서는 한마디도 하지 않는다. 그래서 많은 사람들이 바울이 노예제도 자체를 반대하지 않았다고 하여 비난한다. 심지어 기독교 윤리는 제국주의적이며 노예제도를 옹호한다고까지 한다.

"그러나 예수님이나 바울은 사회제도의 개혁가는 아니었다. 그리스도교의 목적은 사람의 정신개혁에 있는 것이다. 노예제도이든 또는 무슨 제도 하이든 복음의 목적은 사람의 심령을 중생시킴에 있고, 사회의 개선은 중생된 사람들에게 맡기는 것이다. 사실상 노예제도를 포함한 사회의 악습이 복음을 받아들인 사람들에 의해 시정된 것은 역사가 입증해 주는 바와 같다. 만일 그리스도교 자체가 사회개량의 선두에 나선다면, 교회는 속화를 면치 못하고 나아가서 그 원목적도 달성하지 못할 것이다. 여기에 순복음(純福音)과 사회적 복음(社會的 福音, Social Gospel)의 경계를 볼 수 있을 것이다."(이상근, 옥중서신 주석, p.335)

바울은 오네시모와 빌레몬의 관계를 알고 난 후 중대한 결단을 내렸다. 오네시모는 믿고 난 후 신실한 신자가 되었고, 바울에게 많은 도움을 주는 조력자가 되었다. 그러나 오네시모를 그냥 자기 곁에 두는 것은 도리가 아니라고 생각하였다. 그를 주인인 빌레몬에게 돌려보내, 빌레몬은 용서하고, 오네시모는 용서받고 사는 것이 도리라고 판단하고 돌려보냈다. 그러면서 부탁하는 내용이 빌레몬서다.

그런데 바울은 빌레몬에게 놀라운 제안을 한다. 오네시모가 도망 나오면서 돈을 훔친 것 같은데, 그것은 자기가 갚겠다고 하였다. 그리고 그 배신한 노예인 오네시모를 용서하고 '사랑받는 형제'로 삼으라고 하였다(몬1:18,16). 배신한 악한 종은 당시의 노예제도로 보면 죽여야 마땅한데, 용서하고 사랑받는 형제로 삼으라고 하니 말이 되는 소린가? 그러나 바울은 그렇게 제안하였고, 오네시모는 그 제안을 받아들여 형제로 삼고 사랑하였다. 둘이 그렇게 한 것은 노예도 믿고 구원받아 하나님의 자녀가 되면 주 안에서 형제라는 것을 확신하였기 때문이다.

> "너희는 유대인이나 헬라인이나 종이나 자주자나 남자나 여자 없이 다 그리스도 예수 안에서 하나이니라."(갈3:28)

링컨이 노예해방을 주장한 기본 정신은 성경이었고, 특히 빌레몬서이다.

17. 로마제국의 노예제도와 성경, 초대교회

고대사회에서 거의 모든 나라에 노예제도가 있었다. 로마는 전무후무한 방대한 영토를 지배하는 대제국으로 노예제도도 거창하였다. 초대교회 당시 로마제국 내의 노예의 총수는 6천만으로 자유시민의 4배에 달했다. 로마시에만 65만을 헤아렸다. 한 부한 지주는 1만 명 이상의 노예를 소유하였고, 어떤 부호가 죽었을 때 유산으로 4,116명의 노예를 남겼다는 기록이 있다.

노예가 되는 원인은 부채를 갚지 못하는 채무자가 몸이 팔려 가는 경우가 첫째다. 그런데 그보다 더 큰 원인은 전쟁이었다. 전쟁에서 지면 다 사로잡혀 노예가 되었다. 노예들은 노예시장에서 매매되었는데, 노예 하나의 가격이 유대에서는 은 30세겔, 로마 화폐로 120드라크마였다. 이는 중소 한 마리의 값이다.

노예는 로마 시민을 위하여 일체의 노력에 종사하였다. 야만인은 광산이나 농장으로 보냈고, 헬라인은 주로 귀족 집에서 가정 사무나 가정교사의 일을 담당하였다. 노예의 생활은 처참하였다. 그들은 가축이나 살아있는 상품에 지나지 않았다. 노예는 정식 결혼을 할 수 없었고, 그들의 자녀는 주인의 소유였다. 그들은 강제노역에 종사하며 일체의 자유가 없었다. 주인의 명을 거역하면 죽임이 되었다.

노예제도가 주는 해악은 너무도 컸다. 많은 노예를 거느린 자가 농토를 점령하여 빈부의 차이가 극심해졌다. 노예를 많이 거느린 자유시민은 사치와 유흥에 빠졌다. 노예제도는 국민을 나태하게 만들었고, 노예들은 기만과 반역의 정신을 가지게 하였다. 노예들이 단결하여 반란을 일으키기까지 하였다. 주인과 노예, 노예와 주인 간의 비륜난행이 극심하여 가정이 파괴되는 경우가 허다하였다.

이러한 노예제도는 초대교회의 큰 관심사였다. 바울이 세운 에베소, 골로새, 빌립보, 고린도 교회에는 많은 노예 신자들이 있었다. 그래서 바울은 그런 교회에 보내는 서신에서 그들을 위한 특별한 교훈을 주었다. 롬 16장의 인명 중에는 많은 노예의 이름이 나온다. 또한 카타콤의 묘비에는 노예의 이름이 많다.

그러나 이런 노예제도의 죄악상에 대하여 성경은 침묵한다. 초대교회는 그 문제에 대하여 전혀 공격하지 않았다. 초대교회는 정면으로 노예제도의 폐지를 주장하지 않았다. 만일 그렇게 했다면 극심한 반대에 부딪쳐 실패는 물론 복음도 전하지 못했을 것이다. 그 대신 교회는 내면적인 도덕적 감화를 주는 길을 택하였다. 그렇게 함으로 그 사회 구성원으로 하여금 스스로 그것을 개선시키려고 하였다. 교회에서는 노예들을 같은 형제로 환영하였다. 그들의 석방을 위해 보상금을 모금하였다. 순교한 노예를 위해서는 기념 예배의 영예로 대접하여 주었다.

이런 초대교회의 내적 감화운동은 교회의 세력이 확대되면서 점차 효력을 발휘하였다. 콘스탄틴 대제가 기독교를 공인한 후는 기독교 정신이 법률에 반영되었다. 한 법률은 노예를 독살하거나 낙인찍는 것을 살인죄로 규정하였다. 그 법률에 그 외에도 여러 가지 노예의 인격을 인정하는 조치들이 포함되었다.

그 후에 나타나는 모든 노예제도의 개선은 다 기독교의 내부적 감화의 결과였다. 그 감화는 링컨의 노예해방으로 꽃피워졌다.

> "너희는 유대인이나 헬라인이나 종이나 자주자나 남자나 여자 없이 다 그리스도 예수 안에서 하나이니라."(갈3:28)

이 말씀은 영원하고도 진정한 평등주의의 선언이다. 이 원리가 당시의 지독한 노예제도를 뿌리로부터 개혁시켰고, 오고 오는 세대의 노예제도 철폐의 기본 정신이 되었다.

이러한 초대교회의 노예제도에 대한 대처방안은 교회의 사회문제 대응에 대한 지침을 알려준다.

18. 로마에서 황제 재판을 기다리는 사도 바울

사도 바울은 가이사에게 상소하였다. 그는 로마 백부장 율리오의 호송 하에 배를 타고 로마로 향하였다. 그는 가이사랴를 출발하여 수리아와 소아시아 해안을 따라가다가 그레데에 이르렀다(행27:1-8). 미항서 가다가 큰 태풍을 만나 죽을 고비를 넘기고 멜리데 섬에 올라갔다(행27:9-28:1). 거기서 많은 병자들을 고치고 복음을 전하였다. 그는 석 달 후에 멜리데를 출발하여 로마에 도착하였다(행28:2-14).

바울은 멀리 마중 나온 성도들을 만나 하나님께 감사하고 담대한 마음을 얻었다. 드디어 바울은 대망의 땅인 당시 세계의 수도인 로마의 생활을 시작하였다. 그는 먼저 유대인 유력자들을 청하여 자기가 가이사에게 상소한 사정을 설명하였다. 그 후에 그는 자기 집에 찾아오는 사람들에게 복음을 전하였다(행28:17-28).

바울은 로마에서 2년간 옥중생활을 하였다. 그때는 A.D. 62-64년으로 보인다. 그는 감옥에 갇힌 것이 아니고 '자기 셋집'에서 연금되었다. 한 로마 병사가 그를 지켰다. 그러나 그는 그 집에서 자기를 찾아오는 사람들을 아무 제한 없이 만나고 복음을 전할 수 있었다(행28:16-31).

바울은 로마에서 디모데, 의원 누가, 두기고, 마가, 에바브로디도, 아리스다고, 에바브로, 오네시모 등의 도움을 받았다. 그는 거기서 찾아오는 사람들에게 쉴 새 없이 열정적으로 복음을 전하였다. 유대인은 물론이고 많은 로마의 고관들이 회개하였다.

로마교회는 바울이 가기 전에 이미 존재하고 있었다. 로마교회는 오순절 때 예루살렘에 갔던 로마의 유대인들이 성령의 은사를 받고 돌아와서 세웠다고 보인다. 그러나 그 교회는 바울이 갈 때 심히 미약하였다. 그런 때에 바울이 가서 적극적으로 전도하여 많은 사람들이 믿게 되므로 로마교회는 부흥하게 되었다. 바울이 그리스도에 관한 모든 것을 담대하게 거침없이 가르치므로 교리적으로도 든든한 기초 위에 서게 되었다(행28:31).

바울의 옥중생활은 로마의 고관들과의 접촉을 용이하게 하였다. 시인 루가누스, 철인 에피쿠로스, 궁녀 악데, 폼페아, 도미시안 황제의 사촌 크레멘스와 그의 아내 프라비아가 믿었다고 한다. 이런 사실은 후일에 로마가 전체적으로 하나님께 돌아오는 기초를 마련하였다.

바울이 로마에서 이룬 업적 중에 전도 못지않게 중요한 것이 있다. 그것은 그가 에베소서, 빌립보서, 골로새서, 빌레몬서 등의 옥중서신을 써서 보낸 것이다. 이 서신들은 해당 교회나 당사자는 물론이고 오고 오는 세대에 길이 기독교 신앙의 가장 중요한 지침이 된다.

그런데 누가는 로마에서의 바울의 행적에 관하여 2년간 연금되어 있으면서 복음을 전한 사실 외에 아무것도 언급하지 않는다. 그래서 우리는 "바울이 어떻게 되었는지 결코 알 수 없다. 하나님은 우리가 들여다볼 수 없는 사건들 위에 장막을 내리우셨다"(Hervey).

로마에 대(大)화재가 발생하였다. 그때는 A.D. 64년 7월 19일이었다. 악명 높은 네로 황제는 그 방화의 책임을 기독교인들에게 돌렸다. 그때 200 내지 300명의 기독교인이 살해되었다. 전설에 의하면 바울은 체포되어 단두대에서 참형되었다. 그는 로마 시민권자이기 때문에 십자가형은 면하였다. 그의 시체를 장례한 곳에 바울기념교회(St. Paolo Fuorile Mura)가 서 있다.

바울은 그가 바란 황제 재판은 받지 못하였다. 그러나 그는 로마에 복음을 전하고 교회를 굳건히 하였다. 불후의 명작 옥중서신을 저작하였다. 그리고 거기서 순교하여 자신이 바라던 대로의 생을 마감하고 하나님께 영광을 돌렸다.

19. 도미티안 황제에 의해 밧모 섬에 유배 간 사도 요한

사도 요한은 세베대와 살로메의 아들이다. 살로메는 예수님의 어머니 마리아의 자매이다. 그의 형은 야고보 사도이다. 야고보와 요한은 어부로 있다가 주님의 부르심을 받았다(마4:21-22).

부르심을 받은 후 요한은 가장 유명한 제자의 한 사람이 되었다. 그는 최후의 만찬에서 주님의 품에 의지하였고(요13:23), 대제사장의 문 안까지(요18:15), 골고다의 언덕까지 주를 따라갔다. 거기서 마리아에 대한 주님의 부탁을 받았다(요19:26-27). 예수께서 부활하셨을 때는 베드로와 같이 무덤으로 달려갔다(요20:3-4).

오순절 이후 요한은 베드로와 같이 초대교회 설립의 중심인물이었다(행3:1;4:19;8:14). 그는 예루살렘 총회에도 참석하였다(행15:6). 그는 초대교회의 든든한 기둥이었다(갈2:9).

전설은 사도 요한이 말년에 에베소 교회에서 목회한 것을 말한다. 그의 에베소 이주는 바울의 마지막 방문(행19:, A.D. 65-66년) 이후로 보인다.

사도 요한은 극히 늙었을 때 에베소에서 강대상의 의자에 앉아 "소자들아, 너희가 서로 사랑하라."는 말을 반복하였다. 그래서 제자들과 교부들이 "선생님, 왜 같은 말씀을 늘 반복하십니까?"라고 물었다. 그때 그는 "이것이 우리 주님의 교훈이다. 그리고 너희가 이것만 행하면 족하다."라고 대답하였다.

사도 요한은 도미티아누스 황제 시에 밧모 섬으로 유배 갔다(계1:9). 그때는 A.D. 95-96년경이다. 그는 거기서 요한계시록을 계시 받아 기록하였다.

도미티아누스는 예루살렘을 처음 포위한(A.D. 68) 베스파니안의 아들이며, 예루살렘을 함락시킨(A.D. 70) 티투스의 동생이다. 그는 아버지의 무위도 형의 현명도 갖지 못한 자였다. 그러나 그는 치밀한 조직성, 교활성을 가지고 종교적 영향이 사회에 미치는 효능을 알고 있었다. 그는 자신을 신격화하여 황제 예배를 강요하였고, 그것을 통해 제국 내의 정신계를 통솔하려고 하였다. 그는 기독교 신앙을 금지하는 법령을 공포하였다. 그리하여 조직적이며 전(全)판도적인 박해가 시행되었다. 그것은 네로가 처음 기독교를 박해한 후 30년이 지난 A.D. 95년에 일어난 두 번째 박해이다. 그런데 도미티아누스가 박해한 것은 실제로는 종교적인 이유보다는 자신에 대한 시민들의 적개심을 다른 데로 돌리기 위해 기독교도를 희생양으로 삼은 것이었다.

그 박해 시에 사도 요한은 밧모 섬에 유배 가게 되었다. 밧모 섬은 에베소와 고린도의 중간, 에게해에 산재한 군도의 하나로 현재의 파트모스(Patmos)이다. 너비 9km, 길이 17km의 작은 섬이다. 거기는 채석장이 있는 황무지로 당시 중죄인을 유배 보내는 곳이었다.

로마제국에서의 채석장 노동은 십자가형 다음의 죄인들에게 내려진 무서운 형벌이었다. '스파르타쿠스의 난'에서 보면 주인공이 채석장에서의 죽음과 같은 노동을 견디다 못해 탈출하는 장면이 나온다.

사도 요한은 그러한 채석장에서 중노동을 하면서도 하나님과 깊은 교제를 하는 중에 계시를 받아 '요한계시록'을 기록하였다. 밧모 섬에는 '계시의 동굴'이라 불리는 요한의 고적이 있다. 하나님과 함께 하는 자에게는 죽음의 계곡도 천국이 된다.

> "또 어떤 이들은 조롱과 채찍질뿐 아니라, 결박과 옥에 갇히는 시련도 받았으며, 돌로 치는 것과, 톱으로 켜는 것과, 시험과 칼로 죽임을 당하고, 양과 염소의 가죽을 입고 유리하며, 궁핍과 환난과 학대를 받았으니, (이런 사람은 세상이 감당하지 못하느니라), 그들이 광야와 산과 동굴과 토굴에 유리하였느니라."(히11:36-38)

전용복 목사의 다른 책들

- 하나님은 누구신가?
- 지방교회의 정체
- 아멘! 주 예수여, 어서 오시옵소서
- 오직 성령이 너희에게 임하시면
- 그리스도를 본받아
- 묵상과 평강
- 경건에 이르기를 연습하라
- 최면술의 실체와 그 종교적 이용
- 하나님과 함께 걸으라
- 울어라 열풍아 밤이 새도록
- 내가 본 천국과 지옥 이야기들
- 하나님이 되고 싶어라
- 회의를 잘 해야 교회가 산다
- 하나되는 한국 장로교회사
- 교회를 어지럽히는 다른 복음이 있다
- 토론하라!
- 법은 법이야!(상)
- 법은 법이야!(하)
- 장로교 이야기
- 영적 비만, 영적 다이어트
- 온 세상 지옥 이야기